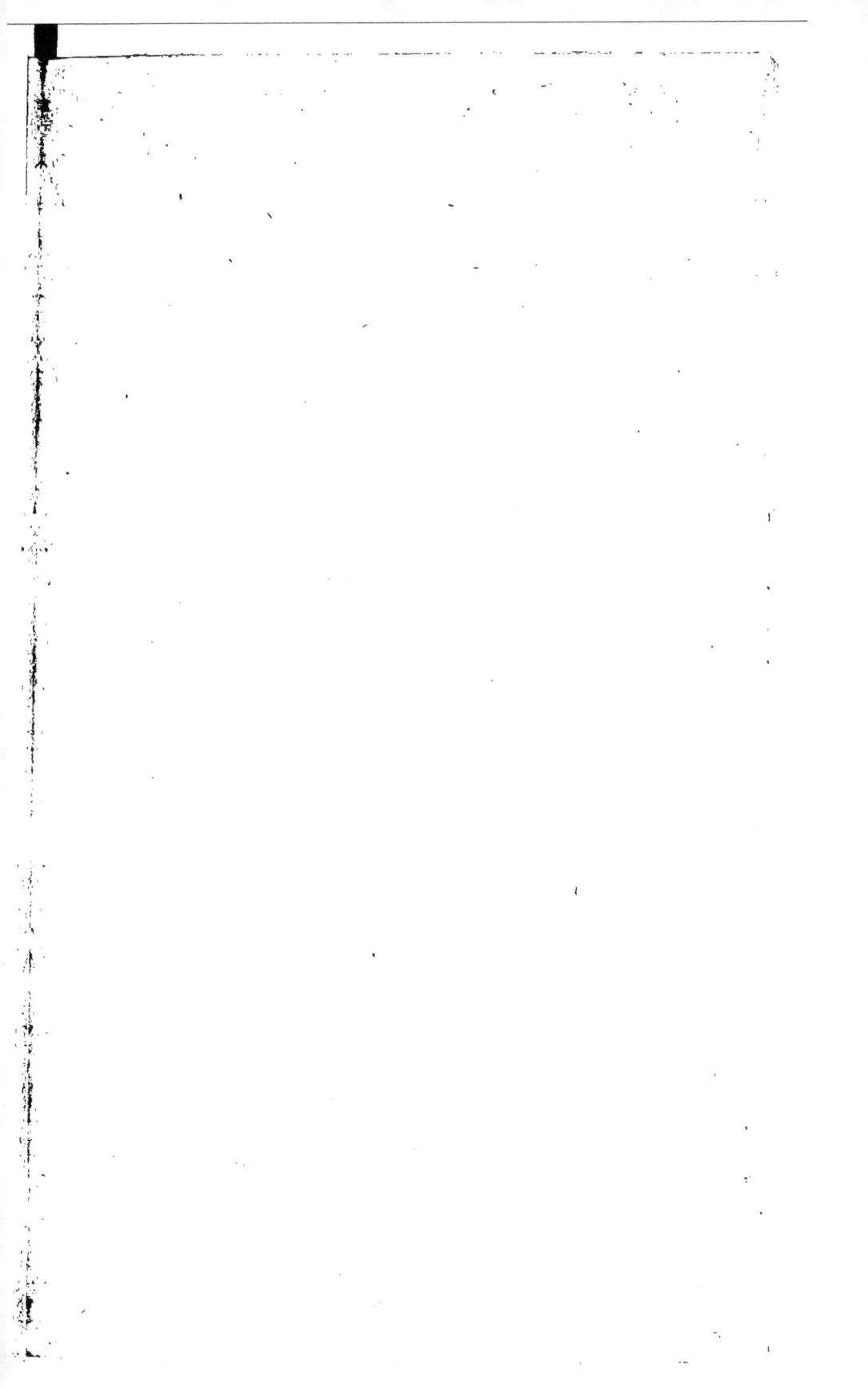

COLLECTION COMPLÈTE

DES LOIS PROMULGUÉES

SUR LES DÉCRETS

DE L'ASSEMBLÉE NATIONALE,

IMPRIMÉE

PAR ORDRE DE L'ASSEMBLÉE NATIONALE,

SOUS LA SURVEILLANCE DU MINISTRE DE LA JUSTICE.

TOME TREIZIÈME.

A PARIS,

DE L'IMPRIMERIE NATIONALE.

1792.

L O I

Concernant une Édition complète de tous les Décrets acceptés ou sanctionnés par le Roi.

Donnée à Paris le 19 Janvier 1791.

LOUIS, par la grace de Dieu & par la Loi conftitutionnelle de l'État, ROI DES FRANÇOIS; à tous préfens & à venir; SALUT. L'ASSEM-BLÉE NATIONALE a décrété, & Nous voulons & ordonnons ce qui fuit :

Quatrième difpofition du décret de l'Affemblée Nationale.

Du 9 janvier 1791.

L'ASSEMBLÉE NATIONALE ordonne qu'il fera procédé ; aux frais de la Nation, & fous la furveillance du Garde-des-Sceaux, à une édition complète, & au nombre de deux mille exemplaires , de tous les décrets rendus jufqu'à ce jour, acceptés ou fanctionnés par le Roi, dont un defdits exemplaires fera envoyé à tous les tribunaux de juftice, commiffaires du Roi, diftricts, départemens & bureaux de conciliation, de telle forte qu'aucun de ces corps ne puiffe à l'avenir prétexter l'ignorance des décrets.

Mandons & ordonnons à tous les tribunaux, corps adminiftratifs & municipalités, que les préfentes ils faffent tranfcrire fur leurs regiftres, lire, publier & affi-cher dans leurs refforts & départemens refpectifs, &

A 2

exécuter comme Loi du royaume. En foi de quoi Nous avons figné & fait contre-figner lefdites préfentes, aux-quelles Nous avons fait appofer le Sceau de l'Etat. A Paris, le dix-neuvième jour du mois de janvier, l'an de grace mil fept cent quatre-vingt-onze, & de notre règne le dix-feptième. *Signé* LOUIS. *Et plus bas,* M. L. F. Duport. Et fcellées du Sceau de l'Etat.

Certifié conforme à l'original.

COLLECTION COMPLÈTE

DES LOIS PROMULGUÉES

Sur les Décrets de l'Assemblée Nationale,

Depuis le 3 Novembre 1789.

N°. 1994.

L O I.

Constitution française.

Donnée à Paris le 14 septembre 1791.

Louis, par la grace de Dieu, &c.

Décret du 3 septembre 1791.

DÉCLARATION

DES DROITS DE L'HOMME ET DU CITOYEN.

Les représentans du peuple français, constitués en Assemblée nationale, considérant que l'ignorance, l'oubli ou le mépris des droits de l'homme, sont les seules causes des malheurs publics & de la corruption des gouvernemens, ont résolu d'exposer, dans une déclaration

A 3

folemnelle, les droits naturels, inaliénables & facrés de l'homme, afin que cette déclaration, conftamment préfente à tous les membres du corps focial, leur rappelle fans ceffe leurs droits & leurs devoirs; afin que les actes du pouvoir légiflatif & ceux du pouvoir exécutif, pouvant être à chaque inftant comparés avec le but de toute inftitution politique, en foient plus refpectes; afin que les réclamations des citoyens, fondées déformais fur des principes fimples & inconteftables, tournent toujours au maintien de la conftitution, & au bonheur de tous.

En conféquence, l'Affemblée nationale reconnoit & déclare, en préfence & fous les aufpices de l'Être fuprême, les droits fuivans de l'homme & du citoyen:

A R T I C L E P R E M I E R.

Les hommes naiffent & demeurent libres & égaux en droits. Les diftinctions fociales ne peuvent être fondées que fur l'utilité commune.

I I.

Le but de toute affociation politique eft la confervation des droits naturels & imprefcriptibles de l'homme. Ces droits font la liberté, la propriété, la fûreté, & la réfiftance à l'oppreffion.

I I I.

Le principe de toute fouveraineté réfide effentiellement dans la Nation. Nul corps, nul individu ne peut exercer d'autorité qui n'en émane expreffément.

I V.

La liberté confifte à pouvoir faire tout ce qui ne nuit

pas à autrui : ainſi l'exercice des droits naturels de chaque homme n'a de bornes que celles qui aſſurent aux autres membres de la ſociété la jouiſſance de ces mêmes droits. Ces bornes ne peuvent être déterminées que par la loi.

V.

La loi n'a le droit de défendre que les actions nui-ſibles à la ſociété. Tout ce qui n'eſt pas défendu par la loi ne peut être empêché , & nul ne peut être con-traint à faire ce qu'elle n'ordonne pas.

V I.

La loi eſt l'expreſſion de la volonté générale. Tous les citoyens ont droit de concourir perſonnellement , ou par leurs repréſentans , à ſa formation. Elle doit être la même pour tous , ſoit qu'elle protège , ſoit qu'elle puniſſe. Tous les citoyens étant égaux à ſes yeux , ſont également admiſſibles à toutes dignités , places & em-plois publics , ſelon leur capacité , & ſans autre diſtinc-tion que celle de leurs vertus & de leurs talens.

V I I.

Nul homme ne peut être accuſé , arrêté , ni détenu que dans les cas déterminés par la loi , & ſelon les formes qu'elle a preſcrites. Ceux qui ſollicitent , expédient , exé-cutent ou font exécuter des ordres arbitraires , doivent être punis ; mais tout citoyen appelé ou ſaiſi en vertu de la loi , doit obéir à l'inſtant : il ſe rend coupable par la réſiſtance.

V I I I.

La loi ne doit établir que des peines ſtrictement &

évidemment néceſſaires, & nul ne peut être puni qu'en vertu d'une loi établie & promulguée antérieurement au délit, & légalement appliquée.

I X.

Tout homme étant préſumé innocent juſqu'à ce qu'il ait été déclaré coupable, s'il eſt jugé indiſpenſable de l'arrêter, toute rigueur qui ne ſeroit pas néceſſaire pour s'aſſurer de ſa perſonne, doit être ſévèrement réprimée par la loi.

X.

Nul ne doit être inquiété pour ſes opinions, même religieuſes, pourvu que leur manifeſtation ne trouble pas l'ordre public établi par la loi.

X I.

La libre communication des penſées & des opinions eſt un des droits les plus précieux de l'homme ; tout citoyen peut donc parler, écrire, imprimer librement, ſauf à répondre de l'abus de cette liberté dans les cas déterminés par la loi.

X I I.

La garantie des droits de l'homme & du citoyen né-ceſſite une force publique ; cette force eſt donc inſtituée pour l'avantage de tous, & non pour l'utilité particu-lière de ceux auxquels elle eſt confiée.

X I I I.

Pour l'entretien de la force publique, & pour les dépenfes d'adminiftration, une contribution commune eft indifpenfable : elle doit être également répartie entre tous les citoyens, en raifon de leurs facultés.

X I V.

Tous les citoyens ont le droit de conftater, par eux-mêmes ou par leurs repréfentans, la néceffité de la contribution publique, de la confentir librement, d'en fuivre l'emploi, & d'en déterminer la quotité, l'affiette, le recouvrement & la durée.

X V.

La fociété a le droit de demander compte à tout agent public de fon adminiftration.

X V I.

Toute fociété dans laquelle la garantie des droits n'eft pas affurée, ni la féparation des pouvoirs déterminée, n'a point de conftitution.

X V I I.

La propriété étant un droit inviolable & facré, nul ne peut en être privé, fi ce n'eft lorfque la néceffité publique, légalement conftatée, l'exige évidemment, & fous la condition d'une jufte & préalable indemnité.

CONSTITUTION FRANÇAISE.

L'Affemblée nationale, voulant établir la Conftitution françaife fur les principes qu'elle vient de reconnoître & de déclarer, abolit irrévocablement les inftitutions qui bleffoient la liberté & l'égalité des droits.

Il n'y a plus ni nobleffe, ni pairie, ni diftinctions héréditaires, ni diftinction d'ordres, ni régime féodal, ni juftices patrimoniales, ni aucun des titres, dénominations & prérogatives qui en dérivoient, ni aucun ordre de chevalerie, ni aucune des corporations ou décorations, pour lefquelles on exigeoit des preuves de nobleffe, ou qui fuppofoient des diftinctions de naiffance, ni aucune autre fupériorité, que celle des fonctionnaires publics dans l'exercice de leurs fonctions.

Il n'y a plus ni vénalité, ni hérédité d'aucun office public.

Il n'y a plus, pour aucune partie de la Nation, ni pour aucun individu, aucun privilége, ni exception au droit commun de tous les Français.

Il n'y a plus ni jurandes, ni corporations de profeffions, arts & métiers.

La loi ne reconnoît plus ni vœux religieux, ni aucun autre engagement qui feroit contraire aux droits naturels, ou à la Conftitution.

TITRE PREMIER.

Difpofitions fondamentales garanties par la Conftitution.

La Conftitution garantit, comme droits naturels & civils :

1°. Que tous les citoyens font admiffibles aux places & emplois, fans autre diftinction que celle des vertus & des talens ;

2°. Que toutes les contributions feront réparties entre tous les citoyens également en proportion de leurs facultés ;

3°. Que les mêmes délits feront punis des mêmes peines, fans aucune diftinction des perfonnes.

La Conftitution garantit pareillement, comme droits naturels & civils :

La liberté à tout homme d'aller, de rester, de partir, sans pouvoir être arrêté, ni détenu, que selon les formes déterminées par la Constitution ;

La liberté à tout homme de parler, d'écrire, d'imprimer & publier ses pensées, sans que les écrits puissent être soumis à aucune censure ni inspection avant leur publication, & d'exercer le culte religieux auquel il est attaché ;

La liberté aux citoyens de s'assembler paisiblement & sans armes, en satisfaisant aux lois de police ;

La liberté d'adresser aux autorités constituées des pétitions signées individuellement.

Le Pouvoir législatif ne pourra faire aucunes lois qui portent atteinte & mettent obstacle à l'exercice des droits naturels & civils consignés dans le présent titre, & garantis par la Constitution ; mais comme la liberté ne consiste qu'à pouvoir faire tout ce qui ne nuit ni aux droits d'autrui, ni à la sûreté publique, la loi peut établir des peines contre les actes qui, attaquant ou la sûreté publique ou les droits d'autrui, seroient nuisibles à la société.

La Constitution garantit l'inviolabilité des propriétés, ou la juste & préalable indemnité de celles dont la nécessité publique, légalement constatée, exigeroit le sacrifice.

Les biens destinés aux dépenses du culte & à tous services d'utilité publique, appartiennent à la Nation, & sont dans tous les temps à sa disposition.

La Constitution garantit les aliénations qui ont été ou qui seront faites suivant les formes établies par la loi.

Les citoyens ont le droit d'élire ou choisir les ministres de leurs cultes.

Il sera créé & organisé un établissement général de *secours publics*, pour élever les enfans abandonnés, soulager les pauvres infirmes, & fournir du travail aux pauvres valides qui n'auroient pas pu s'en procurer.

Il fera créé & organifé une *Inftruction publique* , commune à tous les citoyens, gratuite à l'égard des parties d'enfeignement indifpenfables pour tous les hommes, & dont les établiffemens feront diftribués graduellem nt, dans un rapport combiné avec la divifion du Royaume.

Il fera établi des fêtes nationales pour conferver le fouvenir de la révolution françaife, entretenir la fraternité entre les citoyens, & les attacher à la Conftitution, à la Patrie & aux lois.

Il fera fait un code de lois civiles communes à tout le Royaume.

TITRE II.

De la divifion du Royaume & de l'état des Citoyens.

ARTICLE PREMIER.

Le Royaume eft un & indivifible : fon territoire eft diftribué en quatre vingt-trois départemens, chaque département en diftricts, chaque diftrict en cantons.

II.

Sont Citoyens français,

Ceux qui font nés en France d'un père français ;

Ceux qui, nés en France d'un père étranger, ont fixé leur réfidence dans le Royaume ;

Ceux qui, nés en pays étranger d'un père français, font venus s'établir en France & ont prêté le ferment civique ;

Enfin ceux qui, nés en pays étranger, & defcendant, à quelque degré que ce foit, d'un Français ou d'une Françaife expatriés pour caufe de religion, viennent demeurer en France & prêtent le ferment civique.

I I I.

Ceux qui, nés hors du Royaume de parens étrangers, résident en France, deviennent citoyens français après cinq ans de domicile continu dans le Royaume, s'ils y ont en outre acquis des immeubles ou épousé une Française, ou formé un établissement d'agriculture ou de commerce, & s'ils ont prêté le serment civique.

I V.

Le Pouvoir législatif pourra, pour des considérations importantes, donner à un étranger un acte de naturalisation, sans autres conditions que de fixer son domicile en France, & d'y prêter le serment civique.

V.

Le serment civique est : *Je jure d'être fidèle à la Nation, à la loi & au Roi, & de maintenir de tout mon pouvoir la Constitution du Royaume, décrétée par l'Assemblée nationale Constituante aux années* 1789, 1790 & 1791.

V I.

La qualité de citoyen français se perd,

1°. Par la naturalisation en pays étranger ;

2°. Par la condamnation aux peines qui emportent la dégradation civique, tant que le condamné n'est pas réhabilité ;

3°. Par un jugement de contumace, tant que le jugement n'est pas anéanti ;

4°. Par l'affiliation à tout ordre de chevalerie étranger ou à toute corporation étrangère qui supposeroit, ſoit des preuves de nobleſſe, ſoit des diſtinctions de naiſſance, ou qui exigeroit des vœux religieux.

V I I.

La loi ne conſidère le mariage que comme contrat civil.

Le Pouvoir légiſlatif établira pour tous les habitans, ſans diſtinction, le mode par lequel les naiſſances, mariages & décès ſeront conſtatés; & il déſignera les officiers publics qui en recevront & conſerveront les actes.

V I I I.

Les citoyens français, conſidérés ſous le rapport des relations locales, qui naiſſent de leur réunion dans les villes & dans de certains arrondiſſemens du territoire des campagnes, forment les *communes*.

Le Pouvoir légiſlatif pourra fixer l'étendue de l'arrondiſſement de chaque commune.

I X.

Les citoyens qui compoſent chaque commune, ont le droit d'élire à temps, ſuivant les formes déterminées par la loi, ceux d'entre eux qui, ſous le titre d'*Officiers municipaux*, ſont chargés de gérer les affaires particulières de la commune.

Il pourra être délégué aux officiers municipaux quelques fonctions relatives à l'intérêt général de l'Etat.

X.

Les règles que les officiers municipaux ſeront tenus de ſuivre dans l'exercice, tant des fonctions municipales

que de celles qui leur auront été déléguées pour l'intérêt
général, feront fixées par les lois.

TITRE III.

Des pouvoirs publics.

ARTICLE PREMIER.

La fouveraineté eſt une, indiviſible, inaliénable &
impreſcriptible. Elle appartient à la Nation ; aucune
ſéction du peuple, ni aucun individu, ne peut s'en at-
tribuer l'exercice.

I. I.

La Nation, de qui feule émanent tous les pouvoirs,
ne peut les exercer que par délégation.

La Conſtitution françaiſe eſt repréſentative ; les repréſentans ſont le Corps légiſlatif & le Roi.

III.

Le Pouvoir légiſlatif eſt délégué à une Aſſemblée
nationale compoſée de repréſentans temporaires, librement élus par le peuple, pour être exercé par elle, avec
la ſanction du Roi, de la manière qui ſera déterminée
ci-après,

IV.

Le gouvernement eſt monarchique : le pouvoir exécutif
eſt délégué au Roi, pour être exercé ſous ſon autorité,
par des miniſtres & autres agens reſponſables, de la
manière qui ſera déterminée ci-après.

V.

Le pouvoir judiciaire est délégué à des juges élus à temps par le peuple.

CHAPITRE PREMIER.

De l'Assemblée nationale législative.

ARTICLE PREMIER.

L'Assemblée nationale, formant le Corps législatif, est permanente, & n'est composée que d'une chambre.

II.

Elle sera formée tous les deux ans par de nouvelles élections.

Chaque période de deux années formera une législature.

III.

Les dispositions de l'article précédent n'auront pas lieu à l'égard du prochain Corps législatif, dont les pouvoirs cesseront le dernier jour d'avril 1793.

IV.

Le renouvellement du Corps législatif se fera de plein droit.

V.

Le Corps législatif ne pourra être dissous par le Roi.

SECTION

S E C T I O N   P R E M I È R E.

Nombre des Repréſentans. Baſes de la repréſentation.

A R T I C L E   P R E M I E R.

Le nombre des repréſentans au Corps légiſlatif eſt de ſept cent quarante-cinq, à raiſon des quatre vingt trois départemens dont le Royaume eſt compoſé; & indépendamment de ceux qui pourroient être accordés aux Colonies.

I I.

Les repréſentans ſeront diſtribués entre les quatre-vingt-trois départemens, ſelon les trois proportions du territoire, de la population, & de la contribution directe.

I I I.

Des ſept cent quarante-cinq repréſentans, deux cent quarante-ſept ſont attachés au territoire.

Chaque département en nommera trois, à l'exception du département de Paris, qui n'en nommera qu'un.

I V.

Deux cent quarante-neuf repréſentans ſont attribués à la population.

La maſſe totale de la population active du Royaume eſt diviſée en deux cent quarante-neuf parts, & chaque département nomme autant de députés qu'il a de parts de population.

V.

Deux cent quarante-neuf repréſentans ſont attachés à la contribution directe.

Collec. des Lois. Tome XIII.   B

La fomme totale de la contribution directe du Royaume eft de même divifée en deux cent quarante-neuf parts, & chaque département nomme autant de députés qu'il paie de parts de contribution.

S e c t i o n I I.

Affemblées primaires. Nomination des électeurs.

A r t i c l e p r e m i e r.

Pour former l'Affemblée nationale légiflative, les citoyens actifs fe réuniront toús les deux ans en affemblées primaires dans les villes & dans les cantons.

Les affemblées primaires fe formeront de plein droit le fecond dimanche de mars, fi elles n'ont pas été convoquées plus tôt par les fonctionnaires publics déterminés par la loi.

I I.

Pour être citoyen actif, il faut

Être né ou devenu Français;

Être âgé de 25 ans accomplis;

Être domicilié dans la ville ou dans le canton depuis le temps déterminé par la loi;

Payer, dans un lieu quelconque du Royaume, une contribution directe au moins égale à la valeur de trois journées de travail, & en repréfenter la quittance;

N'être pas dans un état de domefticité, c'eft-à-dire, de ferviteur à gages;

Être infcrit dans la municipalité de fon domicile, au rôle des gardes nationales;

Avoir prêté le ferment civique.

I I I.

Tous les fix ans le Corps légiflatif fixera le *minimum* & le *maximum* de la valeur de la journée de travail, & les adminiftrateurs des départemens en feront la détermination locale pour chaque diftrict.

I V.

Nul ne pourra exercer les droits de citoyen actif dans plus d'un endroit, ni fe faire repréfenter par un autre.

V.

Sont exclus de l'exercice des droits de citoyen actif,
Ceux qui font en état d'accufation ;
Ceux qui, après avoir été conftitu s en état de faillite ou d'infolvabilité, prouvé par pièces authentiques, ne rapportent pas un acquit général de leurs créanciers.

V I.

Les affemblées primaires nommeront des électeurs en proportion du nombre des citoyens actifs domiciliés dans la ville ou le canton.

Il fera nommé un électeur à raifon de cent citoyens actifs préfens, ou non, à l'Affemblée.

Il en fera nommé deux depuis cent cinquante-un jufqu'à deux cent cinquante, & ainfi de fuite.

V I I.

Nul ne pourra être nommé électeur, s'il ne réunit aux conditions néceffaires pour être citoyen actif ; favoir :
Dans les villes au-deffus de fix mille ames, celle

d'être propriétaire ou ufufruitier d'un bien évalué fur les rôles de contribution à un revenu égal à la valeur locale de deux cents journées de travail, ou d'être locataire d'une habitation évaluée fur les mêmes rôles à un revenu égal à la valeur de cent cinquante journées de travail.

Dans les villes au-deffous de fix mille ames, celle d'être propriétaire ou ufufruitier d'un bien évalué fur les rôles de contribution à un revenu égal à la valeur locale de cent cinquante journées de travail, ou d'être locataire d'une habitation évaluée fur les mêmes rôles à un revenu égal à la valeur de cent journées de travail.

Et dans les campagnes, celle d'être propriétaire ou ufufruitier d'un bien évalué fur les rôles de contribution à un revenu égal à la valeur locale de cent cinquante journées de travail, ou d'être fermier ou métayer de biens évalués fur les mêmes rôles à la valeur de quatre cents journées de travail.

A l'égard de ceux qui feront en même temps propriétaires ou ufufruitiers d'une part, & locataires, fermiers ou métayers de l'autre, leurs facultés à ces divers titres feront cumulées jufqu'au taux néceffaire pour établir leur éligibilité.

S e c t i o n III.

Affemblées électorales. Nominations des Repréfentans.

A r t i c l e p r e m i e r.

Les électeurs nommés en chaque département fe réuniront pour élire le nombre des repréfentans dont la nomination fera attribuée à leur département, & un nombre de fuppléans égal au tiers de celui des repréfentans.

Les affemblées électorales fe formeront de plein droit le dernier dimanche de mars, fi elles n'ont pas été con-

voquées plus tôt par les fonctionnaires publics déterminés par la loi.

I I.

Les représentans & les suppléans feront élus à la pluralité absolue des suffrages, & ne pourront être choisis
que parmi les citoyens actifs du département.

I I I.

Tous les citoyens actifs, quel que soit leur état, profession ou contribution, pourront être élus représentans
de la Nation.

I V.

Seront néanmoins obligés d'opter, les ministres & les
autres agens du pouvoir exécutif, révocables à volonté,
les commissaires de la tréforerie nationale, les percepteurs & receveurs des contributions directes, les préposés
à la perception & aux régies des contributions indirectes
& des domaines nationaux, & ceux qui, sous quelque
dénomination que ce soit, font attachés à des emplois
de la maison militaire & civile du Roi.

Seront également tenus d'opter les administrateurs,
sous-administrateurs, officiers municipaux, & commandans des gardes nationales.

V.

L'exercice des fonctions judiciaires sera incompatible
avec celle de représentant de la Nation, pendant toute
la durée de la législature.

Les juges feront remplacés par leurs suppléans, & le
Roi pourvoira par des brevets de commission au remplacement de ses commissaires auprès des tribunaux.

B 3

V I.

Les membres du corps légiflatif pourront être réélus à la légiflature fuivante, & ne pourront l'être enfuite qu'après l'intervalle d'une légiflature.

V I I.

Les repréfentans nommés dans les départemens, ne feront pas repréfentans d'un département particulier, mais de la Nation entière, & il ne pourra leur être donné aucun mandat.

S e c t i o n I V.

Tenue & régime des affemblées primaires & électorales.

A r t i c l e p r e m i e r.

Les fonctions des affemblée primaires & électorales fe bornent à élire ; elles fe fépareront auffitôt après les élections faites, & ne pourront fe former de nouveau que lorfqu'elles feront convoquées, fi ce n'eft au cas de l'article I de la fection II, & de l'article I de la fection III ci-deffus.

I I.

Nul citoyen actif ne peut entrer ni donner fon fuffrage dans une affemblée, s'il eft armé.

I I I.

La force armée ne poura être introduite dans l'intérieur fans le vœu exprès de l'Affemblée, fi ce n'eft

qu'on y commît des violences ; auquel cas, l'ordre du
préfident fuffira pour appeler la force publique.

I V.

Tous les deux ans il fera dreffé, dans chaque diftrict,
des liftes, par cantons, des citoyens actifs, & la lifte
de chaque canton y fera publiée & affichée deux mois
avant l'époque de l'affemblée primaire.

Les réclamations qui pourront avoir lieu, foit pour
contefter la qualité des citoyens employés fur la lifte,
foit de la part de ceux qui fe prétendront omis injufte-
ment, feront portées aux tribunaux pour y être jugées
fommairement.

La lifte fervira de règle pour l'admiffion des citoyens
dans la prochaine affemblée primaire, en tout ce qui
n'aura pas été rectifié par des jugemens rendus avant la
tenue de l'affemblée.

V.

Les affemblées électorales ont le droit de vérifier la
qualité & les pouvoirs de ceux qui s'y préfenteront, &
leurs décifions feront exécutées provifoirement, fauf le
jugement du Corps légiflatif lors de la vérification des
pouvoirs des députés.

V I.

Dans aucun cas & fous aucun prétexte, le Roi, ni
aucun des agens nommés par lui, ne pourront prendre
connoiffance des queftions relatives à la régularité des
convocations, à la tenue des affemblées, à la forme des
élections, ni aux droits politiques des citoyens, fans
préjudice des fonctions des commiffaires du Roi dans
les cas déterminés par la loi, où les queftions relatives

aux droits politiques des citoyens doivent être portées dans les tribunaux.

Section V.

Réunion des Représentans en Assemblée nationale législative.

Article premier.

Les représentans se réuniront le premier lundi du mois de mai, au lieu des séances de la dernière législature.

I I.

Ils se formeront provisoirement en assemblée sous la présidence du doyen d'âge, pour vérifier les pouvoirs des représentans présens.

I I I.

Dès qu'ils seront au nombre de trois cent soixante-treize membres vérifiés, ils se constitueront sous le titre d'*Assemblée nationale législative* : elle nommera un président, un vice-président & des secrétaires, & commencera l'exercice de ses fonctions.

I V.

Pendant tout le cours du mois de mai, si le nombre des représentans présens est au-dessous de trois cent soixante-treize, l'assemblée ne pourra faire aucun acte législatif.

Elle pourra prendre un arrêté pour enjoindre aux membres absens de se rendre à leurs fonctions dans le délai de quinzaine au plus tard, à peine de trois mille livres d'amende, s'ils ne proposent pas une excuse qui soit jugée légitime par l'Assemblée.

V.

Au dernier jour de mai, quel que soit le nombre des membres présens, ils se constitueront en Assemblée nationale législative.

V I.

Les représentans prononceront tous ensemble, au nom du Peuple français, le serment de *vivre libres ou mourir*.

Ils prêteront ensuite individuellement le serment *de maintenir de tout leur pouvoir la Constitution du Royaume, décrétée par l'Assemblée nationale constituante, aux années* 1789, 1790 & 1791, *de ne rien proposer ni consentir, dans le cours de la législature, qui puisse y porter atteinte, & d'être en tout fidèles à la Nation, à la loi & au Roi.*

V I I.

Les représentans de la Nation sont inviolables : ils ne pourront être recherchés, accusés ni jugés en aucun temps pour ce qu'ils auront dit, écrit ou fait dans l'exercice de leurs fonctions de représentans.

V I I I.

Ils pourront, pour fait criminel, être saisis en flagrant délit ou en vertu d'un mandat d'arrêt ; mais il en sera donné avis, sans délai, au Corps législatif ; & la poursuite ne pourra être continuée qu'après que le Corps législatif aura décidé qu'il y a lieu à accusation.

CHAPITRE II.

De la royauté, de la régence & des miniſtres.

SECTION PREMIÈRE.

De la Royauté & du Roi.

ARTICLE PREMIER.

La Royauté eſt indiviſible, & déléguée héréditairement à la race régnante de mâle en mâle, par ordre de primogéniture, à l'excluſion perpétuelle des femmes & de leur deſcendance.

(Rien n'eſt préjugé ſur l'effet des renonciations, dans la race actuellement régnante.)

II.

La perſonne du Roi eſt inviolable & ſacrée ; ſon ſeul titre eſt *Roi des Français.*

III.

Il n'y a point en France d'autorité ſupérieure à celle de la loi. Le Roi ne règne que par elle, & ce n'eſt qu'au nom de la loi qu'il peut exiger l'obéiſſance.

IV.

Le Roi, à ſon avènement au trône, ou dès qu'il aura atteint ſa majorité, prêtera à la Nation, en préſence du Corps légiſlatif, le ſerment *d'être fidèle à la Nation & à la loi, d'employer tout le pouvoir qui lui*

est délégué, à maintenir la Constitution décrétée par l'As-
semblée nationale constituante, aux années 1789, 1790
& 1791, *& à faire exécuter les lois.*

Si le Corps législatif n'est pas assemblé, le Roi fera
publier une proclamation, dans laquelle seront exprimés
ce serment & la promesse de le réitérer aussitôt que le
Corps législatif sera réuni.

V.

Si, un mois après l'invitation du Corps législatif,
le Roi n'a pas prêté ce serment, ou si, après l'avoir
prêté, il le rétracte, il sera censé avoir abdiqué la
royauté.

V I.

Si le Roi se met à la tête d'une armée & en dirige
les forces contre la Nation, ou s'il ne s'oppose pas
par un acte formel à une telle entreprise, qui s'exécu-
teroit en son nom, il sera censé avoir abdiqué la royauté.

V I I.

Si le Roi, étant sorti du Royaume, n'y rentroit
pas après l'invitation qui lui en seroit faite par le Corps
législatif, & dans le délai qui sera fixé par la proclamation, lequel ne pourra être moindre de deux mois,
il seroit censé avoir abdiqué la royauté.

Le délai commencera à courir du jour où la proclamation du Corps législatif aura été publiée dans le lieu
de ses séances ; & les ministres seront tenus, sous leur
responsabilité, de faire tous les actes du pouvoir exécutif,
dont l'exercice sera suspendu dans la main du Roi ab-
sent.

V I I I.

Après l'abdication expresse ou légale, le Roi sera dans

la claffe des citoyens, & pourra être accufé & jugé comme eux pour les actes poftérieurs à fon abdication.

I X.

Les biens particuliers que le Roi pofsède à fon avè-nement au trône, font réunis irrévocablement au do-maine de la Nation ; il a la difpofition de ceux qu'il acquiert à titre fingulier ; s'il n'en a pas difpofé, ils font pareillement réunis à la fin du règne.

X.

La Nation pourvoit à la fplendeur du trône par une lifte civile, dont le Corps légiflatif déterminera la fomme, à chaque changement de règne, pour toute la durée du règne.

X I.

Le Roi nommera un adminiftrateur de la lifte civile, qui exercera les actions judiciaires du Roi, & contre lequel toutes les actions à la charge du Roi feront di-rigées & les jugemens prononcés. Les condamnations obtenues par les créanciers de la lifte civile, feront exé-cutoires contre l'adminiftrateur perfonnellement, & fur fes propres biens.

X I I.

Le Roi aura, indépendamment de la garde d'honneur qui lui fera fournie par les citoyens gardes nationales du lieu de fa réfidence, une garde payée fur les fonds de la lifte civile : elle ne pourra excéder le nombre de douze cents hommes à pied & de fix cents hommes à cheval.

Les grades & les règles d'avancement y feront les mêmes

que dans les troupes de ligne ; mais ceux qui compoferont la garde du Roi rouleront pour tous les grades
excluſivement ſur eux-mêmes , & ne pourront en obtenir aucun dans l'armée de ligne.

Le Roi ne pourra choiſir les hommes de ſa garde
que parmi ceux qui ſont actuellement en activité de
ſervice dans les troupes de ligne , ou parmi les citoyens
qui ont fait depuis un an le ſervice des gardes nationales, pourvu qu'ils ſoient réſidans dans le Royaume,
& qu'ils aient précédemment prêté le ſerment civique.

La garde du Roi ne pourra être commandée ni re-
quiſe pour aucun autre ſervice public.

S e c t i o n I I.

De la régence.

A r t i c l e p r e m i e r.

Le Roi eſt mineur juſqu'à l'âge de dix-huit ans accomplis ; & pendant ſa minorité , il y a un régent du
Royaume.

I I.

La régence appartient au parent du Roi , le plus
proche en degré, ſuivant l'ordre de l'hérédité au trône ,
& âgé de vingt-cinq ans accomplis, pourvu qu'il ſoit
Français & régnicole, qu'il ne ſoit pas héritier préſomptif
d'une autre couronne , & qu'il ait précédemment prêté
le ſerment civique.

Les femmes ſont exclues de la régence.

I I I.

Si un Roi mineur n'avoit aucun parent réuniſſant les

qualités ci-deſſus exprimées , le régent du Royaume ſera élu ainſi qu'il va être dit aux articles ſuivans :

I V.

Le Corps légiſlatif ne pourra élire le régent.

V.

Les électeurs de chaque diſtrict ſe réuniront au chef-lieu du diſtrict , d'après une proclamation qui ſera faite dans la premiere ſemaine du nouveau règne , par le Corps légiſlatif , s'il eſt réuni ; & s'il étoit ſéparé , le miniſtre de la juſtice ſera tenu de faire cette proclama-tion dans la même ſemaine.

V I.

Les électeurs nommeront en chaque diſtrict , au ſcrutin individuel , & à la pluralité abſolue des ſuffrages , un citoyen éligible & domicilié dans le diſtrict , auquel ils donneront , par le procès-verbal de l'élection , un mandat ſpécial borné à la ſeule fonction d'élire le citoyen qu'il jugera en ſon ame & conſcience le plus digne d'être régent du Royaume.

V I I.

Les citoyens mandataires nommés dans les diſtricts , feront tenus de ſe raſſembler dans la ville où le Corps légiſlatif tiendra ſa ſéance , le quarantième jour au plus tard , à partir de celui de l'avènement du Roi mineur au trône ; & ils y formeront l'aſſemblée électorale , qui procédera à la nomination du régent.

V I I I.

L'élection du régent fera faite au fcrutin individuel, & à la pluralité abfolue des fuffrages.

I X.

L'affemblée électorale ne pourra s'occuper que de l'é-lection, & fe féparera auffitôt que l'élection fera ter-minée ; tout autre acte qu'elle entreprendroit de faire eft déclaré inconftitutionnel & de nul effet.

X.

L'affemblée électorale fera préfenter, par fon pré-fident, le procès-verbal de l'élection au Corps légiflatif, qui, après avoir vérifié la régularité de l'élection, la fera publier dans tout le Royaume par une proclama-tion.

X I.

Le régent exerce jufqu'à la majorité du Roi toutes les fonctions de la Royauté, & n'eft pas perfonnellement refponfable des actes de fon adminiftration.

X I I.

Le régent ne peut commencer l'exercice de fes fonc-tions, qu'après avoir prêté à la Nation, en préfence du Corps légiflatif, le ferment d'être *fidèle à la Nation, à la loi & au Roi ; d'employer tout le pouvoir délégué au Roi, & dont l'exercice lui eft confié pendant la mi-norité du Roi, à maintenir la Conftitution décrétée par l'Affemblée nationale conftituante, aux années 1789, 1790 & 1791, & à faire exécuter les lois.*

Si le Corps légiflatif n'eft pas affemblé, 'le régent fera publier une proclamation, dans laquelle feront exprimés ce ferment & la promeffe de le réitérer auffitôt que le Corps légiflatif fera réuni.

X I I I.

Tant que le régent n'eft pas entré en exercice de fes fonctions, la fanction des lois demeure fufpendue; les miniftres continuent de faire, fous leur refponfabilité, tous les actes du pouvoir exécutif.

X I V.

Auffitôt que le régent aura prêté le ferment, le Corps légiflatif déterminera fon traitement, lequel ne pourra être changé pendant la durée de la régence.

X V.

Si, à raifon de la minorité d'âge du parent appelé à la régence, elle a été dévolue à un parent plus éloigné, ou déférée par élection, le régent qui fera entré en exercice continuera fes fonctions jufqu'à la majorité du Roi.

X V I.

La régence du Royaume ne confère aucun droit fur la perfonne du Roi mineur.

X V I I.

La garde du Roi mineur fera confiée à fa mère; & s'il n'a pas de mère, ou fi elle eft remariée au temps de l'avènement de fon fils au trône, ou fi elle fe remarie pendant la minorité, la garde fera déférée par le Corps légiflatif.

Ne

Ne peuvent être élus pour la garde du Roi mineur, ni le régent & ses descendans, ni les femmes.

X V I I I.

En cas de démence du Roi, notoirement reconnue, légalement constatée, & déclarée par le Corps legislatif après trois délibérations successivement prises de mois en mois, il y a lieu à la régence, tant que la demence dure.

S e c t i o n I I I.

De la famille du Roi.

A r t i c l e p r e m i e r.

L'héritier présomptif portera le nom de *Prince royal.*
Il ne peut sortir du Royaume sans un décret du Corps législatif, & le consentement du Roi.
S'il en est sorti, & si, étant parvenu à l'âge de dix-huit ans, il ne rentre pas en France après avoir été requis par une proclamation du Corps législatif, il est censé avoir abdiqué le droit de succession au trône.

I I.

Si l'héritier présomptif est mineur, le parent majeur, premier appelé à la régence, est tenu de résider dans le Royaume.
Dans le cas où il en seroit sorti, & n'y rentreroit pas sur la réquisition du Corps législatif, il sera censé avoir abdiqué son droit à la régence.

I I I.

La mère du Roi mineur ayant sa garde, ou le gardien élu , s'ils fortent du Royaume, font déchus de la garde.

Si la mère de l'héritier préfomptif mineur fortoit du Royaume, elle ne pourroit , même après fon retour, avoir la garde de fon fils mineur devenu Roi, que par un décret du Corps légiflatif.

I V.

Il fera fait une loi pour régler l'éducation du Roi mineur , & celle de l'héritier préfomptif mineur.

V.

Les membres de la famille du Roi appelés à la fucceffion éventuelle au trône jouiffent des droits de citoyen actif, mais ne font éligibles à aucune des places , emplois ou fonctions qui font à la nomination du peuple.

A l'exception des départemens du miniftère, ils font fufceptibles des places & emplois à la nomination du Roi ; néanmoins ils ne pourront commander en chef aucune armée de terre ou de mer , ni remplir les fonctions d'ambaffadeur, qu'avec le confentement du Corps légiflatif, accordé fur la propofition du Roi.

V I.

Les membres de la famille du Roi, appelés à la fucceffion éventuelle au trône , ajouteront la dénomination de *Prince français* , au nom qui leur aura été donné dans l'acte civil conftatant leur naiffance, & ce nom ne pourra être ni patronymique , ni formé d'aucune des qualifications abolies par la préfente Conftitution.

La dénomination de *prince* ne pourra être donnée à aucun autre individu, & n'emportera aucun privilége, ni aucune exception au droit commun de tous les Français.

V I I.

Les actes par lesquels feront légalement conftatés les naiffances, mariages & décès des princes français, feront préfentés au Corps légiflatif, qui en ordonnera le dépôt dans fes archives.

V I I I.

Il ne fera accordé aux membres de la famille du Roi aucun apanage reel.

Les fils puînés du Roi recevront à l'âge de vingt cinq ans accomplis, ou lors de leur mariage, une rente apanagère, laquelle fera fixée par le Corps légiflatif, & finira à l'extinction de leur poftérité mafculine.

S E C T I O N   I V.

Des miniftres.

A R T I C L E   P R E M I E R.

Au Roi feul appartiennent le choix & la révocation des miniftres.

I I.

Les membres de l'Affemblée nationale actuelle & des légiflatures fuivantes, les membres du tribunal de caffation & ceux qui ferviront dans le haut-juré, ne pourront être promus au miniftère, ni recevoir aucunes places, dons, penfions, traitemens ou commiffion du pouvoir exécutif ou de fes agens, pendant la durée de leurs fonctions, ni pendant deux ans après en avoir ceffé l'exercice.

C 2

Il en fera de même de ceux qui feront feulement infcrits fur la lifte du haut-juré, pendant tout le temps que durera leur infcription.

I I I.

Nul ne peut entrer en exercice d'aucun emploi, foit dans les bureaux du miniftère, foit dans ceux des régies ou adminiftrations des revenus publics, ni en général d'aucun emploi à la nomination du pouvoir exécutif, fans prêter le ferment civique, ou fans juftifier qu'il l'a prêté.

I V.

Aucun ordre du Roi ne peut être exécuté, s'il n'eft figné par lui & contre-figné par le miniftre ou l'ordonnateur du département.

V.

Les miniftres font refponfables de tous les délits par eux commis contre la fûreté nationale & la Conftitution ;

De tout attentat à la propriété & à la liberté individuelle ;

De toute diffipation des deniers deftinés aux dépenfes de leur département.

V. I.

En aucun cas, l'ordre du Roi, verbal ou par écrit, ne peut fouftraire un miniftre à la refponfabilité.

V I I.

Les miniftres font tenus de préfenter chaque année

au Corps législatif, à l'ouverture de la session, l'apperçu des dépenses à faire dans leur département, de rendre compte de l'emploi des sommes qui y étoient destinées, & d'indiquer les abus qui auroient pu s'introduire dans les différentes parties du gouvernement.

V I I I.

Aucun ministre en place, ou hors de place, ne peut être poursuivi en matière criminelle pour fait de son administration, sans un décret du Corps législatif.

C H A P I T R E I I I.

De l'exercice du pouvoir législatif.

S ᴇ c t i o n p r e m i è r e.

Pouvoirs & sanctions de l'Assemblée nationale législative.

A r t i c l ᴇ p r e m i e r.

La Constitution délègue exclusivement au Corps législatif les pouvoirs & fonctions ci-après:

1°. De proposer & décréter les lois: le Roi peut seulement inviter le Corps législatif à prendre un objet en considération;

2°. De fixer les dépenses publiques;

3°. D'établir les contributions publiques; d'en déterminer la nature, la quotité, la durée & le mode de perception;

4°. De faire la répartition de la contribution directe entre les départemens du Royaume, de surveiller l'emploi de tous les revenus publics, & de s'en faire rendre compte;

C 3

5°. De décréter la création ou la suppression des offices publics ;

6°. De déterminer le titre, le poids, l'empreinte & la dénomination des monnoies ;

7°. De permettre ou de défendre l'introduction des troupes étrangères sur le territoire français, & des forces navales étrangères dans les ports du royaume ;

8°. De statuer annuellement, après la proposition du roi, sur le nombre d'hommes & des vaisseaux dont les armées de terre & de mer seront composées ; sur la solde & le nombre d'individus de chaque grade ; sur les règles d'admission & d'avancement, les formes de l'enrôlement & du dégagement, la formation des équipages de mer ; sur l'admission des troupes ou des forces navales etrangères au service de France, & sur le traitement des troupes en cas de licenciement ;

9°. De statuer sur l'administration, & d'ordonner l'aliénation des domaines nationaux.

10°. De poursuivre devant la haute-cour nationale la responsabilité des ministres, & des agens principaux du pouvoir exécutif ;

D'accuser & de poursuivre devant la même cour, ceux qui seront prévenus d'attentat & de complot contre la sûreté générale de l'Etat, ou contre la constitution.

11°. D'établir les lois d'après lesquelles les marques d'honneur ou décorations purement personnelles, seront accordées à ceux qui ont rendu des services à l'Etat.

12°. Le corps légiflatif a seul le droit de décerner les honneurs publics à la mémoire des grands hommes.

I I.

La guerre ne peut être décidée que par un décret du corps légiflatif, rendu sur la proposition formelle & nécessaire du roi, & sanctionné par lui.

Dans le cas d'hostilités imminentes ou commencées,

d'un allié à foutenir, ou d'un droit à conferver par la force des armes, le roi en donnera, fans aucun délai, la notification au corps légiflatif, & en fera connoître les motifs. Si le corps légiflatif eft en vacances, le roi le convoquera auffitôt.

Si le corps légiflatif décide que la guerre ne doive pas être faite, le roi prendra fur-le-champ des mefures pour faire ceffer ou prévenir toutes hoftilités, les miniftres demeurant refponfables des délais.

Si le corps légiflatif trouve que les hoftilités commencées foient une agreffion coupable de la part des miniftres ou de quelque autre agent du pouvoir exécutif, l'auteur de l'agreffion fera pourfuivi criminellement.

Pendant tout le cours de la guerre, le corps légiflatif peut requérir le roi de négocier la paix; & le roi eft tenu de déférer à cette réquifition.

A l'inftant où la guerre ceffera, le corps légiflatif fixera le délai dans lequel les troupes élevées au-deffus du pied de paix, feront congédiées, & l'armée réduite à fon état ordinaire.

I I I.

Il appartient au corps légiflatif de ratifier les traités de paix, d'alliance & de commerce; & aucun traité n'aura d'effet que par cette ratification.

I V.

Le corps légiflatif a le droit de déterminer le lieu de fes féances, de les continuer autant qu'il le jugera néceffaire, & de s'ajourner. Au commencement de chaque règne, s'il n'eft pas réuni, il fera tenu de fe raffembler fans délai.

Il a le droit de police dans le lieu de fes féances, & dans l'enceinte extérieure qu'il aura déterminée.

C 4

Il a le droit de difcipline fur fes membres ; mais il ne peut prononcer de punition plus forte que la cenfure. les arrêts pour huit jours, ou la prifon pour trois jours.

Il a le droit de difpofer, pour fa sûreté & pour le maintien du refpᴇᴄt qui lui eft dû, des forces qui, de fon confentement, feront établies dans la ville où il tiendra fes féances.

V.

Le pouvoir exécutif ne peut faire paffer ou féjourner aucun corps de troupes de ligne, dans la diftance de trente mille toifes du corps légiflatif, fi ce n'eft fur fa réquifition ou avec fon autorifation.

S ᴇ ᴄ ᴛ ɪ ᴏ ɴ I I.

Tenue des féances, & forme de délibérer.

A ʀ ᴛ ɪ ᴄ ʟ ᴇ ᴘ ʀ ᴇ ᴍ ɪ ᴇ ʀ.

Les délibérations du corps légiflatif feront publiques, & les procès - verbaux de fes féances feront imprimés.

I I.

Le corps légiflatif pourra cependant, en toute occafion, fe former en *comité général.*

Cinquante membres auront le droit de l'exiger.

Pendant la durée du comité général, les affiftans fe retireront, le fauteuil du préfident fera vacant, l'ordre fera maintenu par le vice-préfident.

I I I.

Aucun aᴄte légiflatif ne pourra être délibéré & décrété que dans la forme fuivante.

I V.

Il sera fait trois lectures du projet de décret, à trois intervalles, dont chacun ne pourra être moindre de huit jours.

V.

La discussion sera ouverte après chaque lecture, & néanmoins, après la première ou seconde lecture, le corps législatif pourra déclarer qu'il y a lieu à l'ajournement, ou qu'il n'y a pas lieu à délibérer : dans ce dernier cas le projet de décret pourra être représenté dans la même session.

Tout projet de décret sera imprimé & distribué avant que la seconde lecture puisse en être faite.

V I.

Après la troisième lecture, le président sera tenu de mettre en délibération, & le corps législatif décidera s'il se trouve en état de rendre un décret définitif, ou s'il veut renvoyer la décision à un autre temps, pour recueillir de plus amples éclaircissemens.

V I I.

Le corps législatif ne peut délibérer, si la séance n'est composée de deux cents membres au moins, & aucun décret ne sera formé que par la pluralité absolue des suffrages.

V I I I.

Tout projet de loi qui, soumis à la discussion, aura été rejeté après la troisième lecture, ne pourra être représenté dans la même session.

I X.

Le préambule de tout décret définitif énoncera, 1°. les dates des séances auxquelles les trois lectures du projet auront été faites ; 2°. le décret par lequel il aura été arrêté, après la troisième lecture, de décider définitivement.

X.

Le roi refusera sa sanction au décret dont le préambule n'attestera pas l'observation des formes ci-dessus : si quelqu'un de ces décrets étoit sanctionné, les ministres ne pourront le sceller ni le promulguer, & leur responsabilité à cet égard durera six années.

X I.

Sont exceptés des dispositions ci - dessus, les décrets reconnus & déclarés urgens par une délibération préalable du Corps législatif; mais ils peuvent être modifiés ou révoqués dans le cours de la même session.

Le décret par lequel la matière aura été déclarée urgente en énoncera les motifs, & il sera fait mention de ce décret préalable dans le préambule du décret définitif.

S e c t i o n I I I.

De la sanction royale.

A r t i c l e p r e m i e r.

Les décrets du Corps législatif sont présentés au roi, qui peut leur refuser son consentement.

I I.

Dans le cas où le roi refuse son consentement, ce refus n'est que suspensif.

Lorsque les deux législatures qui suivront celle qui aura présenté le décret, auront successivement représenté le même décret dans les mêmes termes, le roi sera censé avoir donné la sanction.

I I I.

Le consentement du roi est exprimé sur chaque décret par cette formule signée du roi : *Le roi consent & fera exécuter.*

Le refus suspensif est exprimé par celle-ci : *Le roi examinera.*

I V.

Le roi est tenu d'exprimer son consentement ou son refus sur chaque décret, dans les deux mois de la présentation.

V.

Tout décret auquel le roi a refusé son consentement, ne peut lui être représenté par la même législature.

V I.

Les décrets sanctionnés par le roi, & ceux qui lui auront été présentés par trois législatures consécutives, ont force de loi, & portent le nom & l'intitulé de lois.

V I I.

Seront néanmoins exécutés comme lois, sans être sujets

à la fanction, les actes du Corps légiflatif concernant fa conftitution en affemblée délibérante;

Sa police intérieure, & celle qu'il pourra exercer dans l'enceinte extérieure qu'il aura déterminée;

La vérification des pouvoirs de fes membres préfens;

Les injonctions aux membres abfens;

La convocation des affemblées primaires en retard;

L'exercice de la police conftitutionnelle fur les adminiftrateurs & fur les officiers municipaux;

Les queftions foit d'éligibilité, foit de validité des élections.

Ne font pareillement fujets à la fanction, les actes relatifs à la refponfabilité des miniftres, ni les décrets portant qu'il y a lieu à accufation.

V I I I.

Les décrets du Corps légiflatif concernant l'établiffement, la prorogation & la perception des contributions publiques, porteront le nom & l'intitulé de lois. Ils feront promulgués & exécutés fans être fujets à la fanction, fi ce n'eft pour les difpofitions qui établiroient des peines autres que des amendes & contraintes pécuniaires.

Ces décrets ne pourront être rendus qu'après l'obfervation des formalités prefcrites par les articles IV, V, VI, VII, VIII & IX de la fection II du préfent chapitre; & le Corps légiflatif ne pourra y inférer aucunes difpofitions étrangères à leur objet.

S e c t i o n   I V.

Relations du Corps légiflatif avec le roi.

A r t i c l e   p r e m i e r.

Lorfque le Corps légiflatif eft définitivement conftitué,

Il envoie au roi une députation pour l'en inftruire. Le roi peut chaque année faire l'ouverture de la feffion, & propofer les objets qu'il croit devoir être pris en confidération pendant le cours de cette feffion, fans néanmoins que cette formalité puiffe être confidérée comme néceffaire à l'activité du corps légiflatif.

I I.

Lorfque le Corps légiflatif veut s'ajourner au-delà de quinze jours, il eft tenu d'en prévenir le roi par une députation, au moins huit jours d'avance.

I I I.

Huitaine au moins avant la fin de chaque feffion, le Corps légiflatif envoie au roi une députation, pour lui annoncer le jour où il fe propofe de terminer fes féances : le roi peut venir faire la clôture de la feffion.

I V.

Si le roi trouve important au bien de l'État que la feffion foit continuée, ou que l'ajournement n'ait pas lieu, ou qu'il n'ait lieu que pour un temps moins long, il peut à cet effet envoyer un meffage, fur lequel le Corps légiflatif eft tenu de délibérer.

V.

Le roi convoquera le Corps légiflatif dans l'intervalle de fes feffions, toutes les fois que l'intérêt de l'État lui paroîtra l'exiger, ainfi que dans les cas qui auront été prévus & déterminés par le Corps légiflatif avant de s'ajourner.

V I.

Toutes les fois que le roi fe rendra au lieu des féances du Corps légiflatif, il fera reçu & reconduit par une députation ; il ne pourra être accompagné dans l'intérieur de la falle que par le prince royal & par les miniftres.

V I I.

Dans aucun cas, le préfident ne pourra faire partie d'une députation.

V I I I.

Le Corps légiflatif ceffera d'être corps délibérant, tant que le roi fera préfent.

I X.

Les actes de la correfpondance du roi avec le Corps légiflatif, feront toujours contre-fignés par un miniftre.

X.

Les miniftres du roi auront entrée dans l'Affemblée nationale légiflative ; ils y auront une place marquée.

Ils feront entendus, toutes les fois qu'ils le demanderont, fur les objets relatifs à leur adminiftration, ou lorfqu'ils feront requis de donner des éclairciffemens.

Ils feront également entendus fur les objets étrangers à leur adminiftration, quand l'Affemblée nationale leur accordera la parole.

CHAPITRE IV.

De l'exercice du pouvoir exécutif.

ARTICLE PREMIER.

Le pouvoir exécutif suprême réside exclusivement dans la main du roi.

Le roi est le chef suprême de l'administration générale du royaume : le soin de veiller au maintien de l'ordre & de la tranquillité publique lui est confié.

Le roi est le chef suprême de l'armée de terre & de l'armée navale.

Au roi est délégué le soin de veiller à la sûreté extérieure du royaume, d'en maintenir les droits & les possessions.

I I.

Le roi nomme les ambassadeurs, & les autres agens des négociations politiques.

Il confère le commandement des armées & des flottes, & les grades de maréchal de France & d'amiral.

Il nomme les deux tiers des contre-amiraux, la moitié des lieutenans-généraux, maréchaux-de-camp, capitaines de vaisseaux, & colonels de la gendarmerie nationale.

Il nomme le tiers des colonels & des lieutenans-colonels, & le sixième des lieutenans de vaisseaux.

Le tout en se conformant aux lois sur l'avancement.

Il nomme, dans l'administration civile de la marine, les ordonnateurs, les contrôleurs, les trésoriers des arsenaux, les chefs des travaux, sous-chefs des bâtimens civils, la moitié des chefs d'administration & des sous-chefs de construction.

Il nomme les commissaires auprès des tribunaux.

Il nomme les préposés en chef aux régies des contributions indirectes, & à l'administration des domaines nationaux.

Il surveille la fabrication des monnoies, & nomme les officiers chargés d'exercer cette surveillance dans la commission gén rale & dans les hôtels des monnoies.

L'effigie du roi est empreinte sur toutes les monnoies du royaume.

I I I.

Le roi fait délivrer les lettres-patentes, brevets & commissions aux fonctionnaires publics ou autres qui doivent en recevoir.

I V.

Le roi fait dresser la liste des pensions & gratifications, pour être présentée au Corps législatif à chacune de ses sessions, & décrétée s'il y a lieu.

SECTION PREMIÈRE.

De la promulgation des lois.

ARTICLE PREMIER.

Le pouvoir exécutif est chargé de faire sceller les lois du sceau de l'État, & de les faire promulguer.

Il est chargé également de faire promulguer & exécuter les actes du Corps législatif qui n'ont pas besoin de la sanction du roi.

I I.

Il sera fait deux expéditions originales de chaque loi, toutes deux signées du roi, contre-signées par le ministre de la justice, & scellées du sceau de l'Etat.

L'une

L'une restera déposée aux archives du sceau, & l'autre sera remise aux archives du Corps législatif.

III.

La promulgation sera ainsi conçue :

« N. (*le nom du roi*), par la grace de Dieu, & par la
» loi constitutionnelle de l'État, roi des Français : À tous
» présens & à venir, salut. L'Assemblée nationale a dé-
» crété, & nous voulons & ordonnons ce qui suit : »

(*La copie littérale du décret sera insérée sans aucun changement.*)

« Mandons & ordonnons à tous les corps administratifs
» & tribunaux, que les présentes ils fassent consigner
» dans leurs registres, lire, publier & afficher dans leurs
» départemens & ressorts respectifs, & exécuter comme
» loi du Royaume : En foi de quoi nous avons signé ces
» présentes, auxquelles nous avons fait apposer le sceau
» de l'État. »

IV.

Si le roi est mineur, les lois, proclamations & autres actes émanés de l'autorité royale pendant la régence, seront conçues ainsi qu'il suit :

« N. (*le nom du régent*), régent du Royaume, au
» nom de N. (*le nom du roi*), par la grace de Dieu
» & par la loi constitutionnelle de l'État, roi des
» Français, &c. &c. &c. »

V.

Le pouvoir exécutif est tenu d'envoyer les lois aux corps administratifs & aux tribunaux, de faire certifier cet envoi, & d'en justifier au Corps législatif.

V I.

Le pouvoir exécutif ne peut faire aucune loi, même provifoire, mais feulement des proclamations conformes aux lois, pour en ordonner ou en rappeler l'exécution.

S E C T I O N I I.

De l'adminiftration intérieure.

A R T I C L E P R E M I E R.

Il y a dans chaque département une adminiftration fupérieure, & dans chaque diftrict une adminiftration fubordonnée.

I I.

Les adminiftrateurs n'ont aucun caractère de repréfentation.

Ils font des agens élus à temps par le peuple, pour exercer, fous la furveillance & l'autorité du roi, les fonctions adminiftratives.

I I I.

Ils ne peuvent, ni s'immifcer dans l'exercice du pouvoir légiflatif, ou fufpendre l'exécution des lois, ni rien entreprendre fur l'ordre judiciaire, ni fur les difpofitions ou opérations militaires.

I V.

Les adminiftrateurs font effentiellement chargés de répartir les contributions directes, & de furveiller les deniers provenant de toutes les contributions & revenus publics dans leur territoire.

Il appartient au pouvoir légiſlatif de déterminer les
règles & le mode de leurs fonctions, tant ſur les objets
ci-deſſus exprimés, que ſur toutes les autres parties de
l'adminiſtration intérieure.

V.

Le roi a le droit d'annuller les actes des adminiſtrateurs
de département, contraires aux lois ou aux ordres qu'il
leur aura adreſſés.

Il peut, dans le cas d'une déſobéiſſance perſévérante,
ou s'ils compromettent par leurs actes la ſûreté ou la
tranquillité publique, les ſuſpendre de leurs fonctions.

V I.

Les adminiſtrateurs de département ont de même le
droit d'annuller les actes des ſous - adminiſtrateurs de
diſtrict, contraires aux lois ou aux arrêtés des adminiſtrateurs de département, ou aux ordres que ces derniers
leur auront donnés ou tranſmis.

Ils peuvent également, dans le cas d'une déſobéiſſance
perſévérante des ſous-adminiſtrateurs, ou ſi ces derniers
compromettent par leurs actes la ſûreté ou la tranquillité
publique, les ſuſpendre de leurs fonctions, à la charge
d'en inſtruire le roi, qui pourra lever ou confirmer la
ſuſpenſion.

V I I.

Le roi peut, lorſque les adminiſtrateurs de département
n'auront pas uſé du pouvoir qui leur eſt délégué dans
l'article ci - deſſus, annuller directement les actes des
ſous-adminiſtrateurs, & les ſuſpendre dans les mêmes
cas.

D 2

V I I I.

Toutes les fois que le roi aura prononcé ou confirmé la fuspenfion des adminiftrateurs ou fous-adminiftrateurs, il en inftruira le Corps légiflatif.

Celui - ci pourra ou lever la fuspenfion, ou la confirmer, ou même diffoudre l'adminiftration coupable, &, s'il y a lieu, renvoyer tous les adminiftrateurs ou quelques - uns d'eux aux tribunaux criminels, ou porter contr'eux le décret d'accufation.

S e c t i o n I I I.

Des relations extérieures.

A r t i c l e p r e m i e r.

Le roi feul peut entretenir des relations politiques au dehors, conduire les négociations, faire des préparatifs de guerre proportionnés à ceux des Etats voifins, diftribuer les forces de terre & de mer ainfi qu'il le jugera convenable, & en régler la direction en cas de guerre.

I I.

Toute déclaration de guerre fera faite en ces termes: *De la part du roi des Français*, *au nom de la nation.*

I I I.

Il appartient au roi d'arrêter & dé figner avec toutes les puiffances étrangères, tous les traités de paix, d'alliance & de commerce, & autres conventions qu'il jugera nécessaires au bien de l'Etat, sauf la ratification du Corps législatif.

C H A P I T R E V.

Du pouvoir judiciaire.

A r t i c l e p r e m i e r.

Le pouvoir judiciaire ne peut, en aucun cas, être exercé par le Corps législatif, ni par le roi.

I I.

La justice sera rendue gratuitement par des juges élus à temps par le peuple, & institués par lettres - patentes du roi, qui ne pourra les refuser.

Ils ne pourront être, ni destitués que pour forfaiture duement jugée, ni suspendus que par une accusation admise.

L'accusateur public sera nommé par le peuple.

I I I.

Les tribunaux ne peuvent, ni s'immiscer dans l'exercice du pouvoir législatif, ou suspendre l'exécution des lois, ni entreprendre sur les fonctions administratives, ou citer devant eux les administrateurs pour raison de leurs fonctions.

I V.

Les citoyens ne peuvent être distraits des juges que la loi leur assigne, par aucune commission, ni par d'autres attributions & évocations que celles qui sont déterminées par les lois.

V.

Le droit des citoyens, de terminer définitivement leurs contestations par la voie de l'arbitrage, ne peut recevoir aucune atteinte par les actes du pouvoir législatif.

V I.

Les tribunaux ordinaires ne peuvent recevoir aucune action au civil, sans qu'il leur soit justifié que les parties ont comparu, ou que le demandeur a cité sa partie adverse devant des médiateurs pour parvenir à une conciliation.

V I I.

Il y aura un ou plusieurs juges-de-paix dans les cantons & dans les villes. Le nombre en sera déterminé par le pouvoir législatif.

V I I I.

Il appartient au pouvoir législatif de régler le nombre & les arrondissemens des tribunaux, & le nombre des juges dont chaque tribunal sera composé.

I X.

En matière criminelle, nul citoyen ne peut être jugé que sur une accusation reçue par des jurés, ou décrétée par le Corps législatif dans les cas où il lui appartient de poursuivre l'accusation.

Après l'accusation admise, le fait sera reconnu & déclaré par des jurés.

L'accusé aura la faculté d'en récuser jusqu'à vingt, sans donner de motifs.

Les jurés qui déclareront le fait, ne pourront être au-deffous du nombre de douze.

L'application de la loi fera faite par des juges.

L'inftruction fera publique, & l'on ne pourra refuser aux accufés le fecours d'un confeil.

Tout homme acquitté par un juré légal, ne peut plus être repris ni accufé à raifon du même fait.

X.

Nul homme ne peut être faifi que pour être conduit devant l'officier de police ; & nul ne peut être mis en arreftation ou détenu, qu'en vertu d'un mandat des officiers de police, d'une ordonnance de prife-de-corps d'un tribunal, d'un décret d'accufation du Corps légiflatif dans le cas où il lui appartient de le prononcer, ou d'un jugement de condamnation à prifon ou détention correctionnelle.

X I.

Tout homme faifi & conduit devant l'officier de police, fera examiné fur - le - champ, ou au plus tard dans les vingt-quatre heures.

S'il réfulte de l'examen qu'il n'y a aucun fujet d'in-culpation contre lui, il fera remis auffitôt en liberté : ou s'il y a lieu de l'envoyer à la maifon d'arrêt, il y fera conduit dans le plus bref délai, qui en aucun cas ne pourra excéder trois jours.

X I I.

Nul homme arrêté ne peut être retenu s'il donne caution fuffifante, dans tous les cas où la loi permet de refter libre fous cautionnement.

D 4

X I I I.

Nul homme, dans le cas où fa détention eft autorifée par la loi, ne peut être conduit & détenu que dans les lieux légalement & publiquement défignés pour fervir de maifon d'arrêt, de maifon de juftice ou de prifon.

X I V.

Nul gardien ou geolier ne peut recevoir ni retenir aucun homme qu'en vertu d'un mandat, ordonnance de prife-de-corps, decret d'accufation, ou jugement, mentionnés dans l'article X ci-deffus, & fans que la tranfcription en ait été faite fur fon regiftre.

X V.

Tout gardien ou geolier eft tenu, fans qu'aucun ordre puiffe l'en difpenfer, de repréfenter la perfonne du détenu à l'officier civil ayant la police de la maifon de détention, toutes les fois qu'il en fera requis par lui.

La repréfentation de la perfonne du détenu ne pourra de même être refufée à fes parens & amis, porteurs de l'ordre de l'officier civil, qui fera toujours tenu de l'accorder, à moins que le gardien ou geolier ne repréfente une ordonnance du juge, tranfcrite fur fon regiftre, pour tenir l'arrêté au fecret.

X V I.

Tout homme, quel que foit fa place ou fon emploi, autre que ceux à qui la loi donne le droit d'arreftation, qui donnera, fignera, exécutera ou fera exécuter l'ordre d'arrêter un citoyen ; ou quiconque, même dans les cas d'arreftation autorifés par la loi, conduira, recevra ou retiendra un citoyen dans un lieu de détention non publiquement & légalement défigné; & tout gardien ou geolier qui contreviendra aux difpofitions des articles XIV & XV ci-deffus, feront coupables du crime de détention arbitraire.

X V I I.

Nul homme ne peut être recherché ni pourfuivi pour raifon des écrits qu'il aura fait imprimer ou publier fur quelque matière que ce foit, fi ce n'eft qu'il ait provoqué à deffein la défobéiffance à la loi, l'aviliffement des pouvoirs conftitués, la réfiftance à leurs actes, ou quelques-unes des actions déclarées crimes ou délits par la loi.

La cenfure fur les actes des pouvoirs conftitués eft permife; mais les calomnies volontaires contre la probité des fonctionnaires publics & la droiture de leurs intentions dans l'exercice de leurs fonctions, pourront être pourfuivies par ceux qui en font l'objet.

Les calomnies & injures contre quelques perfonnes que ce foit, relatives aux actions de leur vie privée, feront punies fur leur pourfuite.

X V I I I.

Nul ne peut être jugé, foit par la voie civile, foit par la voie criminelle, pour fait d'écrits imprimés ou publiés, fans qu'il ait été reconnu & déclaré par un juré, 1°. s'il y a délit dans l'écrit dénoncé; 2°. fi la perfonne pourfuivie en eft coupable.

X I X.

Il y aura pour tout le royaume un feul tribunal de caffation, établi auprès du Corps légiflatif. Il aura pour fonctions de prononcer,

Sur les demandes en caſſation contre les jugemens rendus en dernier reſſort par les tribunaux ;

Sur les demandes en renvoi d'un tribunal à un autre, pour cauſe de ſuſpicion légitime ;

Sur les règlemens de juges & les priſes à partie contre un tribunal entier.

X X.

En matière de caſſation , le tribunal de caſſation ne pourra jamais connoître du fond des affaires ; mais après avoir caſſé le jugement qui aura été rendu ſur une procédure dans laquelle les formes auront été violées, ou qui contiendra une contravention expreſſe à la loi, il renverra le fond du procès au tribunal qui doit en connoître.

X X I.

Lorſqu'après deux caſſations , le jugement du troiſième tribunal ſera attaqué par les mêmes moyens que les deux premiers, la queſtion ne pourra plus être agitée au tribunal de caſſation ſans avoir été ſoumiſe au Corps légiſlatif, qui portera un décret déclaratoire de la loi auquel le tribunal de caſſation ſera tenu de ſe conformer.

X X I I.

Chaque année le tribunal de caſſation ſera tenu d'envoyer à la barre du Corps légiſlatif une députation de huit de ſes membres, qui lui préſenteront l'état des jugemens rendus, à côté de chacun deſquels ſeront la notice abrégée de l'affaire, & le texte de la loi qui aura déterminé la déciſion.

X X I I I.

Une haute - cour nationale, formée de membres du

tribunal de caffation & de hauts-jurés, connoîtra des délits des miniftres & agens principaux du pouvoir exécutif, & des crimes qui attaqueront la fûreté générale de l'État, lorfque le Corps légiflatif aura rendu un décret d'accufation.

Elle ne fe raffemblera que fur la proclamation du Corps légiflatif, & à une diftance de 30,000 toifes au moins du lieu où la légiflature tiendra fes féances.

X X I V.

Les expéditions exécutoires des jugemens des tribunaux feront conçues ainfi qu'il fuit :

N. (*le nom du roi*), par la grace de Dieu & par la loi conftitutionnelle de l'État, roi des Français : À tous préfens & à venir, falut. Le tribunal de...... a rendu le jugement fuivant :

(*Ici fera copié le jugement, dans lequel il fera fait mention du nom des juges.*)

Mandons & ordonnons à tous huiffiers fur ce requis, de mettre ledit jugement à exécution, à nos commiffaires auprès des tribunaux d'y tenir la main, & à tous commandans & officiers de la force publique, de prêter main-forte, lorfqu'ils en feront légalement requis. En foi de quoi le préfent jugement a été figné par le préfident du tribunal & par le greffier.

X X V.

Les fonctions des commiffaires du roi auprès des tribunaux, feront de requérir l'obfervation des lois dans les jugemens à rendre, & de faire exécuter les jugemens rendus.

Ils ne feront point accufateurs publics ; mais ils feront entendus fur toutes les accufations, & requerront pendant

le cours de l'inftruction pour la régularité des formes, &
avant le jugement pour l'application de la loi.

X X V I.

Les commiffaires du roi auprès des tribunaux dénon-
ceront au directeur du juré, foit d'office, foit d'après
les ordres qui leur feront donnés par le roi,

Les attentats contre la liberté individuelle des citoyens,
contre la libre circulation des fubfiftances & autres
objets de commerce, & contre la perception des contributions ;

Les délits par lefquels l'exécution des ordres donnés
par le roi dans l'exercice des fonctions qui lui font déléguées, feroit troublée ou empêchée ;

Les attentats contre le droit des gens ;

Et les rebellions à l'exécution des jugemens, & de
tous les actes exécutoires émanés des pouvoirs conftitués.

X X V I I.

Le miniftre de la juftice dénoncera au tribunal de
caffation, par la voie du commiffaire du roi, & fans
préjudice du droit des parties intéreffées, les actes par
lefquels les juges auroient excédé les bornes de leur
pouvoir.

Le tribunal les annullera ; & s'ils donnent lieu à la
forfaiture, le fait fera dénoncé au Corps légiflatif, qui
rendra le décret d'accufation, s'il y a lieu, & renverra
les prévenus devant la haute-cour nationale.

T I T R E I V.

De la force publique.

A r t i c l e p r e m i e r.

La force publique eft inftituée pour défendre l'Etat

contre les ennemis du dehors , & affurer au dedans le maintien de l'ordre & l'exécution des lois.

I I.

Elle eft compofée ,

De l'armée de terre & de mer ;

De la troupe fpécialement deftinée au fervice intérieur ;

Et fubfidiairement des citoyens actifs , & de leurs enfans en état de porter les armes, infcrits fur le rôle de la garde nationale.

I I I.

Les gardes nationales ne forment ni un corps militaire, ni une inftitution dans l'Etat ; ce font les citoyens euxmêmes appelés au fervice de la force publique.

I V.

Les citoyens ne pourront jamais fe former , ni agir comme gardes nationales , qu'en vertu d'une réquifition ou d'une autorifation légale.

V.

Ils font foumis, en cette qualité , à une organifation déterminée par la loi.

Ils ne peuvent avoir dans tout le royaume qu'une même difcipline & un même uniforme.

Les diftinctions de grade & la fubordination ne fubfiftent que relativement au fervice & pendant fa durée.

V I.

Les officiers font élus à temps, & ne peuvent être élus qu'après un intervalle de fervice comme foldats.

Nul ne commandera la garde nationale de plus d'un diftrict.

V I I.

Toutes les parties de la force publique, employées pour la sûreté de l'Etat contre les ennemis du dehors, agiront fous les ordres du roi.

V I I I.

Aucun corps ou détachement de troupes de ligne ne peut agir dans l'intérieur du royaume fans une réquifition légale.

I X.

Aucun agent de la force publique ne peut entrer dans la maifon d'un citoyen, fi ce n'eft pour l'exécution des mandemens de police & de juftice, ou dans les cas formellement prévûs par la loi.

X.

La réquifition de la force publique dans l'intérieur du royaume, appartient aux officiers civils, fuivant les règles déterminées par le pouvoir légiflatif.

X I.

Si des troubles agitent tout un département, le roi donnera, fous la refponfabilité de fes miniftres, les

ordres néceſſaires pour l'exécution des lois & le rétabliſ-
ſement de l'ordre, mais à la charge d'en informer le Corps
légiſlatif, s'il eſt aſſemblé, & de le convoquer s'il eſt
en vacances.

X I I.

La force publique eſt eſſentiellement obéiſſante; nul
corps armé ne peut délibérer.

X I I I.

L'armée de terre & de mer, & la troupe deſtinée à
la ſûreté intérieure, ſont ſoumiſes à des lois particulières, ſoit pour le maintien de la diſcipline, ſoit pour
la forme des jugemens & la nature des peines en matière
de délits militaires.

T I T R E   V.

Des contributions publiques.

A R T I C L E   P R E M I E R.

Les contributions publiques ſeront délibérées & fixées
chaque année par le Corps légiſlatif, & ne pourront
ſubſiſter au delà du dernier jour de la ſeſſion ſuivante,
ſi elles n'ont pas été expreſſément renouvelées.

I I.

Sous aucun prétexte, les fonds néceſſaires à l'acquit-
tement de la dette nationale & au paiement de la liſte
civile, ne pourront être ni refuſés ni ſuſpendus.

Le traitement des miniſtres du culte catholique pen-
ſionnés, conſervés, élus ou nommés en vertu des décrets

de l'Assemblée nationale constituante, fait partie de la dette nationale.

Le Corps législatif ne pourra, en aucun cas, charger la nation du paiement des dettes d'aucun individu.

I I I.

Les comptes détaillés de la dépense des départemens ministériels, signés & certifiés par les ministres ou ordonnateurs généraux, seront rendus publics par la voie de l'impression, au commencement des sessions de chaque législature.

Il en sera de même des états de recette des diverses contributions, & de tous les revenus publics.

Les états de ces dépenses & recettes seront distingués suivant leur nature, & exprimeront les sommes touchées & dépensées année par année dans chaque district.

Les dépenses particulières à chaque département, & relatives aux tribunaux, aux corps administratifs & autres établissemens, seront également rendues publiques.

I V.

Les administrateurs de département & sous-administrateurs ne pourront ni établir aucune contribution publique, ni faire aucune répartition au-delà du temps & des sommes fixées par le Corps législatif, ni délibérer ou permettre, sans y être autorisés par lui, aucun emprunt local à la charge des citoyens du département.

V.

Le pouvoir exécutif dirige & surveille la perception & le versement des contributions, & donne tous les ordres nécessaires à cet effet.

TITRE

TITRE VI.

Des rapports de la nation française avec les nations étrangères.

La nation française renonce à entreprendre aucune guerre dans la vue de faire des conquêtes, & n'emploiera jamais ses forces contre la liberté d'aucun peuple.

La constitution n'admet point de droit d'aubaine.

Les étrangers établis ou non en France, succèdent à leurs parens étrangers ou français.

Ils peuvent contracter, acquérir & recevoir des biens situés en France, & en disposer, de même que tout citoyen français, par tous les moyens autorisés par les lois.

Les étrangers qui se trouvent en France sont soumis aux mêmes lois criminelles & de police que les citoyens français, sauf les conventions arrêtées avec les puissances étrangères; leur personne, leurs biens, leur industrie, leur culte sont également protégés par la loi.

TITRE VII.

De la révision des décrets constitutionnels.

ARTICLE PREMIER.

L'Assemblée nationale constituante déclare que la nation a le droit imprescriptible de changer sa constitution; & néanmoins, considérant qu'il est plus conforme à l'intérêt national d'user seulement, par les moyens pris dans la constitution même, du droit d'en réformer les articles dont l'expérience auroit fait sentir les inconvéniens, décrète qu'il y sera procédé par une Assemblée de révision, en la forme suivante :

I I.

Lorſque trois légiſlatures conſécutives auront émis un vœu uniforme pour le changement de quelque article conſtitutionnel , il y aura lieu à la réviſion demandée.

I 1 I.

La prochaine légiſlature & la ſuivante ne pourront propoſer la réforme d'aucun article conſtitutionnel.

I V.

Des trois légiſlatures qui pourront par la ſuite propoſer quelques changemens , les deux premières ne s'occuperont de cet objet que dans les deux derniers mois de leur dernière ſeſſion , & la troiſième à la fin de ſa première ſeſſion annuelle , ou au commencement de la ſeconde.

Leurs délibérations ſur cette matière feront ſoumiſes aux mêmes formes que les actes légiſlatifs ; mais les décrets par leſquels elles auront émis leur vœu ne feront pas ſujets à la ſanction du roi.

V.

La quatrième légiſlature , augmentée de deux cent quarante - neuf membres élus en chaque département , par doublement du nombre ordinaire qu'il fournit pour ſa population , formera l'aſſemblée de réviſion.

Ces deux cent quarante - neuf membres feront élus après que la nomination des repréſentans au Corps légiſlatif aura été terminée , & il en ſera fait un procès-verbal ſéparé.

L'Aſſemblée de réviſion ne ſera compoſée que d'une chambre.

V I.

Les membres de la troifième légiflature qui aura demandé le changement, ne pourront être elus à l'Aſſemblée de réviſion.

V I I.

Les membres de l'Aſſemblée de réviſion, après avoir prononcé tous enſemble le ſerment de *vivre libres ou mourir*, préteront individuellement celui de *ſe borner à ſtatuer ſur les objets qui leur ouront été ſoumis par le vœu uniforme des trois légiſlatures précédentes ; de maintenir, au ſurplus, de tout leur pouvoir la conſtitution du Royaume, décrétée par l'Aſſemblée nationale conſtituante, aux années* 1789, 1790 & 1791 ; *& d'être en tout fidèles à la nation, à la loi & au roi.*

V I I I.

L'Aſſemblée de réviſion ſera tenue de s'occuper enſuite, & ſans délai, des objets qui auront été ſoumis à ſon examen : auſſitôt que ſon travail ſera terminé, les deux cent quarante-neuf membres nommés en augmentation, ſe retireront ſans pouvoir prendre part, en aucun cas, aux actes légiſlatifs.

———————

Les colonies & poſſeſſions françaiſes dans l'Aſie, l'Afrique & l'Amérique, quoiqu'elles faſſent partie de l'Empire français, ne ſont pas compriſes dans la préſente conſtitution.

———————

Aucun des pouvoirs inſtitués par la conſtitution, n'a le droit de la changer dans ſon enſemble ni dans ſes parties, ſauf les réformes qui pourront y être faites par la voie de la révision, conformément aux difpofitions du titre VII ci-deffus.

LA'ffemblée nationale conftituante en remet le dépôt à la fidélité du Corps légiflatif, du roi & des juges, a la vigilance des pères de famille, aux époufes & aux mères, à l'affection des jeunes citoyens, au courage de tous les français.

Les décrets rendus par l'Affemblée nationale confti-tuante, qui ne font pas compris dans l'acte de confti-tution, feront exécutés comme lois ; & les lois anté-rieures auxquelles elle n'a pas dérogé, feront également obfervées, tant que les uns ou les autres n'auront pas été révoqués ou modifiés par le pouvoir légiflatif.

L'Affemblée nationale, ayant entendu la lecture de l'acte conftitutionnel ci-deffus, & après l'avoir approuvé, déclare que la conftitution eft terminée, & qu'elle ne peut y rien changer.

Il fera nommé à l'inftant une députation de foixante membres pour offrir, dans le jour, l'acte conftitutionnel au roi.

Mandons & ordonnons à tous les corps adminiftratifs & tribunaux, que les préfentes ils faffent configner dans leurs regiftres, lire, publier & afficher dans leurs dépar-temens & refforts refpectifs, & exécuter comme loi du Royaume. En foi de quoi nous avons figné ces préfentes, auxquelles nous avons fait appofer le fceau de l'Etat. A Paris, le quatorzième jour de feptembre, l'an de grace mil fept cent quatre-vingt-onze, & de notre règne le dix-huitième.

1995.

L O I

Portant abolition de toutes procédures instruites sur les faits relatifs à la révolution, amnistie générale en faveur des hommes de guerre, & révocation du décret du premier août dernier, relatif aux émigrans.

Donnée à Paris le 15 septembre 1791.

Louis, par la grace de Dieu, &c.

Décret du 14 *septembre* 1791.

L'Assemblée Nationale, considérant que l'objet de la révolution française a été de donner une constitution à l'Empire, & qu'ainsi la révolution doit prendre fin au moment où la constitution est achevée & acceptée par le roi ;

Considérant qu'autant il seroit désormais coupable de résister aux autorités constituées & aux lois, autant il est digne de la nation française d'oublier les marques d'opposition dirigées contre la volonté nationale, lorsqu'elle n'étoit pas encore généralement reconnue ni solemnellement proclamée ; & qu'enfin le temps est venu d'éteindre toutes les dissentions dans un sentiment commun de patriotisme, de fraternité & d'affection pour le monarque qui a donné l'exemple de cet oubli généreux, décrète ce qui suit :

A R T I C L E   P R E M I E R.

Toutes procédures instruites sur des faits relatifs à la

E 3

révolution, quel qu'en puiſſe être l'objet, & tous jugemens intervenus ſur ſemblables procédures, ſont irrévocablement abolis.

I I.

Il eſt défendu à tous officiers de police ou juges, de
commencer aucunes procédures pour les faits mentionnés
en l'article précédent, ni de donner continuation à celles
qui ſeroient commencées.

I I I.

Le roi ſera prié de donner des ordres au miniſtre
de la juſtice pour ſe faire adreſſer par les juges de chaque
tribunal, l'état viſé par le commiſſaire du roi, des procédures & jugemens compris dans la préſente abolition :
le miniſtre certifiera le Corps légiſlatif de la remiſe deſdits
états.

I V.

L'Aſſemblée nationale décrète une amniſtie générale
en faveur de tout homme de guerre prévenu, accuſé ou
convaincu de délits militaires, à compter du premier
juin 1789. En conſéquence, toutes plaintes portées,
pourſuites exercées ou jugemens rendus à l'occaſion de
ſemblables délits ; ſeront regardés comme non avenus,
& les perſonnes qui en étoient l'objet, ſeront miſes immédiatement en liberté, ſi elles ſont détenues ; ſans
néanmoins qu'on puiſſe induire du préſent article, que
ces perſonnes conſervent aucuns droits ſur les places
qu'elles auroient abandonnées.

V.

L'Aſſemblée nationale décrète qu'il ne ſera plus exigé

aucunes permiffions ou paffe-ports, dont l'ufage avoit été momentanément établi. Le décret du premier août dernier, relatif aux émigrans eft révoqué, & conformément à la conftitution, il ne fera plus apporté aucun obftacle au droit de tout citoyen français, de voyager librement dans le royaume, & d'en fortir à volonté.

Mandons & ordonnons à tous les corps adminiftratifs & tribunaux, &c.

1996.

L O I

Relative à la proclamation de la loi conftitutionnelle.

Donnée à Paris le 15 feptembre 1791.

Louis, par la grace de Dieu, &c.

Décret du 15 feptembre 1791.

L'Affemblée Nationale décrète que fes commiffaires pour porter les décrets à la fanction, fe retireront à l'inftant pardevers le roi, pour prier fa majefté de donner des ordres, pour que dimanche prochain, dans la capitale, la conftitution foit folemnellement proclamée par les officiers municipaux, & qu'il foit fait des réjouiffances publiques, pour célébrer fon heureux achèvement;

Et que la même publication folemnelle, & les mêmes réjouiffances aient lieu dans tous les chefs - lieux de département, le dimanche qui fuivra le jour où la conftitution fera parvenue officiellement aux adminiftrations de département ; & dans les autres municipalités, le jour qui fera fixé par un arrêté du directoire du département.

L'Affemblée nationale décrète que les prifonniers détenus à Paris pour dettes de mois de nourrice, feront mis en liberté, & que la dette pour laquelle ils étoient détenus fera acquittée des fonds du tréfor public.

Renvoie aux comités des finances & de mendicité, pour préfenter à l'Affemblée un projet pour faire participer les départemens à cet acte de bienfaifance.

Mandons & ordonnons à tous les corps adminiftratifs & tribunaux, &c.

1997.

L O I

Relative à la garde nationale Parifienne.

Donnée à Paris le 23 feptembre 1791.

.Louis, par la grace de Dieu, &c.

Décret du 12 feptembre 1791.

L'Affemblée Nationale décrète ce qui fuit :

ARTICLE PREMIER.

La garde nationale de Paris reftera compofée, comme elle l'eft aujourd'hui, de foixante bataillons formant fix divifions de dix bataillons chacune : chaque divifion portera déformais le nom de légion.

I I.

Les quartiers affectés jufqu'ici à chaque bataillon, continueront de l'être au même bataillon. Tous conferveront

leurs drapeaux, en y ajoutant ces mots : *Le peuple fran-*
çais ; & ces autres mots : *La liberté ou la mort.*

I I I.

Il y aura quatre compagnies par bataillon, non
compris celle des grenadiers, qui fera tirée des quatre
autres.

I V.

Tous les citoyens actifs & fils de citoyens actifs qui
doivent être inscrits pour le service de la garde nationale, & qui demeurent dans les quartiers affectés au
même bataillon, feront répartis dans les quatre compagnies, de manière à les rendre à-peu-près d'égale
force.

V.

Chaque compagnie fera composée d'un capitaine, un
lieutenant, deux fous-lieutenans, quatre fergens, huit
caporaux, & du nombre indéterminé de gardes nationales qui pourront y être attachés, en raifon de la plus
ou moins grande population.

V I.

Chaque compagnie formera deux divifions, commandées, l'une par le capitaine & le fecond fous-lieutenant,
l'autre par le lieutenant & le premier fous-lieutenant.
La divifion fera partagée en deux pelotons, commandés
chacun par un fergent. Le peloton fera formé de deux
efcouades, commandées chacune par un caporal. Les
gardes nationales attachés à la compagnie, feront également répartis dans chaque efcouade.

V I I.

La compagnie de grenadiers de chaque bataillon fera compofée d'un capitaine, un lieutenant, deux fous-lieutenans, quatre fergens, huit caporaux, & de quatre-vingt grenadiers, le tout formant deux divifions, quatre pelotons & huit efcouades de dix grenadiers chacune, fans compter le caporal.

V I I I.

L'état-major de chaque bataillon fera compofé d'un commandant en chef, d'un commandant en fecond, d'un adjudant, d'un porte-drapeau, d'un maître armurier & d'un chirurgien-major.

I X.

L'état-major de chaque légion fera compofé d'un chef de légion, d'un adjudant-général & d'un fous-adjudant-général.

X.

Il n'y aura pas de commandant-général de la garde nationale Parifienne; chaque chef de légion en fera les fonctions, & exercera le commandement pendant un mois à tour de rôle.

X I.

Le commandant & les capitaines actuels de chaque bataillon, fe réuniront immédiatement au lieu qui leur fera indiqué par la municipalité, avec un commiffaire nommé par elle, pour conftater d'après les regiftres d'inf-cription, & les autres renfeignemens qu'ils pourront fe procurer fur la population de leurs quartiers , le nombre des citoyens actifs & fils de citoyens actifs qui appartiennent à leur bataillon ; ils les diftribueront en quatre compagnies de force à-peu-près égale , en obfervant de réunir dans la même compagnie les citoyens qui demeurent dans la même rue, ou dans les rues les plus voifines ; ils drefferont enfuite le contrôle exact de chaque compagnie.

X I I.

Cela fait , la compagnie des grenadiers de chaque bataillon appellera fur les quatre compagnies les hommes de bonne volonté dont elle aura befoin pour fe compléter , & il fera fait mention fur le contrôle de chacune des quatre compagnies, des hommes qu'elle aura fournis aux grenadiers.

X I I I.

Les citoyens deftinés à former chacune des cinq compagnies dont le bataillon fera compofé alors , en y comprenant celle des grenadiers, s'affembleront en particulier, fans uniforme & fans armes, fous la préfidence d'un commiffaire de la municipalité, & nommeront d'abord les officiers de la compagnie au fcrutin individuel & à la pluralité abfolue des fuffrages; ils nommeront enfuite leurs fous-officiers au fcrutin individuel , à la fimple pluralité relative des fuffrages.

X I V.

Les officiers & fergens des cinq compagnies fe réuniront fous la préfidence du plus âgé des capitaines , & nommeront les officiers de l'état-major du bataillon, au fcrutin individuel & à la pluralité abfolue des fuffrages.

X V.

Les commandans en chef & en second, les adjudans, les capitaines & les lieutenans des dix bataillons formant chaque légion, se réunirent sous la présidence d'un commissaire du département, & nommeront les officiers de l'état-major de la légion, au scrutin individuel & à la pluralité absolue des suffrages.

X V I.

La ville de Paris pourvoira à l'entretien d'un tambour par compagnie.

X V I I.

Les dispositions du décret des 27 & 28 juillet 1791, qui ne sont point contraires à celles du présent décret, feront exécutées à Paris comme dans les autres villes & lieux du royaume, sauf ce qui sera réglé sur la manière dont se fera, dans la capitale, le service de la force armée, d'après le rapport qui doit être fait sur cet objet par les comités militaire & de constitution, chargés de ce travail par l'article IX du titre VI du décret des 3, 4 & 5 août dernier.

Mandons & ordonnons à tous les corps administratifs & tribunaux, que les présentes ils fassent consigner dans leurs registres, lire, publier & afficher dans leurs ressorts & départemens respectifs, & exécuter comme loi du Royaume. Mandons & ordonnons pareillement à tous les officiers généraux & autres qui commandent les troupes de ligne dans les différens départemens du Royaume; comme aussi à tous les officiers, sous-officiers & gendarmes de la gendarmerie nationale, & à tous autres qu'il appartiendra, de se conformer ponctuellement à ces présentes.

1998.

L O I

Relative à la formation d'un corps de troupes à cheval,
sous la dénomination de gardes nationales Pari-
siennes.

Donnée à Paris le 23 septembre 1791.

Louis , par la grace de Dieu , &c.

Décret du 12 *septembre* 1791.

L'Affemblée Nationale , à laquelle il a été rendu
compte par fon comité militaire , qu'environ trois cents
jeunes citoyens de la ville de Paris , tous ayant fervi dans
la garde nationale depuis le commencement de la révolution , fe font réunis pour former une troupe à cheval ,
& demandent à être employés à la défenfe des frontières ;
qu'ils fe font impofés à eux-mêmes l'obligation de fervir
jufqu'au 15 novembre 1792 , à moins que l'Affemblée
nationale ne veuille les licencier plutôt , & qu'ils fe font
engagés à fubvenir à leurs propres dépens , aux frais de
leurs habillemens , armement , équipement , & de l'équipement de leurs chevaux , comme aufli à l'entretien de
ces objets , même de dépofer une certaine fomme pour
être employée à l'habillement des trompettes ; en applau-
diffant au patriotifme & au zèle de ces jeunes citoyens ,
a décrété ce qui fuit :

A R T I C L E P R E M I E R.

Il fera formé un corps de troupes à cheval , fous la
dénomination de *gardes nationales volontaires Parifiennes*

à *cheval*, qui fervira conformément aux ordonnances & règlemens militaires concernant les troupes à cheval, & fera compofé des jeunes citoyens ayant fervi dans la garde nationale depuis le commencement de la révolution.

I I.

Ce corps fera compofé de quatre efcadrons, dont un auxiliaire, deftiné à recevoir & à former les hommes & les chevaux de recrue.

I I I.

L'état-major du corps fera compofé de deux lieutenans - colonels, quatre adjudans - officiers, un quartier-maître-tréforier, un chirurgien, un aide-chirurgien, un maréchal - expert, quatre maréchaux-ferrans, un maître fellier, un maître éperonnier, un maître tailleur, & un infpecteur des fourrages.

I V.

Chaque efcadron fera compofé de deux compagnies.

V.

Chaque compagnie fera compofée d'un capitaine, un lieutenant, un fous-lieutenant, un adjudant-fous-officier, un maréchal - des - logis en chef, deux maréchaux-des-logis, quatre brigadiers, quatre fous - brigadiers, cinquante - trois volontaires, & un trompette, faifant en tout foixante-huit hommes.

V I.

Le plus ancien capitaine des deux compagnies formant l'efcadron, le commandera fous le titre de chef d'efcadron.

V I I.

Le choix des officiers & fous-officiers fera fait de la même manière que dans les bataillons de gardes nationales volontaires à pied.

V I I I.

Les guidons porteront la devife & feront aux couleurs décrétées pour les drapeaux des gardes nationales volontaires à pied ; ils feront portés par des maréchaux-des-logis en chef, au choix du premier lieutenant-colonel.

I X.

Du jour où les gardes nationales volontaires Parifiennes à cheval feront reçus par les commiffaires des guerres pour entrer en activité, ils recevront vingt fous par jour de folde. La paie de chaque grade fera dans la même proportion, conformément à ce qui a été réglé pour les gardes nationales à pied.

Mandons & ordonnons à tous les corps adminiftratifs & tribunaux, que les préfentes ils faffent configner dans leurs regiftres, lire, publier & afficher dans leurs départemens & refforts refpectifs, & exécuter comme loi du Royaume. Mandons & ordonnons pareillement à tous les officiers généraux & autres qui commandent les troupes de ligne dans les différens départemens du Royaume, aux officiers, fous - officiers & gendarmes de la gendarmerie nationale, de fe conformer à ces préfentes, & de tenir la main, chacun en ce qui le concerne, à ce qu'elles foient ponctuellement exécutées.

1999.

L O I

Qui règle la forme des brevets des officiers de tous grades,
& celle des engagemens des soldats.

Donnée à Paris le 23 septembre 1791.

Louis, par la grace de Dieu, &c.

Décret du 22 septembre 1791.

L'Assemblée Nationale, sur le rapport de son comité militaire, décrète de la manière suivante, les formes à observer pour les nominations des officiers généraux, des officiers supérieurs, des capitaines, lieutenans & sous-lieutenans, & celles à observer pour l'engagement des soldats.

La

LA NATION, LA LOI ET LE ROI.

BREVET DE SOUS-LIEUTENANT.

	Détail des services.	*Campagnes, actions & blessures.*	
INFANTERIE			ième RÉGIMENT;

Pour

né à

département d

LOUIS, par la grace de Dieu & par la Loi constitutionnelle de l'Etat, Roi des Français, Chef suprême de l'Armée. Ayant nommé à une Sous-lieutenance dans la compagnie du Capitaine dans le Régiment d vacante par
l *Mande & ordonne au Colonel & en son absence à l'Officier qui commmande ledit Régiment, de le recevoir & faire reconnoître en lad e Sous-lieutenance, pour en faire les fonctions sous l'autorité de Sa Majesté, & sous les ordres des Officiers généraux employés auprès des Troupes. Donné à* le *jour du mois* d *l'an de grace mil sept cent quatre-vingt- & de notre règne le*

PAR LE ROI.

LA NATION, LA LOI ET LE ROI.

BREVET DE COLONEL.

Détail des services.	Compagnies, actions & blessures.	
INFANTERIE.		ième RÉGIMENT.

Pour

né à

Sous-lieutenant

Lieutenant le

Capitaine le

Lieutenant - Colonel le

LOUIS, par la grace de Dieu & par la Loi constitutionnelle de l'Etat, Roi des Français, Chef suprême de l'Armée. Prenant une entière confiance dans la valeur, expérience, vigilance, bonne conduite, zèle & fidélité envers la Patrie, dont a donné des preuves dans toutes les occasions le Lieutenant-colonel　　　l'a nommé à la place de Colonel du　　　Régiment d　　vacante par l　　pour en faire les fonctions, & commander ledit Régiment sous l'autorité de Sa Majesté, & sous les ordres des officiers généraux employés auprès des Troupes. Sa Majesté mande & ordonne à l'officier qui commande le　　Régiment d　　de le recevoir & le faire reconnoître en ladite qualité, de tous les Officiers, Sous-officiers & Soldats dudit Régiment. Donné à　　le　　jour du mois d　　l'un de grace mil sept cent quatre-vingt　　& de notre règne le

PAR LE ROI.

Nota. Le brevet des Officiers généraux, semblable à celui des Officiers supérieurs, avec la différence des mots indicatifs de Lieutenant-colonel ou de Colonel, & de Régiment, auxquels on substitue ceux relatifs au service & au grade d'Officier général, & avec le changement à la huitième ligne de ces mots-ci : *& sous les ordres des Officiers généraux employés auprès des Troupes,* en ces mots : *& sous les ordres du Ministre ayant le département de la Guerre.*

LA NATION, LA LOI ET LE ROI.

E N G A G E M E N T.

R É G I M E N T d

Je fouffigné   m'engage
de ma propre volonté, & fans contrainte, à
fervir la Nation fous les ordres du Roi, chef
fuprême de l'armée, en qualité de
pendant l'efpace de   ans, à condition de
recevoir mon congé abfolu à l'expiration de ce
terme, conformément à la Loi, & pour prix
du préfent engagement, la fomme de
comptant, & celle de   en un billet
payable au régiment.

Je déclare n'avoir aucune infirmité cachée qui
puiffe m'empêcher de fervir la Nation, & n'être
engagé dans aucune de fes troupes, foit de
terre, foit de mer. En conféqence, je promets
de fervir avec fidélité & honneur, d'être inva-
riablement attaché aux lois militaires & aux
règles de la difcipline, d'obéir ponctuellement
à tous mes fupérieurs, & de me comporter,
dans toutes les occafions, en honnête & brave
foldat.

Je certifie être âgé de   ans, natif d
municipalité d   diftrict d
département d   fils d   &
d

Fait à   le   mil fept cent
quatre-vingt-

*Nota. Si le
recrue ne fait
point figner, il
fait une marque
en préfence de
deux témoins,
qui figneront
comme tels au-
deffous de la
date ci-contre,
après la lecture
de l'engage-
ment.*

F 2

SIGNALEMENT.

Nota. *On aura soin de mettre les noms, qualités & demeure des père & mère, des trois plus proches parens ou amis, avec les endroits indicatifs de leur demeure, dans les grandes villes, & pour les provinces, les noms des petites villes, bourgs ou lieux de poste les plus à proximité de leur demeure.*

Le nommé ci-dessus a la taille de   pieds pouce   lignes, le nez   la bouche le menton   le visage marqué

CERTIFICAT DU CHIRURGIEN.

Je soussigné   certifie avoir visité le nommé   dont l'engagement est d'autre part, & ne lui avoir trouvé aucune flétrissure ou infirmité qui puisse l'empêcher de servir la Nation.

Fait à   le   mil sept cent

RATIFICATION.

Nous   avons lu le présent engagement & déclaration en présence du recrue y dénommé, lequel n'a rien réclamé contre son contenu.

Fait à   le   mil sept cent

Mandons & ordonnons à tous les corps administratifs & tribunaux, que les présentes ils fassent consigner dans leurs registres, lire, publier & afficher dans leurs départemens & ressorts respectifs, & exécuter comme loi du Royaume. Mandons & ordonnons pareillement à tous les officiers généraux & autres qui commandent les troupes de ligne dans les différens départemens du Royaume, aux officiers, sous-officiers & gendarmes de la gendarmerie nationale, de se conformer à ces présentes, & de tenir la main, chacun en ce qui le concerne, à ce qu'elles soient ponctuellement exécutées.

2000.

L O I

Relative aux élèves du génie & de l'artillerie.

Donnée à Paris le 23 septembre 1791.

Louis, par la grace de Dieu, &c.

Décret du 15 septembre 1791.

L'Assemblée Nationale décrète ce qui suit :

ARTICLE PREMIER.

Dès cette année il sera reçu, d'après l'examen au concours, vingt élèves à l'école du génie ; & successivement d'année en année, il en sera reçu le nombre nécessaire pour que les trois cents officiers qui composent le corps du génie, soient toujours portés au complet.

I I.

Tous les fils des citoyens actifs qui voudront concourir à l'examen, se feront inscrire au bureau de la guerre ; le ministre de ce département leur fera connoître l'époque à laquelle ils devront se présenter aux examinateurs.

I I I.

Les sujets seront examinés sur le même cours qui, jusqu'à ce moment, a été exigé des aspirans au corps du génie, en présence des deux examinateurs actuels du

F 3

génie & de l'artillerie, & d'un commiffaire qui fera nommé par le directoire du département dans le reffort duquel l'examen aura lieu.

I V.

Les fujets qui feront admis à l'école du génie, prendront rang entr'eux felon l'ordre de leur réception, laquelle fera déterminée en conformité de l'avis de là majorité des examinateurs, & d'après le tableau fourni par eux, en forte que le premier infcrit fera le premier de la promotion, & ainfi de fuite.

V.

Les articles précédens relatifs au corps du génie, auront auffi lieu, provifoirement, pour les afpirans de l'artillerie, & l'examen de ces derniers fera fait fur le cours d'inftruction affecté, jufqu'à ce jour, au corps de l'artillerie.

V I.

Les examens préliminaires, pour l'admiffion aux écoles de l'artillerie & du génie, continueront de fe faire féparément, mais feulement jufqu'à ce qu'il ait été compofé un cours d'inftruction commun à ces deux corps. Le miniftre de la guerre donnera les ordres néceffaires pour que ce cours foit compofé dans le plus court délai. Quant aux examens à fubir par les élèves de l'artillerie & du génie, pour paffer des écoles dans ces deux corps, ils continueront d'avoir lieu felon la forme ufitée ci-devant.

V I I.

Le directeur des fortifications des places des Ardennes

& deux officiers employés aux fortifications de Mézières, feront chargés du commandement de l'école du génie, & de diriger l'inftruction des élèves.

V I I I.

A raifon de ces doubles fonctions, il fera continué à ces commandans un traitement particulier, lequel, à compter du premier janvier 1791, fera réglé ainfi qu'il fuit :

Au directeur-commandant en chef, par an, ci . . . . 2000 liv.

Au commandant en fecond, ci. 1500

Au commandant en troifième, ci 1000
_____

4500 liv.

I X.

Sur le nombre des feize officiers généraux employés, dont l'augmentation a été décrétée le 24 juin dernier, il fera attaché au corps du génie un troifième maréchal-de - camp - infpecteur des fortifications, & au corps de l'artillerie, un fixième maréchal - de - camp - infpecteur.

Mandons & ordonnons à tous les corps adminiftratifs & tribunaux, &c.

L o i *du* 23 *Septembre* 1791.

2001.

L O I

Qui fixe les règles à suivre pour les plans à faire en vertu des articles XXI & XXX du décret des 4 & 21 août 1791.

Donnée à Paris le 23 septembre 1791.

Louis, par la grace de Dieu, &c.

Décret du 16 *septembre* 1791.

L'Assemblée Nationale considérant qu'il est nécessaire de prescrir , pour les plans qui seront levés en vertu des articles XXI & XXX du décret des 4 & 21 août 1791, des règles uniformes, de lier la levée de ces plans à des opérations plus étendues, & de les diriger toutes vers la confection d'un cadastre général qui aura pour bases les grands triangles de la carte de l'académie des sciences, décrète ce qui suit :

A R T I C L E   P R E M I E R.

Lorsqu'il sera procédé à la levée du territoire d'une communauté, en vertu de l'ordonnance du directoire du département, l'ingénieur chargé de l'opération, fera d'abord un plan de *masse* qui présentera la circonscription de la communauté & sa division en sections, & formera ensuite les plans de détail qui composeront le *parcellaire* de la communauté.

I I.

L'ingénieur prendra toujours pour bafe une ligne droite, dont les deux points extrèmes feront reconnus par les officiers municipaux, qui en drefferont procès-verbal & les feront marquer par des bornes, à la confervation defquelles ils veilleront, pour que cette bafe puiffe être retrouvée lorfqu'il y en aura befoin.

I I I.

L'original du plan de la communauté fera dépofé aux archives du département, conformément à l'article XXXII du décret des 4 & 21 août 1791, & l'ingénieur aura foin d'y noter les points qu'il aura déterminés géométriquement.

I V.

Les directoires de département feront procéder en une ou plufieurs années, à la détermination géométrique de tous les clochers & autres points remarquables, fitués dans l'étendue de leur département.

V.

Le miniftre des contributions publiques choifira l'un des infpecteurs généraux ou l'un des ingénieurs des ponts & chauffées, & le chargera de la direction générale de ces opérations.

V I.

Le miniftre des contributions publiques fera recueillir dans le bureau de cette direction tous les points déterminés géométriquement, tant par les grands triangles de la carte de l'académie, que par les travaux, foit des officiers du corps du génie, foit des ingénieurs géographes du département de la guerre, foit des ingénieurs des ponts & chauffées, & fera envoyer aux directoires de département le tableau de ceux de ces points qui feront dans chacun de leurs arrondiffemens refpectifs, pour fervir aux opérations prefcrites par l'article IV.

V I I.

Il fera envoyé à chaque directoire de département une toife étalonnée fur celle de l'académie, & cette toife fervira pour étalonner celle que l'on emploiera dans tous les travaux qui feront exécutés dans le département.

V I I I.

Le miniftre des contributions publiques préfentera inceffamment à l'Affemblée nationale légiflative, une inftruction fur les moyens d'exécution des différentes opérations prefcrites ci deffus, & dans laquelle on déterminera une échelle uniforme pour les *plans de maffe*, une autre pour les *parcellaires*, & une autre pour l'intérieur des villes ou villages, fi elle eft jugée néceffaire ; & cette inftruction fera envoyée à tous les départemens, qui feront chargés de publier une table comparative des mefures ufitées dans leur département, avec la toife de l'académie.

Mandons & ordonnons à tous les corps adminiftratifs & tribunaux, &c.

2002.

L O I

Relative aux vacances des tribunaux.

Donnée à Paris le 23 septembre 1791.

Louis, par la grace de Dieu, &c.

Décret du 17 septembre 1791.

L'Assemblée Nationale décrète ce qui suit :

ARTICLE PREMIER.

Les tribunaux auront deux mois de vacances, depuis le 15 septembre jusqu'au 15 novembre.

Pour cette année, les vacances des tribunaux seront d'un mois seulement, depuis le 15 octobre jusqu'au 15 novembre.

I I.

Celui des juges qui est chargé des fonctions de directeur du juré, restera de service au tribunal, soit pour remplir lesdites fonctions, soit pour décider les affaires sommaires & provisoires qui sont portées aux tribunaux.

Pour cette année, les juges nommeront l'un d'entr'eux pour faire l'instruction des affaires criminelles, & décider les affaires sommaires & provisoires.

I I I.

Dix membres du tribunal de cassation resteront de

fervice pendant les vacances , pour décider fur l'admiffion des requêtes feulement.

Mandons & ordonnons à tous les corps adminiftratifs & tribunaux , &c.

2003.

L O I

Relative aux foldats fuiffes condamnés pour faits relatifs à la révolution.

Donnée à Paris le 23 feptembre 1791.

Louis, par la grace de Dieu , &c.

Décret du 15 *feptembre* 1791.

L'Affemblée Nationale décrète que le roi fera prié d'interpofer fes bons offices près les Cantons fuiffes , afin que ceux qui ont été condamnés pour faits relatifs à la révolution françaife , par les lois fuiffes , participent aux bienfaits de l'amniftie accordée à tous les citoyens français.

Mandons & ordonnons à tous les corps adminiftratifs & tribunaux , &c.

2004.

L O I

Relative au ferment à prêter par les officiers & par les
foldats.

Donnée à Paris le 23 feptembre 1791.

Louis, par la grace de Dieu, &c.

Décret du 17 *feptembre* 1791.

L'Affemblée Nationale décrète que la formule du
ferment à prêter par les officiers, & celle du ferment
à prêter par les foldats, feront conçues dans les termes
fuivans :

SERMENT DES OFFICIERS.

» Je jure d'être fidèle à la nation, à la loi & au roi ;
» de maintenir de tout mon pouvoir la conftitution, &
» d'exécuter & faire exécuter les règlemens militaires. »

SERMENT DES SOLDATS.

» Je jure d'être fidèle à la nation, à la loi & au roi ;
» de défendre la conftitution, de ne jamais abandonner
» mes drapeaux, & de me conformer en tout aux règles
» de la difcipline militaire. »

Mandons & ordonnons à tous les corps adminiftratifs
& tribunaux, que les préfentes ils faffent configner dans
leurs regiftres, lire, publier & afficher dans leurs refforts
& départemens refpectifs, & exécuter comme loi du

Royaume. Mandons & ordonnons pareillement à tous les officiers généraux & autres , qui commandent les troupes de ligne dans les différens départemens du Royaume ; comme auffi à tous les officiers , fous - officiers & gendarmes de la gendarmerie nationale, & à tous autres qu'il appartiendra , de fe conformer ponctuellement à ces préfentes.

2005.

L O I

Relative aux commiffaires du roi près les tribunaux criminels.

Donnée à Paris le 23 feptembre 1791.

Louis, par la grace de Dieu, &c.

Décret du 17 *feptembre* 1791.

L'Affemblée Nationale décrète ce qui fuit :
Il y aura un commiffaire du roi particulier & exclufif pour exercer fes fonctions auprès des tribunaux criminels.

Mandons & ordonnons à tous les corps adminiftratifs & tribunaux, &c.

2006.

L O I

Relative aux troubles de la ville d'Arles.

Donnée à paris le 23 feptembre 1791.

Louis, par la grace de Dieu, &c.

Décret du 23 *feptembre* 1791.

L'Affemblée Nationale après avoir entendu fon comité des rapports, qui lui a rendu compte des arrêtés du directoire & du confeil d'adminiftration du département des Bouches-du-Rhône, ainfi que de la proclamation du roi, en date du 18 de ce mois, qui déclarent nuls les arrêtés de ce département, des 28 juin & 7 feptembre derniers,

Improuve la conduite des électeurs du département des Bouches-du-Rhône; déclare nuls & attentatoires à la conftitution & à l'ordre public, les arrêtés qu'ils ont pris relativement aux troubles de la ville d'Arles, ainfi que leur délibération du 15 de ce mois, par lefquels l'affemblée électorale s'eft déclarée permanente; fait défenfes aux électeurs de provoquer à l'avenir, fous aucun prétexte & dans aucun cas, l'armement & la marche des gardes nationales, fous peine d'être pourfuivis comme perturbateurs du repos public.

ARTICLE PREMIER.

L'Affemblée nationale décrète que les membres du confeil de département & ceux du corps électoral demeureront perfonnellement & formellement refponfables des maux qui pourroient réfulter de la marche des gardes nationales, qu'ils ont ordonnéé ou provoquée; & que les électeurs feront tenus de reftituer les fommes qui leur ont été induement payées dans leur qualité d'électeurs.

I I.

Que les gardes nationales qui ont eu ordre de marcher contre la ville d'Arles, rentreront inceffamment & au premier ordre qui leur en fera donné, dans leurs municipalités refpectives, & que le roi fera prié d'envoyer à Arles des commiffaires chargés d'y rétablir la paix & autorifés à requérir la force publique.

I I I.

L'Affemblée nationale renvoie au pouvoir exécutif à ftatuer, s'il y a lieu, fur les arrêtés & délibérations du département des Bouches-du-Rhône.

Mandons & ordonnons à tous les corps adminiftratifs & tribunaux, &c.

2007.

L O I

Portant que dans la suite les vacances des tribunaux seront de deux mois, à dater du 15 septembre.

Donnée à Paris le 28 septembre 1791.

Louis, par la grace de Dieu, &c.

Décret du 19 septembre 1791.

L'Assemblée Nationale décrète que dans la suite les vacances des tribunaux seront de deux mois, à commencer du 15 septembre, & finiront le 15 novembre de chaque année.

Mandons & ordonnons à tous les corps administratifs & tribunaux, &c.

2008.

L O I

Relative à la libre exportation des différentes marchandises y énoncées.

Donnée à Paris le 28 septembre 1791.

Louis, par la grace de Dieu, &c.

Décret du 23 septembre 1791.

L'Assemblée Nationale, après avoir entendu le rapport

Collec. des Lois. Tome XIII.   **G**

de son comité d'agriculture & de commerce, décrète :

Que l'exportation à l'étranger des sabres, épées, couteaux de chasse & pistolets de poche, non plus que des fusils de chasse, des pierres à fusils, de la poudre de chasse & du salpêtre, uniquement destinés au commerce avec l'étranger, & expédiés, soit par terre, soit par mer, à cette destination, ne sont point compris dans la prohibition portée dans ses décrets des 21, 24, 28 juin & 8 juillet derniers ; la sortie de ces différens objets est & demeure entièrement libre, ainsi que celle des espèces monnoyées, autres que celles au coin de France, & de toutes sortes d'ouvrages d'or & d'argent & bijoux : en conséquence, l'Assemblée nationale fait défenses aux corps administratifs & municipaux, à peine d'en demeurer personnellement responsables, d'exercer aucune perquisition ou visite envers les voyageurs & négocians. Les déclarations & vérifications ne devront désormais être faites que dans les bureaux des douanes nationales. Donne main-levée des matières d'or & d'argent, autres que des espèces monnoyées au coin du royaume, retenues en vertu des précédens décrets. Le roi sera prié de donner le plus promptement possible les ordres nécessaires pour l'exécution du présent décret.

Mandons & ordonnons à tous les corps administratifs & tribunaux, &c.

2009.

LOI

Relative aux Colonies.

Donnée à Paris le 28 septembre 1791.

Louis, par la grace de Dieu, &c.

Décret du 24 septembre 1791.

L'Affemblée Nationale conftituante voulant, avant de terminer fes travaux, affurer d'une manière invariable la tranquillité intérieure des Colonies & les avantages que la France retire de ces importantes poffeffions, décrète comme article conftitutionnel pour les Colonies, ce qui fuit :

ARTICLE PREMIER.

L'Affemblée nationale législative ftatuera exclufivement, avec la fanction du roi, fur le régime extérieur des Colonies ; en conféquence elle fera 1°. les lois qui règlent les relations commerciales des Colonies, celles qui en affurent le maintien par l'établiffement des moyens de furveillance, la pourfuite, le jugement & la punition des contraventions, & celles qui garantiffent l'exécution des engagemens entre le commerce & les habitans des Colonies ; 2°. les lois qui concernent la défenfe des Colonies, les parties militaire & adminiftrative de la guerre & de la marine.

II.

Les affemblées coloniales pourront faire fur les mêmes

objets toutes demandes & repréfentations, mais elles
ne feront confidérées que comme de fimples pétitions,
& ne pourront être converties dans les Colonies en
règlemens provifoires, fauf néanmoins les exceptions
extraordinaires & momentanées relatives à l'introduction
des fubfiftances, lefquelles pourront avoir lieu à raifon
d'un befoin preffant légalement conftaté, & d'après
un arrêté des affemblées coloniales approuvé par les
gouverneurs.

I I I.

Les lois concernant l'état des perfonnes non libres &
l'état politique des hommes de couleur & nègres libres,
ainfi que les règlemens relatifs à l'exécution de ces mêmes
lois, feront faites par les affemblées coloniales actuellement exiftantes & celles qui leur fuccéderont, s'exécuteront provifoirement avec l'approbation des gouverneurs
des Colonies, pendant l'efpace d'un an pour les Colonies
d'Amérique, & pendant l'efpace de deux ans pour les
Colonies au delà du cap de Bonne-Efpérance, & feront
portées directement à la fanction abfolue du roi, fans
qu'aucun décret antérieur puiffe porter obftacle au plein
exercice du droit conféré par le préfent article aux affemblées coloniales.

I V.

Quant aux formes à fuivre pour la confection des lois
du régime intérieur qui ne concerne pas l'état des perfonnes défignées dans l'article ci-deffus, elles feront
déterminées par le pouvoir légiflatif, ainfi que le furplus
de l'organifation des Colonies, après avoir reçu le vœu
que les affemblées coloniales ont été autorifées à exprimer
fur leur conftitution.

Mandons & ordonnons à tous les corps adminiftratifs

& aux tribunaux, que les préfentes ils faffent configner dans leurs regiftres, lire, publier & afficher dans leurs départemens & refforts refpectifs, & exécuter comme loi du Royaume. Mandons & ordonnons pareillement à tous les officiers généraux de la marine, aux commandans des ports & arfenaux, aux gouverneurs, lieutenans-généraux, gouverneurs & commandans particuliers des Colonies orientales & occidentales, & à tous autres à qui il appartiendra, de fe conformer ponctuellement à ces préfentes.

2010.

L O I

Relative à la peine de mort, à celle de la marque, & à l'exécution des jugemens en matière criminelle.

Donnée à Paris le 28 feptembre 1791.

Louis, par la grace de Dieu, &c.

Décret du 26 feptembre 1791.

L'Affemblée Nationale décrère ce qui fuit :

A R T I C L E   P R E M I E R.

Dès à préfent, la peine de mort ne fera plus que la fimple privation de la vie.

I I.

La marque eft abolie de ce jour.

G 3

I I I.

L'accusé aura trois jours pour faire sa déclaration qu'il entend se pouvoir en cassation ; pendant ce temps l'exécution sera suspendue.

Mandons & ordonnons à tous les corps administratifs & tribunaux, &c.

2.012.

L O I

Relative aux Colonies.

Donnée à Paris le 28 septembre 1791.

Louis, par la grace de Dieu , &c.

Décret du 28 septembre 1791.

L'Assemblée Nationale décrète ce qui suit :

ARTICLE PREMIER.

Le décret du 24 de ce mois, constitutionnel pour les Colonies, sera porté à l'acceptation du roi.

I I.

Les instructions sur l'organisation des Colonies, adressées à l'île de Saint-Domingue par le décret du 15 juin dernier, seront également envoyées aux autres colonies, pour servir de mémoire, en ce qui n'a pas été décidé par le décret du 24 de ce mois ; & en conséquence, l'assemblée coloniale de la Martinique, dont les séances ont été fufpendues par le décret du 29 novembre 1790, fanctionné le 8 décembre fuivant , rentrera en activité.

I I I.

La fufpenfion du départ des commiffaires du roi, deftinés à l'île de Saint-Domingue, eft levée.

I V.

Pour faire ceffer dans les Colonies l'effet des troubles & des diffentions qui y ont eu lieu, & opérer entre leurs habitans une réconciliation générale, le décret du 14 de ce mois, fanctionné le 15 du même mois, portant abolition de toutes pourfuites & procédures fur les faits relatifs à la révolution, & amniftie générale en faveur des hommes de guerre, fera étendu auxdites Colonies; en conféquence, les commiffaires civils qui y ont été envoyés, cefferont toutes informations fur l'origine & les auteurs des troubles, & publieront dans chaque colonie une proclamation, pour rappeler dans leurs foyers les citoyens domiciliés qui s'en font éloignés, & inviter tous les habitans à l'union, à la concorde & à l'oubli du paffé.

Mandons & ordonnons à tous les corps adminiftratifs & aux tribunaux, que les préfentes ils faffent configner dans leurs regiftres, lire, publier & afficher dans leurs départemens & refforts refpectifs, & exécuter comme loi du Royaume. Mandons & ordonnons pareillement à tous les officiers généraux de la marine, aux commandans des ports & arfenaux, aux gouverneurs & lieutenans-généraux, gouverneurs & commandans particuliers des colonies orientales & occidentales, & à tous autres à qui il appartiendra, de fe conformer ponctuellement à ces préfentes.

G 4

2013.

L O I

Qui fixe au 30 septembre la cessation des travaux de l'Assemblée nationale, & portant que les officiers actuels resteront en place jusqu'à la fin de la session.

Donnée à Paris le 28 septembre 1791.

Louis, par la grace de Dieu, &c.

Décret du 19 septembre 1791.

L'Assemblée nationale décrète que la législature présente finira le 30 septembre dernier, présent mois ; en conséquence, il sera nommé un certain nombre de députés pour aller dans le jour annoncer au Roi ce décret.

En outre, l'Assemblée décrète que les officiers actuels de l'Assemblée resteront en place jusqu'à la fin de la session, & que les députés préviendront leurs départemens respectifs du présent décret.

Mandons & ordonnons à tous les corps administratifs & tribunaux, &c.

2014.

L O I

Qui accorde quatre-vingt mille livres au ministre de la guerre, pour faciliter les retraites des commis qu'il supprimera.

Donnée à Paris le 28 septembre 1791.

Louis, par la grace de Dieu, &c.

Décret du 19 septembre 1791.

L'Assemblée décrète que le ministre de la guerre pour cette fois seulement, emploiera quatre-vingt mille livres à prendre sur les cinq cent mille livres qui sont à sa disposition pour les frais de son département intérieur, pour faciliter les retraites des commis qu'il supprimera.

Mandons & ordonnons à tous les corps administratifs & tribunaux, &c.

2015.

L O I

Sur l'administration forestière.

Donnée à Paris le 29 septembre 1791.

Louis, par la grace de Dieu, &c.

Décret des 20 *août*, 2, 3, 4 & 15 *septembre* 1791.

L'Assemblée nationale, ouï le rapport de ses comités réunis des domaines, de la marine, des finances, de l'aliénation des biens nationaux & d'agriculture, décrète ce qui suit :

TITRE PREMIER.

Des bois soumis au régime forestier.

ARTICLE PREMIER.

Les forêts & bois dépendant du ci-devant domaine de la couronne, & des ci-devant apanages, ceux ci-devant possédés par les bénéficiers, corps & communautés ecclésiastiques, séculiers & réguliers, & généralement tous les bois qui font ou pourront faire partie du domaine national, seront l'objet d'une administration particulière.

II.

Les bois tenus du ci-devant domaine de la couronne

à titre de conceſſion, engagement, uſufruit ou autre titre révocable, feront foumis à la même adminiſtration.

I I I.

Les bois poſſédés en gruerie, grairie, ſegrairie, tiers & danger ou indivis entre la Nation & des communautés, y feront pareillement foumis.

I V.

Les bois appartenant aux communautés d'habitans, feront foumis à ladite adminiſtration, ſuivant ce qui fera déterminé.

V.

Il en fera de même des bois poſſédés par les maiſons d'éducation & de charité, par les établiſſemens de mainmorte étrangers, & par l'ordre de Malte.

V I,

Les bois appartenant aux particuliers ceſſeront d'y être foumis, & chaque propriétaire fera libre de les adminiſtrer & d'en difpofer à l'avenir comme bon lui femblera.

T I T R E I I.

Organiſation de l'adminiſtration foreſtière.

A R T I C L E P R E M I E R.

Il y aura fous les ordres du Roi, une adminiſtration centrale fous le titre de *conſervation générale des forêts ;*

ſes membres ſeront au nombre de cinq, & auront le titre de commiſſaires de la conſervation générale.

I I.

Les commiſſaires de la conſervation n'agiront qu'en vertu de délibération priſe en commun, à la pluralité des ſuffrages, & tiendront regiſtre de leurs délibérations, qui ſeront ſignées par les membres préſens à chaque ſéance.

I I I.

Ils nommeront leur préſident annuellement, & le même membre ne pourra être réélu qu'après un an d'intervalle.

I V.

Il y aura un ſecrétaire attaché à la conſervation, lequel ſera chargé de tenir les regiſtres des délibérations, de ſigner les expéditions, & du dépôt des papiers, ſous les précautions qui ſeront jugées convenables.

V.

Il y aura ſous les ordres de la conſervation générale, un nombre de conſervateurs proportionné à l'étendue & à la diſtance rélative des forêts, dans les départemens où ils ſeront employés.

V I.

Il ſera établi ſous chaque conſervateur un nombre ſuffiſant d'inſpecteurs, déterminé ſur les mêmes baſes.

V I I.

Il ſera établi ſous chaque inſpecteur, le nombre de gardes néceſſaires à la conſervation des bois.

V I I I.

Le nombre & la répartition des préposés de la conservation générale, seront fixés par un décret particulier, sauf les changemens qui pourront être faits dans la suite, après avoir pris l'avis des commissaires.

I X.

En attendant le bornage général des bois & des coupes en dépendant, il y aura dans chaque division forestière un nombre suffisant d'arpenteurs attachés au service de la conservation.

X.

Il y aura auprès des conservateurs une ou plusieurs places d'élèves, lesquels travailleront sous leurs ordres pour acquérir les connoissances propres à être admis aux emplois. Le nombre en sera déterminé par la conservation générale.

X I.

Lorsqu'un élève aura trois ans d'activité & l'âge qui sera ci après fixé, il pourra lui être délivré une commission de suppléant, en vertu de laquelle il sera susceptible de remplir les fonctions des inspecteurs, lorsqu'il sera délégué à cet effet.

X I I.

Les préposés de la régie d'enregistrement dans chaque district, seront chargés du recouvrement des produits, pour en faire le versement, ainsi que des autres deniers de leur recette.

X I I I.

Les corps administratifs rempliront les fonctions de surveillance & autres qui leur seront déléguées.

T I T R E   I I I.

Nomination aux emplois , incompatibilité & révocation.

A R T I C L E   P R E M I E R.

Tous les agens de l'administration forestière devront être âgés de vingt-cinq ans accomplis , avoir prêté le serment civique , être instruits des lois concernant le fait de leur emploi , & avoir les connoissances forestières nécessaires.

I I.

Les commissaires de la conservation générale seront nommés par le Roi ; ils seront choisis , pour cette fois , parmi les personnes ayant le plus de connoissance dans l'administration des forêts. A l'avenir , ils seront pris parmi les conservateurs , & à compter du premier janvier 1797 , parmi ceux qui auront au moins cinq ans d'exercice en cette qualité.

I I I.

La conservation générale nommera son secrétaire & les employés des bureaux.

I V.

Les conservateurs seront nommés par le Roi , entre trois sujets qui lui seront présentés par la conservation générale, & qui, pour cette fois & jusqu'au premier janvier 1797, feront pris parmi les fujets les plus expérimentés dans la matière foreftière; après cette époque, il ne pourra être préfenté pour les places de confervateurs, que des infpecteurs ayant au moins cinq ans d'exercice en cette qualité.

V.

La confervation générale nommera à toutes les autres places, fauf ce qui fera ftatué relativement aux gardes des bois mentionnés aux titres X, XII & XIII.

V I.

A compter du premier janvier 1797, les infpecteurs ne pourront être nommés que parmi les élèves ayant au moins trois ans d'activité, & ils devront connoître les règles & la pratique de l'arpentage. Jufqu'à cette époque, la confervation générale dirigera fes choix comme il eft dit dans l'article IV, & pourra donner des commiffions de fuppléant hors la claffe des élèves.

V I I.

Les gardes feront nommés parmi des perfonnes domiciliées dans le département où ils feront employés, ou parmi d'anciens militaires; la confervation générale s'affurera de leur capacité, & ils devront produire un certificat de bonne conduite, délivré par le directoire de leur diftrict.

V I I I.

Les gardes actuellement en place continueront leurs fonctions, fauf les changemens qui feront jugés néceffaires dans la diftribution de leur fervice.

I X.

Les gardes, après cinq ans d'exercice, seront susceptibles d'être nommés aux places d'inspecteurs, comme les élèves, lorsqu'ils réuniront les connoissances requises.

X.

Immédiatement après la nomination des commissaires de la conservation générale, le Roi en donnera connoissance au Corps législatif; le ministre donnera connoissance de celle des conservateurs, aux départemens dans lesquels ils devront exercer leurs fonctions, & la conservation générale donnera, tant aux départemens qu'aux districts, l'état des inspecteurs & des gardes qui exerceront dans leurs arrondissemens; elle fera pareillement connoître aux municipalités les gardes qui devront exercer dans leur territoire.

X I.

Les agens de la conservation fourniront des cautionnemens en immeubles; savoir, les commissaires jusqu'à concurrence de quarante mille livres, les conservateurs jusqu'à concurrence de vingt mille livres, les inspecteurs jusqu'à concurrence de six mille livres, les arpenteurs jusqu'à concurrence de deux mille livres, & les gardes jusqu'à concurrence de trois cents livres.

X I I.

Les divers agens de la conservation prêteront serment devant le tribunal de district de leur résidence, de remplir avec exactitude & fidélité les fonctions qui leur

seront

feront confiées ; ils feront tenus de repréfenter au tribunal l'acte de leur nomination, celui de leur cautionnement, leur extrait de naiffance & l'acte de leur ferment
dans le grade qu'ils auront dû remplir auparavant, ou
leur commiffion d'élève : s'il s'agit de paffer à des fonctions de fuppléans ou à la place d'infpecteurs, les commiffaires du Roi feront préalablement ouis.

X I I I.

Toutes les places de la confervation foreftière feront
incompatibles avec celles de membres des corps adminiftratifs, des municipalités & des tribunaux ; & ceux
qui pourront être nommés à ces différentes places, feront tenus d'opter.

X I V.

Nul agent de la confervation ne pourra tenir hôtel-
lerie ni auberge, vendre des boiffons en détail, faire
le commerce des bois, ni exercer ou faire exercer aucun métier à bois, directement ni indirectement, à
peine de deftitution.

X V.

Nul propriétaire ou fermier de forges, fourneaux,
verreries ou autres ufines à feu, ni les affociés ou cautions des baux d'aucunes de ces ufines, ne pourront obtenir ni exercer aucune place dans la confervation foreftière.

X V I.

Un infpecteur ne pourra être employé fous un confervateur, fon parent ou allié en ligne directe, ou au
degré de frère ou d'oncle & neveu : il en fera de même
des gardes relativement aux infpecteurs.

Collec. des Lois. Tome XIII.   H

X V I I.

Toutes les places de la confervation feront à vie , & néanmoins les employés pourront être révoqués , ainfi qu'il va être déterminé.

X V I I I.

La révocation des commiffaires & des confervateurs ne pourra être faite que par le Roi , fur l'avis de la confervation générale ; les autres prépofés , ainfi que les gardes de tous les bois foumis au régime foreftier , pourront être révoqués par une fimple délibération de ladite confervation. Les membres préfens à la délibération ne pourront être moins de quatre.

X I X.

Les confervateurs pourront provifoirement fufpendre les gardes de leurs fonctions, & commettre à leur remplacement , à la charge d'en donner inceffamment avis à la confervation générale pour ftatuer définitivement.

T I T R E I V.

Fonctions des gardes.

A R T I C L E P R E M I E R.

Les gardes réfideront dans le voifinage des forêts & triages confiés à leur garde ; le lieu de leur réfidence fera indiqué par le confervateur de l'arrondiffement.

I I.

Ils feront tenus dé faire des vifites journalières dans

l'étendue de leur garde , pour prévenir & conftater les
délits & reconnoître les d linquans.

I I I.

Ils drefferont jour par jour des procès-verbaux de tous
les délits qu'ils reconnoîtront.

I V.

Ils fpécifieront dans leurs procès-verbaux le jour de la
reconnoiffance & le lieu de délit , les perfonnes & le
nombre des délinquans , lorfqu'ils feront parvenus à les
connoître ; l'effence & la groffeur des bois coupés ou
enlevés , les inftrumens, voitures & attelages employés ,
la qualité & le nombre des beftiaux en délit, & généralement toutes les circonftances propres à faire connoître
les délits & les délinquans.

V.

Ils fuivront les bois de délit dans les lieux où ils auront été tranfportés , & les mettront en féqueftre ; mais
ils ne pourront s'introduire dans les ateliers , bâtimens
& cours adjacentes , qu'en préfence d'un officier municipal , ou par autorité de juftice.

V I.

Ils féqueftreront, dans le cas fixé par la loi , les beftiaux trouvés en délit , ainfi que les inftrumens , voitures
& attelages des delinquans.

V I I.

Ils figneront leurs procès-verbaux , & les affirmeront

dans les vingt-quatre heures , pardevant le juge de paix
du canton de leur domicile , & à son défaut, pardevant
l'un de ses assesseurs.

V I I I.

Lorsqu'un procès-verbal de séquestre aura été fait en
présence d'un officier municipal , ledit officier y sera dénommé , & le garde prendra sa signature avant l'affirmation , à moins que ledit officier ne sache ou ne veuille
signer ; & alors il en sera fait mention.

I X.

Lorsqu'un garde aura saisi des bestiaux, instrumens,
voitures ou attelages, il les mettra en séquestre dans le
lieu de la résidence du juge de paix ; & aussitôt après
l'affirmation de son procès-verbal, il en sera fait une
expédition qui demeurera entre les mains du greffier,
pour en être donné communication à ceux qui récla-
meront les objets saisis.

X.

Les gardes auront un registre d'ordre qui leur sera
délivré par la conservation générale, & qu'ils feront
coter & parapher à chaque feuillet par le président du
directoire de leur district, sur lequel ils transcriront régulièrement leurs procès-verbaux selon leur date ; ils
signeront chaque transcription , & inscriront en marge
du procès-verbal le folio de son enregistrement.

X I.

Ils feront parvenir leurs procès-verbaux duement af-
firmés , à leur inspecteur, au plus tard dans la huitaine

de leur date , & infcriront en marge de la tranfcription,
fur leur regiftre , la date de l'affirmation & de l'envoi·

X I I.

Ils conftateront régulièrement , fur le même regiftre ,
les chablis ou arbres abattus par les vents dans l'étendue
de leur garde , & en donneront avis à leur infpecteur.
Ils veilleront à la confervation defdits arbres, ainfi qu'à
celle de tous bois giffant dans' les forêts.

X I I I.

Ils affifteront à toute réquifition les prépofés de la
confervation dans leurs fonctions , ainfi que les commiffaires des corps adminiftratifs dans les vifites qu'ils
feront dans les forêts ; ils exhiberont leurs regiftres , &
figneront, lorfqu'ils en feront requis, les procès-verbaux
qui feront dreffés , ou diront la caufe de leur refus.

X I V.

En cas d'empêchement par maladie , les gardes en
donneront avis à l'infpecteur , au plus tard dans les trois
jours, pour faire fuppléer à leur fervice par les gardes
voifins, qui feront tenus de fe conformer aux ordres
qui leur feront donnés pour cet effet.

X V.

Les gardes ne pourront s'abfenter du lieu de leur
fervice fans néceffité, & fans la permiffion de l'infpecteur;
cette permiffion ne pourra être donnée au-delà de huit
jours, que par le confervateur. Il fera fuppléé au fervice
de l'abfent , comme il eft dit dans l'article précédent.

H 5

L o i *du 29 Septembre 1791.*

T I T R E V.

Fonctions des inspecteurs.

A R T I C L E P R E M I E R.

Les inspecteurs seront tenus de résider dans les districts où ils exerceront leurs fonctions, au lieu qui leur sera indiqué par la conservation générale.

I I.

Ils veilleront à l'exactitude du service des gardes, & feront suppléer ceux qui se trouveront empêchés ou absens.

I I I.

Ils visiteront chaque mois les bois de leur inspection, & réitéreront leurs visites toutes les fois qu'il sera nécessaire.

I V.

Ils se feront accompagner de proche en proche, dans leurs visites, par les gardes dont ils se feront représenter les registres ; ils vérifieront l'état des forêts, & en rendront compte, ainsi que de l'état des bornes & clôtures ; ils constateront les délits & accidens que les gardes auroient négligé de constater, pour les en rendre responsables.

V.

Ils vérifieront spécialement les coupes & exploitations, rendront compte de leur état, & constateront les malversations qui pourroient y être commises.

V I.

Ils dresseront, lors de chaque visite, l'état exact des chablis & arbres de délit, qui auront été reconnus.

V I I.

Ils constateront annuellement l'état des glandées, & donneront leur avis sur le nombre des porcs qu'ils estimeront pouvoir être mis en panage dans les forêts.

V I I I.

Ils procéderont, chacun dans leur inspection, à l'assiette des coupes, conformément aux ordres que le conservateur leur transmettra de la part de la conservation générale.

I X.

Ils feront les balivages & martelages des ventes assises ; pour cet effet, ils auront chacun un marteau particulier qui leur sera remis par la conservation générale, & dont ils déposeront l'empreinte, tant au secrétariat de leur département, qu'au secrétariat des directoires & au greffe des tribunaux de leurs districts respectifs.

X.

L'inspecteur local procédera au balivage & martelage, conjointement avec un autre inspecteur qui sea délégué à cet effet. Les deux préposés marqueront, chacun de leur marteau, les arbres qui devront être, sauf les balivaux de l'âge des taillis, qui pourront n'être marqués que d'un seul marteau.

H 4

X I.

Les infpecteurs rempliront les formalités néceffaires pour parvenir aux ventes ; ils affifteront les confervateurs lors des adjudications, & les fuppléeront lorfqu'ils en feront chargés.

X I I.

Ils affifteront les confervateurs dans leurs opérations de récolement. Lorfque le confervateur ne vaquera pas auxdites opérations, l'infpecteur qui fera délégué pour le remplacer, fera pareillement affifté de l'infpecteur local.

X I I I.

Les infpecteurs rempliront les autres fonctions foreftières qui leur feront déléguées par la confervation générale.

X I V.

Ils drefferont des procès-verbaux particuliers de leurs vifites & opérations.

X V.

Ils auront des regiftres qui leur feront délivrés par la confervation générale, & qu'ils feront coter & parapher par le préfident du directoire de leur diftrict ; ils y enregiftreront leurs différens procès-verbaux par ordre de date. L'infpecteur local fera chargé de l'enregiftrement des procès-verbaux de balivage, ainfi que de ceux de récolement ils figneront leurs enregiftremens, & en rapporteron le folio en marge des procès-verbaux.

X V I.

Ils auront des regiſtres différens ; ſavoir, un pour ce qui regarde les bois nationaux actuellement poſſédés par l'État, ou concédés à titre révocable, un ſecond pour les bois indivis, & un troiſième pour les autres bois ſoumis au régime foreſtier.

X V I I.

Ils adreſſeront leurs procès-verbaux de viſite de chaque mois à leur conſervateur, dans la première quinzaine du mois ſuivant, & en adreſſeront en même temps une copie certifiée au directoire de leur diſtrict.

X V I I I.

Ils dépoſeront les plans & procès-verbaux d'aſſiette, balivage & récolement au ſecrétariat du directoire du diſtrict, dans la quinzaine après la clôture des opérations, & en enverront préalablement copie certifiée aux conſervateurs. Ils inſcriront en marge de leurs enregiſtremens, la mention & la date des envois énoncés dans les deux articles précédens.

X I X.

Les inſpecteurs ſe chargeront, ſur un regiſtre particulier, également coté & paraphé, de la réception des procès-verbaux qui leur ſeront envoyés ou remis par les gardes, & ils en feront mention ſur les procès-verbaux.

X X.

Les inſpecteurs ſeront tenus d'aſſiſter leurs ſupérieurs

en fonctions, à toute réquisition, ainsi que les commissaires des corps administratifs, dans les descentes & vérifications que lesdits commissaires pourront faire dans l'étendue de l'inspection ; ils seront tenus de leur exhiber leurs registres, s'ils en sont requis, & de signer de même les procès-verbaux qui seront dressés, ou d'exprimer la cause de leur refus.

X X I.

Si les inspecteurs ne pouvoient vaquer à leurs fonctions pour cause de maladie, ils en donneront avis au conservateur, pour être remplacés par d'autres inspecteurs, ou par des suppléans, lesquels seront tenus de se conformer aux ordres qu'ils recevront.

X X I I.

Ils ne pourront s'absenter de leur arrondissement sans cause légitime, & ne pourront le faire plus de huit jours sans la permission du conservateur, & plus de vingt jours sans celle de la conservation générale ; il sera suppléé à leur absence, comme il est dit en l'article précédent.

T I T R E V I.

Fonctions des conservateurs.

A R T I C L E P R E M I E R.

Les conservateurs feront leur résidence dans l'un des chefs-lieux de département de leur arrondissement, qui sera indiqué par la loi.

I I.

Ils surveilleront avec exactitude le service des prépofés de cet arrondiffement, & feront fuppléer ceux qui ne pourront pas vaquer à leurs fonctions.

I I I.

Ils correfpondront avec la confervation générale, l'inftruiront de l'ordre & de l'exactitude du fervice, ainfi que de tout ce qui pourra intéreffer la confervation, l'exploitation & l'amélioration des bois, & tranfmettront & exécuteront les ordres qu'ils en recevront.

I V.

Ils feront au moins une vifité générale par année dans l'étendue de leur arrondiffement, & y feront des vifites particulières toutes les fois que le bien du fervice l'exigera.

V.

Ils fe feront accompagner dans leurs vifites, par les infpecteurs & par les gardes, de proche en proche ; ils examineront leurs regiftre, qu'ils fe feront repréfenter, ainfi que les procès-verbaux des gardes ; ils vérifieront l'état des f rêts, bornages & clôtures, les délits commis dans l'intervalle d'une tournée à l'autre, l'état particulier des affiettes, balivages & martelages, coupes & exploitations, & s'affureront fi les rè lemens font obfervés, & fi les délits, abus ou malverfations ont été duement conflatés par les gardes & par les infpecteurs, chacun pour ce qui les concerne.

V I.

Ils rendront compte de leurs vérifications, & conftateront exactement les délits, malverfations, contraventions ou négligences qu'ils reconnoîtront.

V I I.

Ils donneront aux préposés qui leur font fubordonnés tous les avis qu'ils jugeront bons être ; & dans le cas où ils les trouveront en malverfation ou négligence, ils en inftruiront inceffamment la confervation générale pour avifer au parti convenable.

V I I I.

Les confervateurs, en procédant à leurs vifites, feront l'examen & rendront compte des changemens de coupes & aménagemens, des coupes extraordinaires, des travaux de recepage, repeuplement, defsèchement ou vuidange, & des autres améliorations dont les forêts leur paroîtront fufceptibles ; ils s'informeront & rendront pareillement compte du prix des bois dans les principaux lieux de chaque département.

I X.

Ils vérifieront & indiqueront les cantons défenfables dans les pâturages, & en feront publier la déclaration dans les communautés ufagères.

X.

Les confervateurs, à la fuite de leurs vifites, indiqueront aux infpecteurs l'affiette des coupes de l'année fuivante, conformément aux ordres qu'ils auront reçus de la confervation générale.

X I.

Ils auront un marteau particulier qui leur fera remis

par la confervation générale, duquel ils dépoferont l'empreinte, tant au fecrétariat des directoires de département, qu'au fecrétariat des directoires & au greffe des tribunaux de diftrict, dans l'étendue de leur arrondiffement, pour s'en fervir dans les opérations qui le requerront.

X I I.

Ils donneront les ordres néceffaires pour les balivages & martelages, & commettront l'infpecteur qui y procédera avec l'infpecteur local ; ils feront procéder auxdites opérations en leur préfence, lorfque le bien du fervice l'exigera.

X I I I.

Ils indiqueront le jour des adjudications, ils en préviendront les directoires du département & du diftrict où les coupes feront affifes, & donneront les ordres néceffaires pour les affiches & publications.

X I V.

Ils drefferont les cahiers des charges & conditions des adjudications, & en feront remettre copie au fecrétariat du diftrict où elles devront être paffées, pour que les marchands & enchériffeurs puiffent en prendre connoiffance ; ils feront vifer lefdits cahiers par le procureur-fyndic & par un membre du directoire du diftrict.

X V.

Ils affifteront aux enchères & adjudications, & ne laifferont allumer les feux que lorfque la mife à prix leur paroîtra fe rapprocher de la valeur des bois à adjuger.

X V I.

Ils feront inceffamment procéder aux adjudications des chablis & arores de delit gilant dans les forêts, ou faifis fur les délinquans, & a celle des panages & glandées.

X V I I.

Ils pourront commettre les infpecteurs de leur arrondiffement pour les adjudications énoncées en l'article précédent & autres femblables menus marches ; mais il ne pourront être fubftitués pour les ventes ordinaires ou extraordinaires que par commiffion de la confervation générale, hors les cas preffans de neceffité, où ils pourront fe faire fuppléer par l'infpecteur local.

X V I I I.

Ils feront, autant qu'ils le pourront, les récolemens des ventes ufées, affiftés de l'infpecteur local qui aura fait l'affiette ; & lorfqu'ils n'y vaqueront pas, ils commettront l'infpecteur qui devra les remplacer, ainfi que l'arpenteur qui fera chargé des opérations de réarpentage au nom de la confervation générale.

X I X.

Ils feront tenus de commettre pour le récolement, un autre infpecteur que celui qui aura affifté l'infpecteur local lors des balivage & martelage, & ils commettront pareillement pour le réarpentage un autre arpenteur que celui qui aura procédé à l'affiette.

X X.

Les confervateurs donneront leur confentement à la

délivrance des congés de cour ou décharges d'exploitation, lorsqu'ils trouveront que les adjudicataires auront satisfait à leurs obligations.

X X I.

Ils vaqueront à toutes les commiffions particulières dont ils feront chargés par la confervation générale.

X X I I.

Ils drefferont des procès-verbaux circonftanciés des vifites & opérations dont ils font chargés.

X X I I I.

Ils auront pour chaque département des regiftres qui leur feront remis par la confervation générale ; ils les feront coter & parapher par le préfident du directoire du département ; ils y enregiftreront leurs procès-verbaux par ordre de date, & rapporteront en marge de chaque procès-verbal le folio de fon enregiftrement. Ces regiftres feront au nombre de trois, ainfi qu'il eft dit en l'article XVI du titre précédent.

X X I V.

Ils adrefferont tous les trois mois à la confervation générale, les réfultats des vifites des infpecteurs de leurs arrondiffemens, avec l'état des ventes de chablis & arbres de délit qui auront eu lieu d'un trimeftre à l'autre, & feront partiellement les mêmes expéditions au directoire de chaque département.

X X V.

Au plus tard, dans les deux mois de la clôture de leurs vifites, les confervateurs en adreſſeront les procès-verbaux à la confervation générale, & en expédieront des copies certifiées aux directoires de département, pour ce qui concernera chacun d'eux. Ils infcriront la date de ces envois en marge des enregiſtremens preſcrits par l'article précédent.

X X V I.

Dans le mois de la clôture des adjudications, ils en dreſſeront l'état, contenant l'indication & la contenance des coupes, la quantité des arbres vendus ou réſervés, les nom, ſurnom & demeure des adjudicataires, avec le montant du prix des ventes, & les termes dans leſquels il doit être payé. Ils adreſſeront un double certifié de cet état, à la confervation générale, & un pareil double à chaque directoire de département, pour ce qui le concernera.

X X V I I.

Inceſſamment après les récolemens, ils dreſſeront l'état des ſurmeſures ou défauts de meſures qui ſe feront trouvés dans les ventes, & en enverront expédition certifiée, tant à la confervation générale qu'aux directoires de département & de diſtrict, & aux pré-poſés chargés des recouvremens, chacun pour ce qui les concerne.

X X V I I I.

Ils aſſiſteront, lorſqu'ils en feront requis, les com-miſſaires de la confervation générale dans l'exercice de
leurs

leurs fonctions, ainsi que les commiſſaires des administrations de département, dans les descentes & viſites qu'ils feront dans les forêts du département ; ils signeront de même, s'ils en sont requis, les procès-verbaux qui feront dreſſés, ou exprimeront la cauſe de leur refus.

X X I X.

Ils ne pourront s'abſenter ſans cauſe légitime, & qu'en vertu d'une permiſſion de la conſervation générale.

T I T R E V I I.

Fonctions des commiſſaires de la conſervation générale.

A R T I C L E P R E M I E R.

Les commiſſaires de la conſervation feront tenus à la réſidence, ſauf les tournées & inſpections générales dont il ſera ci-après parlé.

I I.

Ils veilleront à l'exécution des lois foreſtières & à l'exactitude du ſervice dans toutes les parties ; ils donneront pour cet effet tous les ordres & commiſſions néceſſaires.

I I I.

La conſervation générale déléguera annuellement un ou deux de ſes membres, pour faire enſemble ou ſéparément les viſites & tournées qui feront jugées convenables.

Ces tournées auront pour objet tout ce qui peut intéreſſer l'exactitude & la fidélité du ſervice, & l'avantage des propriétés foreſtières ; elles auront lieu pendant quatre mois chaque année , & plus lorſqu'il ſera néceſſaire.

I V.

Les commiſſaires de la conſervation ſe feront accompagner dans leurs tournées , par tels prépoſés ſur les lieux que bon leur ſemblera , ſans nuire à l'activité du ſervice.

V.

Ils vérifieront ſpécialement les ſujets de plaintes qui auront été adreſſés à la conſervation , ou qui leur ſeront portés ſur les lieux ; ils recevront les renſeignemens des corps adminiſtratifs , qui pourront , quand ils le jugeront à propos , nommer des commiſſaires pris dans leur ſein pour être préſens à leurs viſites & opérations , & leur faire telles obſervations & réquiſitions qu'ils jugeront convenables.

V I.

Ils dreſſeront des procès-verbaux circonſtanciés de leurs viſites , qu'ils remettront ſous les yeux de la conſervation à leur retour. Si dans le cours de leurs tournées , ils reconnoiſſoient des malverſations ou des opérations vicieuſes , ils en référeront ſur-le-champ à la conſervation , pour ordonner ce qu'elle jugera convenable , & cependant ils pourront proviſoirement ſuſpendre la ſuite deſdites opérations.

V I I.

La conſervation générale ordonnera annuellement les coupes qui devront avoir lieu dans les divers départemens du Royaume., conformément aux aménagemens ou à l'ordre exiftant. La quantité defdites coupes. dans chaque département, fera mife fous les yeux du Corps légiflatif, avec un aperçu des produits préfumés.

V I I I.

La confervation examinera & propofera les changemens qui lui paroîtront utiles dans l'ordre des coupes ou aménagemens ; & lorfque lefdits changemens auront été approuvés par le Corps legiflatif & fanctionnés par le Roi, elle fera tenue de s'y conformer.

I X.

Si pendant l'intervalle des feffions du Corps légiflatif, il furvenoit des befoins imprévus de bois de conftruction ou de chauffage qui exigeaffent des coupes extraordinaires, la confervation pourra y pourvoir, de l'ordre fpécial du pouvoir exécutif, & il en fera rendu compte à la prochaine feffion de la légiflature.

X.

La confervation propofera chaque année les projets du bornage, clôture, recepage, repeuplement, defsèchement, vuidanges & autres travaux néceffaires ou utiles à l'amélioration des bois ; elle joindra à fes projets l'état des dépenfes par aperçu, & fera exécuter les travaux, lorfqu'ils auront été décrétés par le Corps légiflatif & fanctionnés par le Roi.

X I.

Elle dreffera pareillement chaque année, l'état des

produits effectifs des coupes & adjudications de l'année précédente, l'état de situation des travaux en activité, & celui des dépenses ordinaires & extraordinaires qui auront eu lieu : ces différens états seront remis sous les yeux du Corps législatif.

X I I.

Il sera remis de même chaque année sous les yeux du Corps législatif, le résultat des visites des conservateurs, & un double des procès-verbaux de visite des commissaires de tournée.

X I I I.

Les commissaires de la conservation générale ne pourront s'absenter sans un congé de la conservation, approuvé par le ministre ; ils ne pourront être moins de trois présens aux délibérations ordinaires.

T I T R E   V I I I.

Fonctions des corps administratifs & des municipalités, relativement à l'administration forestière.

A R T I C L E   P R E M I E R

Les corps administratifs & les municipalités sont chargés, chacun dans leur territoire & selon l'ordre de leur institution, de veiller à la conservation des bois, & de fournir main-forte pour cet effet, lorsqu'ils en seront requis par les préposés de la conservation.

I I.

Les officiers municipaux assisteront, sur les réquisi-

tions qui leur en feront faites, aux perquifitions des bois
de délit dans les ateliers, bâtimens & enclos adjacens
où lefdits bois auroient été tranfportés.

I I I.

Les corps adminiftratifs pourront, quand bon leur
femblera, vifiter les bois nationaux & autres foumis au
régime foreftier, dans l'étendue de leur territoire, pour
s'affurer de l'exactitude & de la fidélité des prépofés,
dreffer des procès-verbaux, & les envoyer avec leurs
avis & obfervations, foit à la confervation générale,
foit au pouvoir exécutif, ou au Corps légiflatif, pour
prendre les mefures qui feront jugées convenables.

I V.

Les directoires de diftrict de la fituation des bois,
procéderont aux adjudications des ventes, ainfi qu'à
celles des travaux relatifs à l'entretien ou amélioration
defdits bois; & ils pourront commettre les municipalités des lieux pour les mieux marchés, dont le montant ne paroîtra pas devoir s'élever au-deffus de la fomme
de deux cents livres : quant aux adjudications des travaux qui s'étendront dans plufieurs diftricts, il y fera
procédé pardevant le directoire du département.

V.

Les directoires qui auront procédé aux adjudications,
recevront les cautions & certificateurs de cautions des
adjudicataires, en préfence & du confentement du procureur-fyndic & du prépofé de la régie des droits d'enregiftrement, chargés du recouvrement. Quant aux adjudications pour lefquelles les municipalités auroient été

commifes, les cautions & leur certificateurs feront reçus du confentement du procureur de la commune.

V I.

Les directoires de diftrict accorderont les congés de cour ou décharges d'exploitation , d'après le confentement des confervateurs , & en drefferont acte au bas des procès-verbaux de récolement dépofés en leurs fecrétariats.

T I T R E   I X.

De la pourfuite des actions foreftières.

A R T I C L E   P R E M I E R.

La pourfuite des délits & malverfations commis dans les bois nationaux , & des contraventions aux lois foreftières , fera faite au nom & par les agens de la confervation générale.

I I.

Les actions feront portées immédiatement devant les tribunaux du diftrict de la fituation des bois.

I I I.

Néanmoins , les juges-de-paix pourront donner mainlevée provifoire des beftiaux, inftrumens, voitures & attelages féqueftrés par les gardes, dans leur territoire, en exigeant bonne & fuffifante caution jufqu'à concurrence de la valeur des objets faifis, & en faifant fatisfaire aux frais de féqueftre.

I V.

Si les beftiaux faifis n'étoient pas réclamés dans les
trois jours de la féqueftration, lefdits juges en ordonneront la vente à l'enchère au marché le plus voifin,
après en avoir fait afficher le jour, vingt-quatre heures
à l'avance, & les deniers de la vente refteront dépofés
entre les mains de leur greffier, fous la déduction defdits frais de féqueftre, qui feront modérément taxés.

V.

Les infpecteurs feront chargés de la pourfuite des délits conftatés par les procès-verbaux des gardes.

V I.

Les confervateurs feront chargés de la pourfuite des
malverfations dans les coupes & exploitations, & de
celle des contraventions aux lois foreftières.

V I I.

Les actions auxquelles pourra donner lieu la refponfabilité des agens de la confervation, feront pourfuivies
par elle.

V I I I.

Les actions en réparation de délits feront intentées
au plus tard dans les trois mois où ils auront été reconnus, lorfque les délinquans feront défignés par les
procès-verbaux ; à défaut de quoi elles feront éteintes &
prefcrites. Le délai fera d'un an, fi les délinquans n'ont
pas été connus.

I 4

I X.

Il sera donné copie des procès-verbaux aux prévenus ; les assignations indiqueront le jour fixe de l'audience, qui sera la première après la huitaine, & faute par les assignés de comparoître au jour indiqué, il sera statué par défaut, sans autre délai ni formalité.

X.

Les oppositions aux jugemens rendus par défaut ne seront reçues que pendant la huitaine, à dater de leur signification, & à la charge par les opposans de se présenter à la première audience après leur opposition, sans autre formalité.

X I.

L'instruction sera faite à l'audience ; il ne pourra être fourni que de simples mémoires sans frais, sauf les cas où il s'élevroit des questions de propriété.

X I I.

Si, dans une instance en réparation de délit, il s'élève une question incidente de propriété, la partie qui en excipera, sera tenue d'appeler le procureur-général-syndic du département de la situation des bois, & de lui fournir copie de ses pièces dans la huitaine du jour où elle aura proposé son exception, à défaut de quoi il sera provisoirement passé outre au jugement du délit, la question de propriété demeurant réservée.

X I I I.

Les procès-verbaux feront preuve suffisante dans tous

les cas où l'indemnité & l'amende n'excéderont pas la
somme de cent livres, s'il n'y a pas inscription de
faux, ou s'il n'est pas proposé de cause valable de
récusation.

X I V.

Si le délit est de nature à emporter une plus forte
condamnation, le procès-verbal devra être soutenu d'un
autre témoignage.

X V.

Les procès-verbaux des inspecteurs & des autres préposés de la conservation générale, ne feront pas soumis
à l'affirmation.

X V I.

S'il y a appel des jugemens obtenus par les préposés
de la conservation, il lui en fera incessamment rendu
compte; & cependant le préposé qui aura agi en première instance, proposera, s'il y a lieu, les exclusions
réservées aux intimés par la loi sur l'organisation judiciaire, & défendra sur l'appel en attendant l'avis de
la conservation.

X V I I.

Les préposés de la conservation ne pourront inter-
jeter eux-mêmes aucun appel sans son autorisation; &
après cette autorisation, l'appel fera suivi par le préposé
qui aura fait les pourfuites de première instance.

X V I I I.

Il en fera usé pour les cas de requête civile comme
pour les instances d'appel.

X I X.

Aucun préposé ne pourra se désister de ses poursuites ni acquieser à aucune condamnation prononcée contre la conservation générale, sans son autorisation.

X X.

Les instances en cassation seront instruites & jugées avec la conservation générale.

X X I.

Les frais seront avancés par chacun des préposés chargés de la poursuite, & leur seront remboursés comme il sera dit ci-après.

X X I I.

Les registres des agens de la conservation ne seront pas sujets au timbre; leurs procès-verbaux & les actes de procédure faits à leur diligence, ainsi que les jugemens par eux obtenus, seront soumis à l'enregistrement; mais les droits ne seront portés en recette que pour mémoire, sauf à les comprendre dans les dépens auxquels les délinquans seront condamnés.

X X I I I.

Lorsque les jugemens obtenus au nom de la conservation auront été signifiés, ils seront remis au receveur du droit d'enregistrement, pour faire le recouvrement des condamnations prononcées.

X X I V.

Le même receveur rembourfera les frais avancés par les prépofés de la confervation, ainfi que ceux qui pourroient être adjugés contre elle d'après la liquidation qui en aura été faite par le tribunal.

X X V.

Chaque mois, les infpecteurs enverront aux confervateurs & au directoire de leur diftrict, l'état des procès-verbaux qui leur auront été remis par les gardes dans l'intervalle d'un mois à l'autre, avec celui des pourfuites qu'ils auront faites & des jugemens qui auront été rendus ; & lorfqu'ils laifferont des procès-verbaux fans pourfuite, ils en exprimeront les motifs.

X X V I.

Tous les trois mois, les confervateurs drefferont l'état des procès-verbaux, pourfuites & jugemens qui auront eu lieu dans leur arrondiffement, & adrefferont ces états, tant à la confervation générale, qu'au directoire des départemens pour ce qui les concernera.

X X V I I.

Il fera annuellement rendu compte au corps légiflatif des frais de pourfuite occafionnés par les délits, malverfations ou contraventions, & des recouvremens qui auront eu lieu.

TITRE X.

De l'administration des bois nationaux, ci-devant aliénés
à-titre de concession, douaire, engagement, usufruit ou
échange non consommé.

ARTICLE PREMIER.

Les bois énoncés au présent titre, seront régis par
la conservation générale, ainsi que les autres bois nationaux, sous les seules restrictions ci après.

I I.

Les possesseurs auront la nomination des gardes, à
la charge de les choisir parmi les personnes ayant les
qualités requises par l'article premier du titre III; mais
leur choix devra être confirmé par la conservation générale, & ils ne pourront les destituer sans son consentement spécial.

I I I.

Les directoires de département, sur la réquisition de
la conservation générale & sous la surveillance du pouvoir exécutif, régleront au besoin le nombre des gardes
nécessaires à la conservation desdits bois, & le traitement qui devra leur être fourni par les possesseurs.

I V.

Au défaut par lesdits possesseurs de choisir des sujets
capables de remplir les places de gardes, dans la quinzaine où elles seront vacantes, la nomination sera déférée à la conservation.

V.

Il eſt réſervé auxdits poſſeſſeurs de vendre gré-à-gré , exploiter ou faire exploiter les bois dont les lois & règlemens leur donnent la jouiſſance , en ſe conformant d'ailleurs par eux ou leurs prépoſés , à tout ce qui eſt preſcrit pour l'uſance des autres bois nationaux.

T I T R E X I.

De l'adminiſtration des bois poſſédés en gruerie ou par indivis avec la Nation.

A R T I C L E U N I Q U E.

Les bois en gruerie ou indivis avec la Nation, feront régis par la conſervation générale ainſi que les bois nationaux.

T I T R E X I I.

De l'adminiſtration des bois appartenant aux communautés d'habitans.

A R T I C L E P R E M I E R.

Les communautés d'habitans feront tenues de pourvoir à la conſervation de leurs bois , & d'entretenir à cet effet le nombre de gardes néceſſaires.

I I.

Si une communauté négligeoit d'établir un nombre ſuffiſant de gardes, ou de leur fournir un traitement convenable , le nombre & le traitement feront réglés par le directoire du district, à la réquisition & sur l'avis de l'inspecteur.

I I I.

Les communes auront le choix de leurs gardes, parmi les personnes ayant les qualités requises par l'article premier du titre III ; mais leur choix devra être approuvé par le conservateur, & elles ne pourront les destituer sans le consentement de la conservation. Le choix sera fait par le conseil général de la commune.

I V.

A défaut par les communes de faire la nomination de leurs gardes, dans la quinzaine de la vacance des places, la nomination sera déférée à la conservation.

V.

Lesdits gardes fourniront un cautionnement, & prêteront serment ainsi que ceux des bois nationaux.

V I.

Ils se conformeront à tout ce qui est prescrit par le titre IV du présent décret, si ce n'est qu'après avoir affirmé leurs procès-verbaux concernant les délits ordinaires de pâturage, ou de maraudage ou vol de taillis, ils les déposeront au greffe du juge-de-paix, & en avertiront le procureur de la commune, pour faire les poursuites requises, conformément aux lois de police ; mais ils adresseront à l'inspecteur tous leurs procès-verbaux concernant les délits commis dans les quarts de réserve, & les vols de futaie.

V I I.

La confervation & l'exploitation des bois des communautés d'habitans, fera furveillée ainfi qu'il va être expliqué.

V I I I.

Lefdits bois feront vifités par les prépofés de la confervation; favoir, par les infpecteurs, au moins deux fois chaque année, & une fois par les confervateurs; ils feront pareillement vifités au befoin par les commiffaires de la confervation générale. Ces vifites auront le même objet que dans les bois nationaux, & elles feront pareillement conftatées.

I X.

Les coupes ordinaires ne feront mifes en exploitation, que d'après le procès-verbal d'affiette, balivage & martelage de l'infpecteur local, conformément aux divifions de coupes & aménagemens.

X.

Les communautés qui, pour leur plus grand avantage, jugeroient à propos de vendre leurs coupes ordinaires, au lieu de les partager en nature, ne pourront le faire qu'en vertu de la permiffion du directoire du diftrict, rendue fur l'avis de l'infpecteur, & vifée par le directoire du département.

X I.

Aucune coupe de futaie fur taillis ou de quart de réferve, ne pourra être faite qu'en vertu de la permifffion du pouvoir exécutif, qui ne fera accordée que pour cause de néceffité, & fur l'avis des corps adminiftratifs & de la confervation générale. Il fera procédé aux affiettes, balivage & martelage defdites coupes, ainfi que dans les bois nationaux.

X I I.

Aucune coupe ordinaire ou extraordinaire ne pourra être vendue que pardevant le directoire du diftrict, en la forme qui aura lieu pour les ventes de bois nationaux. Il fera procédé aux adjudications à la diligence du procureur de la commune, & en préfence du maire ou d'un autre officier municipal.

X I I I.

Les deniers provenant des ventes extraordinaires, feront verfés par l'adjudicataire entre les mains du tréforier du diftrict, pour être employés, fur l'avis du directoire du diftrict, ordonnancé par celui du département, conformément aux difpofitions qui auront permis lefdites coupes.

X I V.

Les coupes ordinaires & extraordinaires feront fujettes au récolement ; & les adjudicataires ou entrepreneurs devront obtenir leur congé de cour, ou décharge d'exploitation. Il fuffira que le récolement des coupes ordinaires foit fait par l'infpecteur local.

X V.

Les habitans ne pourront enlever leur chablis qu'enfuite de la vifite & reconnoiffance de l'infpecteur.

XVI.

X V I.

Ils ne pourront mettre leurs beftiaux en pâturage, que dans les cantons reconnus & déclarés défenfables dans le procès-verbal de vifite du confervateur.

X V I I.

Les travaux de recepage, repeuplement & autres, néceffaires à l'entretien & amélioration, feront ordonnés par le pouvoir exécutif, d'après les procès-verbaux des prépofés de la confervation & fur l'avis des corps admi-niftratifs qui entendront préalablement les communes intéreffées.

X V I I I.

La pourfuite des délits commis fur la futaie & dans les quarts de réferve, & celle des malverfations dans les coupes & exploitations, feront faites par les prépo-fés de la confervation, fuivant ce qui eit dit au titre IX, fauf aux habitans à fournir les inftructions qu'ils jugeront convenables, & à fe prévaloir des reftitutions & indemnités qui feront prononcées contre les délin-quans.

X I X.

Toutes les opérations des prépofés de la confervation générale dans les bois des communautés, feront faites fans frais, fauf les vacations des arpenteurs qui feront employés ; mais les adjudicataires des coupes, tant ordi-naires qu'extraordinaires, feront tenus de payer entre les mains des prépofés de la régie d'enregiftrement, les deux fous pour livre du prix de leur adjudication, outre & par-deffus icelui ; & moyennant ce, les vingt-fix de-

Collec. des Lois. Tome XIII.   K

niers pour litre ci-devant établis, sont & demeurent supprimés.

TITRE XIII.

De l'administration des bois possédés par les maisons d'éducation & de charité, les établissemens de main-morte étrangers.

ARTICLE UNIQUE.

Toutes les dispositions du titre précédent s'appliqueront à l'administration desdits bois, si ce n'est que les possesseurs n'auront pas besoin de la permission prescrite par l'article X pour la vente des coupes ordinaires, & que les poursuites & autres fonctions attribuées aux procureurs des communes ou officiers municipaux, appartiendront aux syndics, procureurs, économes, administrateurs, ou autres préposés desdites maisons ou établissemens.

TITRE XIV.

Responsabilité.

ARTICLE PREMIER.

Les gardes seront responsables de toutes négligences ou contraventions dans l'exercice de leurs fonctions, ainsi que de leurs malversations personnelles.

II.

Par suite de cette responsabilité, les gardes seront tenus des indemnités & amendes encourues par les délinquans, lorsqu'ils n'auront pas duement constaté les délits, & le montant des condamnations qu'ils fubiront, fera retenu fur leur traitement, fans préjudice à toute autre pourfuite.

I I I.

Les infpecteurs feront refponfables de leur faits perfonnels, ainfi que des malverfations, contraventions & négligences des gardes qu'ils n'auroient pas conftatée.

I V.

Par fuite de cette refponfabilité, les infpecteurs feront folidairement tenus des condamnations encourues par les gardes, fauf leur recours contre ceux-ci.

V.

Les confervateurs feront également refponfables de leurs faits perfonnels, ainfi que des malverfations, contraventions ou négligences des infpecteurs qu'ils n'auroient pas conftatées.

V I.

Par fuite de cette refponfabilité, ils feront folidairement tenus des condamnations encourues par les infpecteurs, fauf leur recours contre ces derniers.

V I I.

Les commiffaires de la confervation générale feront refponfables de leurs faits perfonnels, & fpécialement de toute négligence à faire exécuter les lois dans les différentes parties du régime foreftier.

V I I I.

Les erreurs de mesure, lorsqu'elles excéderont un arpent sur quarante, seront à la charge de ceux qui auront fait l'arpentage.

I X.

Les corps administratifs & les municipalités seront
responsables du dommage souffert, à défaut par eux
d'accorder la main-forte nécessaire pour la conservation
des bois, lorsqu'ils en seront requis; & les officiers
municipaux requis d'assister aux perquisitions des bois de
délit, seront responsables de tout refus illégitime.

T I T R E X V.

Suppression de l'ancienne administration.

A R T I C L E P R E M I E R.

Les officiers des ci-devant grueries & maîtrises & des
sièges de réformation, les grands-maîtres-ordonnateurs,
& généralement tous les préposés, titulaires, ou par
commission, chargés de l'administration des forêts du
Royaume, cesseront leurs fonctions lorsque les nouveaux
préposés entreront en activité, sauf ce qui a été prescrit relativement aux gardes actuellement en place.

I I.

Tous les plans, titres, procès-verbaux, & autres
pièces concernant la propriété ou l'administration des forêts, étant au greffe des ci-devant maîtrises & des sièges

de réformation, feront remis au fecrétariat du département de leur établiffement, où les prépofés de la confervation pourront en prendre toute communication,
copie & extrait qu'ils jugeront néceffaires. Quant aux
plans & pièces dépofés au bureau général des eaux &
forêts, aux dépôts des grands-maîtres, & aux greffes
des tables de marbre, ils feront remis au fecrétariat
de la confervation générale.

I I I.

Il fera fait un bref état des pièces énoncées en l'article précédent, au bas duquel il en fera donné décharge
aux dépofitaires, & un double dudit état demeurera
joint aux pièces.

I· V.

Il fera inceffamment fait une loi fur les aménagemens,
ainfi que pour fixer les règles de l'adminiftration foreftière ; & jufqu'à ce, l'ordonnance de 1669 & les autres
règlemens en vigueur continueront à être exécutés en
tout ce à quoi il n'eft pas dérogé par les décrets de
l'Affemblée nationale ; & néanmoins les formes prefcrites pour l'adjudication des biens nationaux, feront
fubftituées, dans la vente des bois, à celles ci-devant
ufitées.

*Décret concernant le nombre, la répartition & le
traitement des agens de la confervation générale.*

Article premier.

Les commiffaires de la confervation feront au nombre
de cinq.

K 3

I I.

Les conservateurs feront au nombre de trente-cinq, & les inspecteurs au nombre de trois cent trois; savoir :

1°. Dans les départemens de la Somme, du Pas-de-Calais & du Nord, un conservateur résidant à Arras, & douze inspecteurs.

2°. Dans les départemens de l'Aisne & de l'Oise, un conservateur résidant à Laon, & quinze inspecteurs.

3°. Dans les départemens des Ardennes & de la Marne, un conservateur à Châlons, & onze inspecteurs.

4°. Dans le département de la Meuse, un conservateur à Bar-le-duc, & six inspecteurs.

5°. Dans le département de la Moselle, un conservateur à Metz, & dix inspecteurs.

6°. Dans le département de la Meurthe, un conservateur à Nancy, & neuf inspecteurs.

7°. Dans les départemens des Vosges, un conservateur à Épinal, & huit inspecteurs.

8°. Dans les départemens du Haut & Bas-Rhin, un conservateur à Strasbourg, & neuf inspecteurs.

9°. Dans le département de la Haute-Saone, un conservateur à Vezoul, & sept inspecteurs.

10°. Dans le département du Doubs, un conservateur à Besançon, & neuf inspecteurs.

11°. Dans le département du Jura, un conservateur à Lons-le-Saulnier, & cinq inspecteurs.

12°. Dans le département de la Côte-d'Or, un conservateur à Dijon, & cinq inspecteurs.

13°. Dans les départemens de la Haute-Marne & de l'Aube, un conservateur à Chaumont, & neuf inspecteurs.

14°. Dans le département de l'Yonne, un conservateur à Auxerre, & huit inspecteurs.

15°. Dans les départemens de Seine-&-Marne, de

Paris, & de Seine-&-Oife, un confervateur à Paris, & neuf infpecteurs.

16°. Dans les départemens de l'Eure & de la Seine-inférieure, un confervateur à Roüen, & neuf infpecteurs.

17°. Dans les départemens du Calvados, de la Manche & de l'Orne, un confervateur à Caen, & quinze infpecteurs.

18°. Dans les départemens d'Ille-&-Vilaine, des Côtes-du-Nord, du Finiftère & du Morbihan, un confervateur à Rennes, & fix infpecteurs.

19ᵉ. Dans les départemens de Maine-&-Loire, de la Mayenne, de la Sarthe & de la Loire inférieure, un confervateur à Angers, & huit infpecteurs.

20°. Dans les départemens du Loir-&-Cher, du Loiret, & d'Eure-&-Loir, un confervateur à Orléans, & quinze infpecteurs.

21°. Dans les départemens de l'Allier, de la Nièvre & du Cher, un confervateur à Nevers, & douze infpecteurs.

22°. Dans les départemens de Saône-&-Loire, & de Rhône-&-Loire, un confervateur à Mâcon, & fept infpecteurs.

23°. Dans le département de l'Ain, un confervateur à Bourg & fix infpecteurs.

24°. Dans les départemens de l'Isère, la Drôme & les Hautes-Alpes, un confervateur à Grenoble, & onze infpecteurs.

25°. Dans les départemens des Baffes-Alpes, du Var & des Bouches-du-Rhône, un confervateur à Digne, & cinq infpecteurs.

26°. Dans les départemens de l'Hérault, du Gard & de l'Ardèche, un confervateur à Nîmes, & fix infpecteurs.

27°. Dans les départemens du Cantal, du Puy-de-

Dôme & de la Haute-Loire, un confervateur à Cler-
mont, & quatré infpecteurs.

28°. Dans les départemens de l'Indre-&-Loire, de
l'Indre & de la Creufe, un confervateur à Chateau-
roux, & onze infpecteurs.

29°. Dans les départemens de la Haute Vienne, de
la Vienne, des deux Sèvres & de la Vendée, un confervateur à Poitiers, & fept infpecteurs.

30°. Dans les départemens de la Charente-Inférieure,
la Charente, la Dordogne, & la Corrèze, un confervateur à Périgueux, & neuf infpecteurs.

31°. Dans les departemens des Landes, du Lot-&-
Garonne, & de la Gironde, un confervateur à Bor-
deaux, & quatre infp ète rs.

32°. Dans les départemens du Lot, de la Losère,
l'Aveiron & le Tarn, un confervateur à Rhodès, &
dix infpecteurs.

33°. Dans les départemens de la Haute-Garonne,
du Gers, des Hautes-Pyrénées & des Baffes-Pyrénées,
un confervateur à Auch, & neuf infpecteurs.

34°. Dans les départemens de l'Aude, des Pyrénées-
Orientales & de l'Ariège, un confervateur à Carcaffonne,
& onze infpecteurs.

35°. Dans le département de la Corfe, un confervateur à Corté, & fix infpecteurs.

I I I.

La confervation fera provifoirement, dans chaque
arrondiffement, la répartition du nombre d'infpecteurs
ci-deffus déterminé, & indiquera le lieu de leur réfidence ; il y fera enfuite définitivement ftatué par le
Corps légiflatif.

I V.

Elle dreffera inceffamment l'état des gardes néceffaires

à la confervation des bois nationaux dans chaque inf-
pection, pour ledit état rapporté au Corps légiflatif,
être ftatué ce qu'il appartiendra.

V.

Le traitement de chacun des commiffaires de la confervation générale fera de huit mille livres annuellement;
ceux qui iront en tournée recevront en outre le rembourfement de leurs frais de voyage, à raifon de vingt-
quatre livres par jour.

V I.

Le traitement annuel du fecrétaire de la confervation,
fera de fix mille livres.

V I I.

Il fera ftatué fur les frais de commis & de bureau,
d'après l'état qui fera préfenté au Corps légiflatif.

V I I I.

Il y aura trois claffes de traitement pour les confervateurs; favoir, trois mille livres, quatre mille livres
ou cinq mille livres, eu égard à la quantité de bois &
à l'étendue de leur arrondiffement.

I X.

Il y aura de même trois claffes de traitement pour
les infpecteurs; favoir, deux mille livres, deux mille cinq
cents livres ou trois mille livres, d'après les mêmes
bafes.

X.

La confervation générale fixera provifoirement la claffe

du traitement des confervateurs & des infpecteurs, conformément aux deux articles précédens, fans que le
total des traitemens réunis puiffe excéder le taux moyen
fixé par les mêmes articles.

X I.

En cas d'abfence des confervateurs ou des infpecteurs, il leur fera fait déduction d'une partie propor-
tionnelle de leur traitement, pour accroître à la fomme
dont il va être parlé.

X I I.

Il fera remis annuellement une fomme de cinquante
mille livres à la difpofition de la confervation, pour
être diftribuée en gratifications aux fuppléans, lorfqu'ils
feront employés en vertu de commiffion particulière,
fans que lefdites gratifications puiffent excéder la fomme
de cent vingt livres par mois de travail; ce qui reftera
fera diftribué aux infpecteurs qui auront été employés
à des travaux extraordinaires, ou qui auront rempli leur
fervice avec le plus d'activité.

X I I I.

Les opérations des arpenteurs feront taxées par les
confervateurs; & le montant des taxes, après avoir été
vifé par les directoires de département, fera acquitté
fur le produit des ventes.

X I V.

La confervation dreffera l'état du traitement qu'elle
eftimera devoir être fourni aux gardes, eu égard à l'é-
tendue des bois, la difficulté de la garde & le prix
local des fubfiftances, pour, ledit état rapporté au Corps
légiflatif, être ftatué ce qu'il appartiendra; & cependant,

le traitement actuel des gardes en exercice fera provifoirement continué.

X V.

La moitié du produit des amendes, déduction faite de tous frais de pourfuite & recouvrement, fera laiffée à la difpofition de la confervation, pour être diftribuée, à titre de gratification, aux gardes qui auront le mieux rempli leur fervice. L'état de cette répartition & celui des gratifications énoncées en l'article XII, feront rendus publics & envoyés dans les départemens.

X V I.

Il fera retenu fur le traitement des gardes, de quoi leur fournir un fur-tout bleu-de-roi, fur lequel ils porteront un médaillon de drap rouge, avec cette infcription en couleur jaune : *confervation des forêts nationales,* & le nom du diftrict.

X V I I.

Toutes conceffions ou attributions de bois de chauffage, de pâturages, & de tous autres droits ou jouiffances dans les forêts ou biens nationaux, ou dans les coupes ou produits des ventes, pour raifon de l'exercice d'aucunes fonctions foreftières, font abolies, fans qu'aucun agent de la confervation générale puiffe s'en prévaloir, fous aucun prétexte, à peine de prévarication.

Mandons & ordonnons à tous les corps adminiftratifs & tribunaux, &c.

2015.

L O I

Relative à la liquidation d'offices de judicature & de perruquiers.

Donnée à Paris le 29 septembre 1791.

Louis, par la grace de Dieu, &c.

Décret du 12 septembre 1791.

L'Assemblée Nationale, après avoir entendu le rapport de ses comités, de judicature & central de liquidation, qui lui ont rendu compte du résultat des opérations du commissaire du roi, directeur-général des liquidations, dont les résultats suivent;

RÉSULTAT des rapports de liquidation d'offices, remis au comité de judicature par le commissaire du roi, directeur - général de la liquidation, le 9 septembre 1791.

Total du présent état, quinze millions huit cent huit mille quatre cent quatre-vingt-deux livres dix-neuf sous neuf deniers, ci . . . . 15,808,482 l. 19 s. 9 d.

Les dettes passives réunies des compagnies ci-dessus liquidées, montent à trois cent soixante-deux mille six cent quarante-

trois livres fix fous trois deniers,
ci . . . .   362,643 l. 6 f. 3 d.

Les dettes actives ne montent
qu'à trois cent quarante fept
mi'le huit cent quatre - vingt-
dix-neuf livres treize fous quatre
deniers , ci   347,899   13   4

Différence à la charge de la
nation   14,743   12   11

Décrète que conformément audit réfultat, il fera payé
par la caiffe de l'extraordinaire , la fomme de quinze
millions huit cent huit mille quatre cent quatre-vingt-
deux livres dix-neuf fous neuf deniers , à l'effet de quoi
les reconnoiffances définitives de liquidation feront expé-
diées aux officiers liquidés , en fatisfaifant par eux aux
formalités prefcrites par les précédens décrets.

Mandons & ordonnons à tous les corps adminiftratifs
& tribunaux , &c.

2016.

L O I

Relative à la liquidation de la dette arriérée.

Donnée à Paris le 29 feptembre 1791.

Louis, par la grace de Dieu, &c.

Décret du 17 feptembre 1791.

L'Affemblée Nationale, ouï le rapport de fon comité
central de liquidation qui lui a rendu compte des véri-

fications & rapports du commissaire du roi, directeur-général de la liquidation, décrète qu'en conformité de ses précédens décrets sur la liquidation de la dette publique & sur les fonds destinés à l'acquit de ladite dette, il sera payé aux parties ci-après nommées, & pour les causes qui vont être exprimées, les sommes ci-après :

S A V O I R :

1°. Arriéré du département de la maison du roi.

Gouvernement des Tuileries.

Employés & fournisseurs, & différentes personnes anciennement attachés au château de Belle-Vue.

Cent six parties prenantes, total..   194,195 l. 18 s. 6 d.

Bâtimens du roi.

Employés de tous ordres, & employés locaux de toutes les divisions du département des bâtimens.

Soixante-cinq parties prenantes, total.   205,599   6   8

Bureau des dépenses.

Appointemens pour 1789.

Une partie prenante   3500   »   »

2°. Arriéré du département des finances.

Ecole vétérinaire d'Alfort, entrepreneurs & fournisseurs pendant 1786 à 1789.

Neuf parties prenantes, total. . .   16,141   11   6

Gages du conseil.

Huit parties prenantes, total . .   86,939   4   5

Administration de la police.
Ouvriers & fourniffeurs pendant
les années 1787 à 1789.
Trois parties prenantes, total..   17,348.l. » f. » d.
Commis, ouvriers & fourniffeurs
employés pour l'enregiftrement
des contrats d'emprunts faits
pour le roi , à compter du 30
décembre 1786 jufqu'au 31
avril 1789.
Dix parties prenantes, total. ..   7,800   »   »
Réclamations particulières.
Une partie prenante, total . ..   47,305   12   »
3°. Arriéré du département de
la guerre.
Une partie prenante, total. ...   282,460   17   4
4°. Créances fur le ci - devant
clergé.
Dettes conftituées , rentes perpétuelles & dettes exigibles.
Dix - neuf parties prenantes ,
total. . . . -   35,786   14   6
5°. Domaines & féodalité.
Engagemens de greffes.
Trois parties prenantes , total ..   133,283   13   4
Rembourfemens de charges &
offices , indemnités de brevets
de retenue fur charges de commiffaires des guerres.
Seize parties prenantes , total ..   1,340,000   »   »
Anciens officiers de la prévôté
de l'hôtel.
Neuf parties prenantes, total ..   204,090   »   »
Anciens officiers du régiment des
ci-devant Gardes - Françaifes.
Seize parties prenantes , total. ..   442,000   »   »

Maîtrises & jurandes.

Indemnités ou remboursemens.

Quatre cent quarante-huit parties
  prenantes, total   127,949   5   8

A l'égard de la demande formée par les entrepreneurs
& fournisseurs & autres créanciers de l'académie royale
de musique, l'Assemblée nationale, avant de prononcer
sur leurdite demande, & sans rien préjuger sur leur plus
ou moins de fondement, décrète que les préposés établis
par l'arrêt du conseil du 17 mars 1780, feront tenus
de produire, ou faire produire les comptes qui ont dû
être rendus aux termes dudit arrêt, & de justifier que
les fournitures ont été faites conformément aux dispositions dudit arrêt.

Avant de procéder à la liquidation des remboursemens
demandés par la compagnie Pérault, chargée de l'entreprise des voitures de place de Paris, l'Assemblée
nationale décrète, en ajournant ladite demande au fond,
qu'il sera néanmoins procédé dès-à-présent à l'obtention
des lettres de ratification sur le délaissement que ladite
compagnie Pérault doit faire à la nation, aux termes de
son bail, des bâtimens, maisons & terreins qui ont
servi à l'exploitation de son entreprise. Décrète que les
droits dus, aux termes de l'édit de juin 1771, tant
pour lesdites lettres de ratification, que pour celles qui
doivent être obtenues relativement à l'acquisition des forges
de la chaussade, ou sur toutes autres acquisitions faites
par la nation, ne seront portées que pour mémoire sur
les registres des receveurs chargés de leur perception; &
que les lettres seront scellées sur la simple représentation
du *visa* desdits percepteurs, lequel tiendra lieu de la
quittance desdits droits.

Sur la demande du sieur Besancel, afin d'être payé à
titre d'indemnité, d'une somme de soixante mille livres,
énoncée

énoncée au brevet de retenue à lui accordé par la ci-devant province de Languedoc, fur l'office de greffier des états de ladite province ; l'Affemblée nationale décrète, qu'il fera rembourfé de ladite fomme de foixante mille livres, ci· · · · · · · · · · · · ·   60,000 l.   f.   d

Avec les intérèts, à compter du premier janvier dernier.

Total général, trois millions deux cent quatre mille trois cent quarante livres quatre fous onze deniers, ci · · · · · · · · · · · · 3,204,340   4   11

A la charge en outre, par les unes & les autres des parties ci - deffus nommées, de fe conformer aux lois de l'Etat, pour obtenir leur reconnoiffance de liquidation définitive, & léur rembourfement à la caiffe de l'extraordinaire.

Mandons & ordonnons à tous les corps adminiftratifs & tribunaux, &c.

2017.

L O I

Relative à la liquidation de la dette arriérée.

Donnée à Paris le 29 feptembre 1791.

Louis, par là grace de Dieu, &c.

Décret du 22 feptembre 1791.

L'Affemblée Nationale, ouï le rapport de fon comité central de liquidation, qui lui a rendu compte des vérifications & rapports faits par le commissaire du roi, directeur-général de la liquidation, décrète qu'en conformité de ses précédens décrets sur la liquidation de la dette publique, & sur les fonds destinés à l'acquit de ladite dette, il sera payé aux personnes ci - après nommées, & pour les causes qui seront pareillement exprimées, les sommes suivantes; savoir,

Résultat des différentes parties de cette liquidation.

1°. Arriéré du département de la maison du roi.

Bâtimens.

Château de Versailles.

Entrepreneurs, ouvriers & fournisseurs, pour les années 1777 à 1784.

Dix parties prenantes, total . . .   12,918 l.   3 f.   4 d.

Parc de Versailles.

Dix parties prenantes, total . . .   38,291   13   11

Château de Marly.

Seize parties prenantes, total . .   66,256   2   3

Saint-Germain-en-Laye.

Onze parties prenantes, total . .   47,119   17   2

Choisy.

Huit parties prenantes, total . .   34,214   18   ,,

Saint-Hubert.

Deux parties prenantes, total . .   4,914   11   11

Petit Trianon.

Huit parties prenantes, total . . .   215,749   9   5

Capitainerie de la varenne du Louvre.

Trente-quatre parties prenantes, total   36,391   10   ,,

Ecole militaire.

Fournitures faites en 1752 &
  1756.

Trois parties prenantes, total . .   123 l. 4 f. 5 d.

2°. Arriéré du département de
  la guerre.

Garnisons ordinaires.

Appointemens & traitemens à
  des gouverneurs & lieutenans-
  généraux des provinces & à des
  gouverneurs particuliers des
  villes, pendant les années 1788
  & 1789.

Vingt - huit parties prenantes,
  total.   320,912   4   7

Taillon.

Maréchaux - de - France, maréchaux-des-logis, des camps,
  armées & commissaires des
  guerres, pour appointemens
  pendant l'année 1786.

Six parties prenantes, total. . .   55,979   3   7

3°. Arriéré du département des
  finances.

Ouvrages faits en 1789, dans
  diverses maisons appartenantes
  au roi & dans le département
  de la police.

Trois parties prenantes, total . .   1,153   10

Ponts & chauffées.

Six parties prenantes, total. . .   44,987   2   1

Haras.

Trois parties prenantes, total . .   1,300   »   »

Pavé de Paris.

Une partie prenante . . . . .   37,915 l. 16 f. » d.

Gages du conseil.

Onze parties prenantes, total .   125,067   15   »

Dépenses diverses dans le département des finances.

Vingt parties prenantes, total . .   922,910   5   2

4°. Arriéré du département de la marine.

Une partie prenante.   6,000   »   »

5°. Remboursement de charges & offices.

Retenues en finance d'emplois militaires.

Quatorze parties prenantes, total .   485,753   2   4

Brevets de retenue sur offices de magistrature.

Une partie prenante   300,000   »   »

Remboursement d'offices de finance.

Cinq parties prenantes, total . .   433,127   3   8

6°. Domaines & féodalité.

Remboursemens de greffes.

Deux parties prenantes, total . .   236,473   11   9

7°. Jurandes & maîtrises.

Indemnités ou remboursemens.

Cinq cent vingt-quatre parties prenantes, total   158,850   15   8

8°. Créances sur le ci-devant clergé.

Dettes conftituées , rentes viagères, rentes perpétuelles &
dettes exigibles.

Dix - huit parties prenantes ,
total. . . . .   37,589 l. 6 f. » d.

9°. Supplément à l'arriéré du département des finances.

Haras.

Quarante-fept parties prenantes,
total. 16,499 10 10

Indemnités particulières.

Une partie prenante.   750,000   »   »

Total général. 4,394,437 19 2

A la charge , en outre , par les unes & les autres des
parties ci-deffus nommées , de fe conformer aux lois de
l'Etat , pour obtenir leur reconnoiffance de liquidation
définitive & leur remboursement à la caiffe de l'extraordinaire.

Sur la demande de la dame Anne-Nicole de Lamoi-
gnon , veuve de Jean-Antoine Olivier de Senozan,
tendante à la liquidation & au remboursement de la fomme
de quatre cent mille livres , capital d'une rente de vingt
mille livres , ci-devant due au domaine par les ci-devant
communautés de Provence & de Forcalquier , pour abon-
nement & eftimation d'anciens droits féodaux appar-
tenans au roi , ladite rente aliénée au défunt fieur Olivier
de Senozan , à titre d'engagement fous faculté de rachat
perpétuel ;

L'Affemblée nationale décrète qu'il fera délivré à
ladite dame de Senozan , par le commiffaire du roi ,
directeur-général de la liquidation , une reconnoiffance

L 3

de liquidation , portant conftitution , à fon profit , d'une rente annuelle & perpétuelle de vingt mille livres fur l'Etat , exempte de toute efpèce de retenue & payable de fix mois en fix mois , par les payeurs des rentes fur l'Etat , à compter du premier juillet 1790 , jufqu'au rembourfement ou rachat de ladite rente , moyennant la fomme capitale de quatre cent mille livres , à laquelle a été fixé & liquidé le montant dudit rachat , par les arrêts du confeil & contrat des premier & 17 février 1766 , lefquels continueront d'être exécutés fuivant leur forme & teneur , à la charge par ladite dame de Senozan , de juftifier de fes droits & de fe conformer aux lois de l'Etat , pour obtenir la fufdite reconnoiffance de liqui- dation.

L'Affemblée nationale décrète , au furplus , que ceux des droits feigneuriaux , féodaux & cafuels dus au do- maine par les pays de Provence & de Forcalquier , & abonnés par l'arrêt du confeil du 19 juin 1791 , qui n'ont point été fupprimés , mais qui ont feulement été déclarés rachetables par les précédens décrets , feront payés & fervis jufqu'au rachat au domaine national , in- dividuellement par les habitans des ci-devant comtés de Provence & de Forcalquier. En conféquence , que les ordonnateurs de la régie de l'enregiftrement & du do- maine en fuivront exactement la perception & le recou- vrement , par toutes les voies de droit , contre chacun des redevables : à l'effet de quoi il leur fera remis une expédition du fufdit arrêt du confeil , dans lequel les différens droits font énumérés.

Mandons & ordonnons à tous les corps adminiftratifs & tribunaux , &c.

2018.

L O I

Qui renvoie aux tribunaux provifoires, établis au Palais à Paris, les procès criminels exiftant dans les tribunaux d'arrondiffement de la même ville.

Donnée à Paris le 29 feptembre 1791.

Louis, par la grace de Dieu, &c.

Décret du 17 *feptembre* 1791.

L'Affemblée Nationale décrète ce qui fuit :

ARTICLE PREMIER.

Les huiffiers actuellement de fervice auprès des fix tribunaux criminels de Paris, recevront pour le temps de la durée de ce fervice la fomme de cent livres par mois.

II.

Les procès criminels actuellement exiftant dans les tribunaux d'arrondiffement de Paris, & ceux qui prendront naiffance jufqu'au premier janvier prochain, feront renvoyés aux fix tribunaux criminels, pour être par eux jugés dans la forme prefcrite, à l'exception de ceux relatifs à la fabrication des faux affignats, lefquels continueront d'être inftruits & jugés au tribunal auquel ils ont été portés.

Mandons & ordonnons à tous les corps adminiftratifs & tribunaux, &c.

L 4

2019.

L O I

Concernant le remboursement de la finance des charges des officiers, exempts, fourriers & gardes de la ci-devant compagnie des Cent-Suisses.

Donnée à Paris le 29 septembre 1791.

Louis , par la grace de Dieu, &c.

Décret du 17 *septembre* 1791.

L'Assemblée Nationale décrète que les officiers, exempts, fourriers & gardes de la ci-devant compagnie des Cent-Suisses , seront remboursés de la finance de leurs charges sur le pied porté par la décision du roi Louis XV , du 15 janvier 1763 : à l'effet de quoi la décision sera remise entre les mains du directeur-général de la liquidation , auquel les officiers, exempts & gardes de la compagnie remettront ensuite leurs mémoires, pièces & titres, pour être liquidés en conformité des décrets de l'Assemblée nationale.

Mandons & ordonnons à tous les corps administratifs & tribunaux, &c.

2020.

LOI

Relative à la créance de MM. Haller & le Couteulx de la Norraye.

Donnée à Paris le 29 septembre 1791.

Louis, par la grace de Dieu, &c.

Décret du 17 septembre 1791.

L'Assemblée Nationale, après avoir entendu le rapport de son comité central de liquidation, sur la demande faite par MM. Haller & le Couteulx de la Norraye, à fin de paiement de la somme de quatre millions sept cent cinq mille trente-huit livres huit sous un denier, dont ils sont déclarés créanciers par arrêt du conseil du 9 novembre 1790, décrète qu'expéditions de l'arrêt du 24 août 1787, produit par MM. Haller & de la Norraye, de la décision du conseil du 26 avril 1788, & des autres arrêts intervenus dans la même affaire, seront remises à l'agent du trésor public, pour se pourvoir par les voies de droit contre lesdits arrêts, dans le plus court délai possible; lui enjoint de rendre compte dans quinzaine à l'Assemblée nationale, des démarches qu'il aura faites pour l'exécution de présent décret.

Mandons & ordonnons à tous les corps administratifs & tribunaux, &c.

2021.

L O I

Relative à un verſement de fonds à la tréſorerie nationale , par la caiſſe de l'extraordinaire.

Donnée à Paris le 29 ſeptembre 1791.

Louis, par la grace de Dieu, &c.

Décret du 20 *ſeptembre* 1791.

L'Aſſemblée Nationale décrète que la caiſſe de l'extraordinaire verſera à la tréſorerie la ſomme de trente millions quatre cent ſoixante-un mille trois cent quarante-ſept livres, pour le remplacement de la différence entre les recettes du mois d'août dernier & les dépenſes ordinaires fixées par le décret du 18 février , & celle de douze millions cinq cent trente mille quatre cent trois livres, en remplacement des dépenſes particulières de l'année 1791 , pendant le même mois d'août.

Mandons & ordonnons à tous les corps adminiſtratifs & tribunaux , &c.

2022.

L O I

Concernant la police de sûreté, la justice criminelle &
l'établissement des jurés.

Donnée à Paris le 29 septembre 1791.

Louis, par la grace de Dieu, &c.

· _Décret du_ 16 _septembre_ 1791.

L'Assemblée Nationale décrète ce qui suit :

De la police de sûreté.

TITRE PREMIER.

De l'institution des officiers de police de sûreté.

ARTICLE PREMIER.

Le juge-de-paix de chaque canton sera chargé des
fonctions de la police de sûreté, ainsi qu'elles seront
ci-après détaillées.

II.

Il y aura de plus un ou plusieurs fonctionnaires publics chargés d'exercer, concurremment avec les juges-
de-paix des divers cantons, les fonctions de la police-de
sûreté.

I I I.

Cette concurrence fera exercée par les capitaines &
lieutenans de la gendarmerie nationale, fous l'exception
portée en l'article XIV du titre V : néanmoins dans les
villes où il y a plus d'un juge-de-paix établi, les officiers
de gendarmerie ne pourront remplir les fonctions d'officiers de police, mais feulement celles qui font attribuées
à la gendarmerie par l'article premier de la feconde fection
du décret du 24 décembre 1790.

I V.

Les officiers de police auront le droit de faire agir la
force publique pour l'exécution de leurs mandats.

TITRE II.

Du mandat d'amener & du mandat d'arrêt.

ARTICLE PREMIER.

L'ordre d'un officier de police de sûreté pour faire
comparoître les prévenus de crime ou délit, s'appellera
mandat d'amener.

I I.

Le *mandat d'amener* fera figné de l'officier de police,
& fcellé de fon fceau : le prévenu y fera nommé ou
défigné le plus clairement qu'il fera poffible ; il fera
exécutoire par tout le royaume, aux conditions prefcrites
par les articles VIII & IX du titre V, & copie en fera
laiffée à celui qui eft défigné dans le mandat.

I I I.

Si l'inculpé est trouvé hors de la résidence de l'officier de police, il sera conduit devant le juge - de - paix du lieu, lequel visera le *mandat d'amener*, mais sans pouvoir en empêcher l'exécution.

I V.

Aucun citoyen ne peut refuser de venir rendre compte aux officiers de police des faits qu'on lui impute ; & s'il refuse d'obéir, ou si après avoir déclaré qu'il est prêt à obéir, il tente de s'évader, le porteur du *mandat d'amener* pourra employer la force pour le contraindre ; mais il sera tenu d'en user avec modération & humanité.

V.

Si l'officier de police de sûreté, devant qui l'inculpé est amené, trouve, après l'avoir entendu, qu'il y a lieu à le poursuivre criminellement, il donnera ordre qu'il soit envoyé à la maison d'arrêt du tribunal du district : cet ordre s'appellera *mandat d'arrêt*.

V I.

Le *mandat d'arrêt* sera également signé & scellé de l'officier de police, lequel tiendra registre de tous ceux qu'il délivrera. Il sera remis à celui qui doit conduire le prévenu en la maison d'arrêt, & copie en sera laissée à ce dernier.

V I I.

Le *mandat d'arrêt* contiendra le nom du prévenu &

fon domicile , s'il l'a déclaré , ainſi que le ſujet d'ar-
reſtation : faute de quoi , le gardien de la maiſon d'arrêt
ne pourra le recevoir , ſous peine d'être pourſuivi criminellement.

V I I I.

Aucun dépoſitaire de la force publique ne pourra entrer
de force dans la maiſon d'un citoyen , ſans un mandat de
police ou ordonnance de juſtice.

T I T R E I I I.

Fonctions générales de l'officier de police.

A R T I C L E P R E M I E R.

Tous ceux qui auront connoiſſance d'un meurtre ou
d'une mort dont la cauſe eſt inconnue ou ſuſpecte,
ſeront tenus d'en donner avis ſur-le-champ à l'officier de
police de ſûreté du lieu, ou , à ſon défaut, au plus voiſin,
lequel ſe rendra incontinent ſur les lieux.

I I.

Dans les cas énoncés en l'article précédent, l'inhu-
mation ne pourra être faite qu'après que l'officier de
police ſe ſera rendu ſur les lieux, accompagné d'un
chirurgien ou homme de l'art, & aura dreſſé un procès-
verbal détaillé du cadavre & de toutes les circonſtances,
en préſence de deux citoyens actifs, leſquels , ainſi que
le chirurgien ou homme de l'art, ſigneront l'acte avec
lui.

I I I.

L'officier de police , aſſiſté comme il vient d'être dit,

entendra les parens, voiſins ou domeſtiques du décédé, ou ceux qui ſe ſont trouvés en ſa compagnie avant ſon décès ; il recevra ſur-le-champ leurs déclarations, & les interpellera de les ſigner, ou de déclarer s'ils ne le ſavent faire.

I V.

L'officier de police pourra défendre que qui que ce ſoit ne ſorte de la maiſon, ou s'éloigne du lieu dans lequel le mort aura été trouvé, & ce juſqu'à la clôture du procès-verbal & des déclarations.

V.

L'officier de police fera ſaiſir ſur-le-champ celui ou ceux qui ſeront prévenus d'avoir été les auteurs ou les complices du meurtre ; & après avoir reçu leurs déclarations, il pourra délivrer des mandats d'arrêt contre eux & les faire conduire à la maiſon d'arrêt du tribunal du diſtrict.

V I.

En cas de meurtre ou de mort, dont la cauſe eſt inconnue & ſuſpecte, l'officier de police ſera perſonnellement tenu, ſans attendre aucune réquiſition & ſans y préjudicier, de commencer la pourſuite & de délivrer à cet effet les mandats néceſſaires.

TITRE IV.

Du flagrant délit.

ARTICLE PREMIER.

Lorſqu'un officier de police apprendra qu'il ſe commet un délit grave dans un lieu, ou que la tranquillité publique

y aura été violemment troublée, il fera tenu de s'y tranfporter auffitôt, d'y dreffer procès-verbal détaillé du corps
du délit, quel qu'il foit, & de toutes fes circonftances,
enfin de tout ce qui peut fervir à conviction ou à
décharge.

I I.

En cas de flagrant délit ou fur la clameur publique,
l'officier de police fera faifir & amener devant lui les
prévenus, fans attendre les déclarations des témoins;
& fi les prévenus ne peuvent être faifis, il délivrera un
mandat d'amener pour les faire comparoître devant lui.

I I I.

Tout dépofitaire de la force publique, & même tout
citoyen, fera tenu de s'employer pour faifir un homme
trouvé en flagrant délit, où pourfuivi par la clameur
publique, comme coupable d'un délit, & de l'amener
devant l'officier de police le plus voifin.

I V.

Tout dépofitaire de la force publique, & même tout
citoyen, pourra conduire devant l'officier de police un
homme fortement foupçonné d'être coupable d'un délit
déja dénoncé, comme dans le cas où il feroit trouvé
faifi des effets volés, ou d'inftrumens fervant à faire
préfumer qu'il eft l'auteur du délit, fauf à être refponfables
s'ils ont agi méchamment & par envie de nuire.

V.

L'officier de police recevra les éclairciffemens donnés
par le prévenu; & s'il les trouve fuffifans pour détruire
les

les inculpations formées contre lui , il ordonnera qu'il foit remis fur-le-champ en liberté.

V I.

Si le prévenu n'a pas détruit les inculpations, il en fera ufé à fon égard ainfi qu'il fera ftatué ci-après.

T I T R E V.

De la dénonciation du tort perfonnel ou de la plainte.

A R T I C L E P R R M I E R.

Tout particulier qui fe prétendra léfé par le délit d'un autre particulier, pourra porter fes plaintes à la police, devant un juge-de-paix ou un des officiers de gendarmerie défignés plus haut.

I I.

La dénonciation du tort perfonnel ou la plainte pourra être rédigée par la partie ou fon fondé de procuration fpéciale, ou par l'officier de police, s'il en eft requis : la procuration fera toujours annexée à la plainte.

I I I.

La plainte fera fignée à chaque feuillet par l'officier de police : elle fera également fignée & affirmée par celui qui l'aura faite ou par fon fondé de procuration fpéciale : il fera fait mention expreffe de la fignature de la partie, ou de fa déclaration de ne pouvoir figner, à peine de nullité de la plainte.

I V.

Les plaintes feront écrites de fuite & fans aucun blanc fur un regiftre tenu à cet effet ; la date y fera toujours exprimée.

V.

Celui qui aura porté plainte , aura vingt-quatre heures pour s'en défifter , auquel cas elle fera biffée & anéantie huit jours après , à moins que l'officier de police n'ait jugé convenable de la prendre pour dénonciation ; ce qu'il fera tenu de faire dans tous les délits qui intéreffent le public.

V I.

L'officier de police qui aura reçu la plainte , recevra également la dépofition des témoins produits par l'auteur de cette plainte ; il fera auffi tenu d'ordonner que les perfonnes & les lieux feront vifités , & qu'il en fera dreffé procès - verbal , toutes les fois qu'il s'agira d'un délit dont les traces peuvent être conftatées.

V I I.

Dans le cas où l'officier de police qui a reçu la plainte , eft celui du lieu du délit ou de la réfidence habituelle ou momentanée du prévenu , il pourra , d'après les charges , délivrer un *mandat d'amener* contre le prévenu , pour l'obliger à comparoître , & à lui fournir des éclairciffemens fur le fait qu'on lui impute.

V I I I.

Néanmoins en vertu du *mandat d'amener* , le prévenu

ne pourra être contraint à venir qu'autant qu'il fera trouvé dans les deux jours de la date du mandat, à quelque diftance que ce puiffe être, ou paffé les deux jours s'il eft trouvé dans la diftance de dix lieues du domicile de l'officier qui l'a figné.

I X.

Si après les deux jours, le prévenu eft trouvé au-delà de dix lieues, il en fera fur-le-champ donné avis à l'officier de police qui aura figné le mandat ; & fuivant l'ordre qui y fera porté, il fera gardé à vue ou mis en état d'arreftation, en faifant vifer le mandat par l'officier de police du lieu, jufqu'à ce que le juré ait prononcé s'il y a lieu ou non à accufation à fon égard.

X.

Pour cet effet, quatre jours après la délivrance du mandat d'amener, fi le prévenu n'a pas comparu devant l'officier qui l'a figné, celui-ci enverra copie de la plainte & des déclarations des témoins au greffe du tribunal du diftrict du lieu du délit, pour y être procédé ainfi qu'il fera prefcrit ci-après.

X I.

Si néanmoins le prévenu eft trouvé faifi des effets volés ou d'inftrumens fervant à faire préfumer qu'il eft l'auteur du délit, il fera amené fur-le-champ devant l'officier de police qui aura figné le *mandat d'amener*, quels que foient la diftance & le délai dans lefquels il aura été faifi.

X I I.

Dans le cas où le *mandat d'amener* a été rendu contre

un *quidam*, s'il eſt arrêté dans les deux jours ou dans les dix lieues , il ſera amené auſſitôt devant l'officier de police qui l'a ſigné ; & ſi paſſé les deux jours , il eſt arrêté au-delà des dix lieues , il en ſera donné avis à l'officier de police, ainſi que de ſon nom & domicile , s'il l'a déclaré. Les quatre jours pour envoyer la procédure au greffe du diſtrict , ne commenceront que de cette époque.

X I I I.

Enfin , dans le cas où l'officier de police qui a reçu la plainte n'eſt celui du lieu du délit , ni celui de la réſidence du prévenu , il ſera tenu de renvoyer l'affaire , avec toutes les pièces , devant le juge-de-paix du lieu du délit, pour qu'il ſoit déterminé par celui-ci, s'il y a lieu ou non à délivrer le *mandat d'amener*.

X I V.

Si la plainte a été portée devant un des officiers de gendarmerie nationale ci deſſus déſignés, il pourra délivrer le *mandat d'amener* , mais devant le juge-de-paix de la réſidence du prévenu , ou du lieu du délit, lequel juge-de-paix pourra ſeul donner , s'il y a lieu , le *mandat d'arrêt* , qui ſera également ſigné de l'officier de gendarmerie.

X V.

Les dépoſitions des témoins ſeront faites & reçues par écrit devant l'officier de police, mais en préſence du prévenu , s'il eſt arrêté.

X V I.

Lorſque le prévenu comparoîtra devant l'officier de

police, il fera examiné fur-le-champ, ou au plus tard dans les vingt-quatre heures ; & s'il réfulte des éclaircif-femens qu'il n'y a aucun fujet d'inculpations contre lui, l'officier de police le renverra en liberté.

X V I I.

Lorfque le prévenu ne donnera pas des éclairciffemens fuffifans pour détruire les inculpations, alors fi le délit eft de nature à mériter peine afflictive, l'officier de police, foit celui du lieu du délit, foit celui de la réfidence du prévenu, délivrera un *mandat d'arrêt* pour le faire con-duire à la maifon d'arrêt du diftrict du lieu du délit.

X V I I I.

Si le délit eft de nature à mériter une peine infamante, l'officier de police délivrera également un *mandat d'arrêt* contre le prévenu, à moins qu'il ne fourniffe une caution fuffifante de fe repréfenter lorfqu'il en fera befoin, auquel cas il fera laiffé à la garde de fes amis qui l'auront cautionné.

X I X.

Si le délit n'eft pas de nature à mériter peine afflictive ou infamante, il ne pourra être donné de *mandat d'arrêt* contre le prévenu ; mais celui qui a porté plainte à la police, fera renvoyé à fe pourvoir par la voie civile.

X X.

Le refus de l'officier de police de délivrer un *mandat d'amener* ou un *mandat d'arrêt* contre un prévenu, n'étant qu'une décifion provifoire de police, celui qui a porté fa plainte pourra fe pourvoir ultérieurement, ainfi qu'il fera prefcrit ci-après. Lorfque l'officier de police aura

M 3

refusé de délivrer un mandat, la partie plaignante ou dénonciatrice pourra exiger de lui un acte portant le refus.

TITRE VI.

De la dénonciation civique.

Article premier.

Tout homme qui aura été témoin d'un attentat, soit contre la liberté & la vie d'un autre homme, soit contre la sûreté publique ou individuelle, sera tenu d'en donner aussitôt avis à l'officier de police du lieu du délit.

I I.

L'officier de police demandera au dénonciateur s'il est prêt ou non à signer & affirmer sa dénonciation.

I I I.

Si le dénonciateur signe la dénonciation & l'affirme, l'officier de police sera tenu d'ordonner aux témoins qu'il indiquera, de venir faire devant lui leurs déclarations.

I V.

Sur cette déclaration, le dénonciateur pourra demander à l'officier de police un *mandat d'amener* le prévenu.

V.

Il sera observé à l'égard de la dénonciation civique, ce qui est porté dans les articles IV, V, VII, VIII,

IX, X, XI, XIII, XIV, du titre *de la dénonciation du tort perfonnel ou de la plainte.*

V I.

Si les éclairciffemens donnés ne détruifent pas l'inculpation, l'officier de police fera tenu de délivrer *un mandat d'arrêt* contre le prévenu, ou il le recevra à caution, fi ce délit n'eft pas de nature à emporter peine afflictive.

V I I.

Si les éclairciffemens donnés détruifent l'inculpation, l'officier de police renverra le dénoncé en liberté, fauf au dénonciateur à préfenter fon accufation au tribunal du diftrict, ainfi qu'il fera prefcrit plus bas, & fauf au dénoncé à fe pourvoir en dommages & intérêts.

V I I I.

Si le dénonciateur refufe de figner & d'affirmer fa dénonciation, l'officier de police ne fera pas tenu d'y avoir égard; il pourra néanmoins d'office prendre connoiffance des faits, entendre les temoins, délivrer un *mandat d'amener* contre le prévenu, & s'il y a lieu, un *mandat d'arrêt*, fauf dans ee cas à en être perfonnellement refponfable, s'il eft prouvé qu'il ait agi méchamment & avec envie de nuire.

M 4

De la justice criminelle & de l'institution des jurés.

TITRE PREMIER.

De la procédure devant le tribunal du district , & du juré d'accusation.

ARTICLE PREMIER.

Il sera désigné dans chaque tribunal un des juges, pour remplir dans les matières criminelles les fonctions qui vont être détaillées ; en cas d'absence ou d'empêchement, le juge sera remplacé par celui qui le suit dans l'ordre du tableau.

I I.

Ce juge s'appellera *directeur du juré* ; il sera pris à tour de rôle tous les six mois, parmi les membres composant le tribunal, le président excepté.

I I I.

Celui qui, sur le mandat d'arrêt d'un officier de police, aura fait au gardien de la maison d'arrêt remise du prévenu, en prendra reconnoissance ; il remettra les pièces au greffier du tribunal, & en prendra pareillement reconnoissance ; il rapportera à l'officier de police ces deux actes visés dans le jour par le directeur du juré.

I V.

Aussitôt après avoir délivré son *visa* , ou au plus tard dans les vingt-quatre heures, le directeur du juré examinera les pièces remifes, pour vérifier fi l'inculpation eft de nature à être préfentée au juré : il pourra même à cet effet entendre le prévenu.

V.

Aucun acte d'accufation ne pourra être préfenté au juré que pour un délit emportant peine afflictive ou infamante.

V I.

Dans le cas où il n'y a point de partie plaignante ou dénonciatrice , foit que l'accufé foit préfent ou non , fi le directeur du juré trouve, par la nature du délit , que l'accufation ne doit pas être préfentée au juré, il affemblera dans les vingt-quatre heures le tribunal , lequel prononcera fur cette queftion, après avoir entendu le commiffaire du roi.

V I I.

Si dans le même cas il trouve que par la nature du délit, l'accufation doit être préfentée au juré , ou fi contre fon opinion le tribunal l'a décidé ainfi , il dreffera l'acte d'accufation.

V I I I.

Dans le cas où il y a une partie plaignante ou dénonciatrice, le directeur du juré ne pourra ni dreffer l'acte d'accufation , ni porter au tribunal la queftion mentionnée en l'article VI, fi ce n'eft après deux jours révolus depuis la remife du prévenu en la maifon d'arrêt, ou des pièces au greffe du tribunal ; mais ce délai paffé fans que ladite partie ait comparu, il fera tenu d'agir ainfi qu'il eft prefcrit par les articles précédens.

I X.

Lorfqu'il y aura une partie plaignante ou dénonciatrice, & qu'elle fe préfentera au directeur du juré par
elle-même, ou par un fondé de procuration fpéciale, dans
le fufdit délai de deux jours, l'acte d'accufation fera dreffé
de concert avec elle.

X.

Si le directeur du juré & la partie ne peuvent s'accorder, foit fur les faits, foit fur la nature de l'accufation, chacun d'eux pourra rédiger féparément fon acte
d'accufation.

X I.

Si le directeur du juré ne trouve pas le délit de nature
à être préfenté au juré, la partie pourra néanmoins dreffer
feule fon acte d'accufation.

X I I.

Celui qui aura porté fa plainte ou dénonciation à
l'officier de police, pourra, fur fon refus conftaté de
délivrer un *mandat d'amener* ou un *mandat d'arrêt*, préfenter directement fon accufation au juré du diftrict du
lieu du délit.

X I I I.

Les actes d'accufation feront toujours communiqués
au commiffaire du roi, avant d'être préfentés au juré ;
fi le commiffaire du roi trouve que, d'après la loi, le
délit eft de nature à mériter peine afflictive ou infamante,
il exprimera fon adhéfion, par ces mots : *La loi autorife.*

Au cas contraire, il exprimera fon oppofition par ceux-
ci : *La loi défend.* Dans ce dernier cas, la queftion pourra
être portée au tribunal de diftrict, qui la décidera dans
les vingt-quatre heures.

X I V.

Dans tous les cas où le corps du délit aura pu être
conftaté par un procès-verbal, il fera joint à l'acte d'accufation pour être préfenté conjointement devant le juré,
à peine de nullité de l'acte d'accufation.

X V.

L'acte d'accufation contiendra le fait & toutes les
circonftances ; celui ou ceux qui en font l'objet, y
feront clairement défignés & dénommés ; la nature du
délit y fera déterminée auffi précifément qu'il fera poffible ;
il fera dit qu'il a été commis méchamment & à deffein.

X V I.

Les témoins qui n'auront pas fait leur déclaration
devant l'officier de police, la feront devant le directeur
du juré ; ces déclarations feront reçues par écrit, avant
que les témoins foient examinés de vive voix par le
juré d'accufation.

X V I I.

Dans tous les cas ci-deffus énoncés, s'il réfulte un
ou plufieurs actes d'accufation, le directeur du juré
fera affembler les jurés dans la forme qui fera déterminée
au titre X.

X V I I I.

Les jurés étant affemblés au jour indiqué, le directeur

du juré leur fera prêter d'abord, en préfence du commiffaire du roi, le ferment fuivant :

C I T O Y E N S,

« Vous jurez & promettez d'examiner avec attention
» les témoins & pièces qui vous feront préfentés, &
» d'en garder le fecret. Vous vous expliquerez avec
» loyauté fur l'acte d'accufation qui va vous être remis ;
» vous ne fuivrez ni les mouvemens de la haine & de
» la méchanceté, ni ceux de la crainte ou de l'af-
» fection. »

X I X.

Le directeur du juré expofera aux jurés l'objet de
l'accufation, & leur expliquera avec clarté & fimplicité les
fonctions qu'ils ont à remplir ; les pièces de la procédure
leur feront remifes, à l'exception de la déclaration écrite
des témoins.

X X.

Les pièces feront lues d'abord ; enfuite les témoins
produits feront entendus de vive voix, ainfi que la
partie plaignante ou dénonciatrice fi elle eft préfente.
Cela fait, le directeur du juré fe retirera, & laiffera les
jurés délibérer entr'eux.

X X I.

Le plus ancien d'âge fera leur chef, les préfidera,
& fera chargé de recueillir les voix.

X X I I.

Si les jurés trouvent que l'accufation doit être admife,

leur chef mettra au bas de l'acte cette formule affirmative : *La déclaration du juré est : oui, il y a lieu.* S'ils
trouvent que l'accusation ne doit pas être admise, il
mettra au bas de l'acte cette formule négative : *La déclaration du juré est : non, il n'y a pas lieu.*

X X I I I.

Dans les cas mentionné en l'article **X**, où le directeur
du juré & la partie plaignante ou dénonciatrice auroient
présenté chacun un acte d'accusation séparé, les jurés
détermineront celle des deux accusations qui doit avoir
lieu, en mettant au bas de l'acte la formule négative;
& si aucune des deux accusations ne leur paroît devoir
être admise, leur chef mettra la formule négative au
bas des deux actes.

X X I V.

S'ils estiment qu'il y a lieu à une accusation, mais
différente de celle qui est portée dans l'acte ou dans les
actes d'accusation, le chef du juré mettra au bas :
*La déclaration du juré est : il n'y a pas lieu à la présente
accusation.*

X X V.

Dans ce cas, le directeur du juré pourra, sur les
déclarations écrites des témoins, & sur les autres renseignemens, dresser un nouvel acte d'accusation.

X X V I.

Dans tous les cas, les déclarations des jurés seront
signées par leur chef, & remises par lui en leur présence, au directeur du juré, lequel en dressera un
acte.

X X V I I.

Le nombre de huit jurés fera abfolument néceffaire pour former un juré d'accufation , & la majorité des fuffrages pour déterminer qu'il y a lieu à accufation.

X X V I I I.

Si les jurés prononcent qu'il n'y a lieu à accufation, le prévenu fera mis en liberté , & ne pourra plus être pourfuivi à raifon du même fait , à moins que fur de nouvelles charges , il ne foit préfenté un nouvel acte d'accufation.

X X I X.

Lorfque le juré d'accufation aura déclaré qu'il y a lieu à accufation , le directeur du juré rendra fur-le-champ une ordonnance de prife-de-corps contre l'accufé, d'après laquelle , s'il n'eft pas déja arrêté , il fera faifi en quelque lieu qu'il foit trouvé , & amené devant le tribunal criminel.

X X X.

S'il n'écheoit pas peine afflictive , mais infamante , & que le prévenu n'ait pas déja été reçu à caution , le directeur du juré rendra contre lui une ordonnance de prife-de-corps , fauf à l'accufé à demander fa liberté , laquelle ne lui fera accordée qu'en donnant caution.

X X X I.

Si au contraire le prévenu a déja été reçu à caution, l'ordonnance contiendra feulement l'injonction à l'accufé de paroître à tous les actes de la procédure , & d'élire domicile dans le lieu du tribunal criminel , le tout à peine d'y être contraint par corps.

X X X I I.

Le nom de l'accufé , ainfi que fa défignation & fon domicile , s'il eft connu , feront marqués précifément dans l'ordonnance de prife-de-corps ; elle contiendra en outre la copie de l'acte d'accufation , ainfi que l'ordre de conduire directement l'accufé en la maifon de juftice du tribunal criminel.

X X X I I I.

Dans tous les cas , il fera donné copie à l'accufé , tant de l'ordonnance de prife - de - corps ou à l'effet de fe repréfenter , que de l'acte d'accufation.

X X X I V.

Si , fur l'ordonnance de prife-de-corps , l'accufé ne peut être faifi , l'on procédera contre lui ainfi qu'il fera dit au titre des contumaces.

X X X V.

Lorfque le juré d'accufation aura déclaré qu'il n'y a pas lieu à accufation , le directeur du juré en donnera avis fans délai à l'officier de police qui a délivré le mandat d'amener , afin que , dans le cas mentionné dans l'article IX du titre V de la police , il faffe ceffer fur-le-champ toute pourfuite ou détention du prévenu.

X X X V I.

Il en feroit de même , fi le tribunal de diftrict avoit

jugé que l'accusation n'est pas de nature à être présentée au juré, sauf à prendre, s'il y a lieu, les formes qui sont indiquées pour la police correctionnelle.

T I T R E   I I.

Formation du tribunal criminel.

A R T I C L E   P R E M I E R.

Il y aura un tribunal criminel par chaque département.

I I.

Le tribunal sera composé d'un président & de trois juges, pris chacun, tous les trois mois & par tour, dans les tribunaux de district, le président excepté.

I I I.

Il y aura près du tribunal criminel un accusateur public, un commissaire du roi & un greffier.

I V.

Le président du tribunal criminel, l'accusateur public & le greffier, seront nommés par les électeurs du département.

V.

L'accusateur public sera nommé à la prochaine élection pour quatre ans seulement, & à la suivante pour six années; le président sera nommé pour six années : l'un & l'autre pourront être réélus. Le greffier sera à vie.

Le tout conformément à la loi du 29 mai 1791.

TITRE

TITRE III.

Fonctions particulières du président.

ARTICLE PREMIER.

Le président, outre les fonctions de juge, eft chargé d'entendre l'accufé au moment de fon arrivée, de faire tirer au fort les jurés & de les convoquer ; il pourra néanmoins déléguer fes fonctions à l'un des juges. Il eft chargé perfonnellement de diriger les jurés dans l'exercice des fonctions qui leur font affignées par la loi, de leur expofer l'affaire, même de leur rappeler leur devoir ; il préfidera à toute l'inftruction, déterminera l'ordre entre ceux qui demanderont à parler, & aura la police de l'auditoire.

II.

Le préfident du tribunal criminel peut prendre fur lui de faire ce qu'il croira utile pour découvrir la vérité, & la loi charge fon honneur & fa confcience d'employer tous fes efforts pour en favorifer la manifeftation.

TITRE IV.

Fonctions de l'accufateur public.

ARTICLE PREMIER.

L'accufateur public eft chargé de pourfuivre les délits fur les actes d'accufation admis par les premiers jurés, & il ne peut porter au tribunal aucune autre accufation, à peine de forfaiture.

Collec. des Lois. Tome XIII.   N

I I.

Lorfque l'accufateur public aura reçu une dénonciation du pouvoir exécutif, ou du tribunal criminel, ou d'un commiffaire du roi, il la tranfmettra aux officiers de police, & il veillera à ce qu'elle foit pourfuivie par les voies & fuivant les formes ci-deffus établies. La dénonciation du pouvoir exécutif ne pourra être tranfmife à l'accufateur public, que par l'intermédiaire du commiffaire du roi.

I I I.

L'accufateur public aura la furveillance fur tous les officiers de police du département. En cas de négligence de leur part, il les avertira; en cas de faute plus grave, il les déférera au tribunal criminel, lequel, felon la nature du délit, prononcera les peines correctionnelles déterminées par la loi.

I V.

Si d'office, ou fur la plainte ou dénonciation d'un particulier, l'accufateur public trouve qu'un officier de police eft dans le cas d'être pourfuivi pour prévarication dans fes fonctions, il décernera contre lui le *mandat d'amener*, & s'il y a lieu, il donnera au directeur du juré la notice des faits, les pièces & la déclaration des témoins, au cas qu'il en ait reçu, pour que celui-ci dreffe l'acte d'accufation & le préfente au juré dans la forme ci-deffus prefcrite.

TITRE V.

Des fonctions du commiffaire du roi.

ARTICLE PREMIER.

Dans tous les procès criminels, foit au tribunal de

diſtrict, ſoit au tribunal criminel, le commiſſaire du roi ſera tenu de prendre communication de toutes les pièces & actes, & d'aſſiſter a l'examen & au jugement.

I I.

Le commiſſaire du roi pourra toujours faire aux juges, au nom de la loi, toutes les réquiſitions qu'il jugera convenables, deſquelles il lui ſera délivré acte.

I I I.

Lorſque le directeur du juré, ou le tribunal criminel, n'auront pas jugé à propos de déférer à la réquiſition du commiſſaire du roi, l'inſtruction ni le jugement n'en pourront être arrêtés ni ſuſpendus, ſauf au commiſſaire du roi du tribunal criminel à ſe pourvoir en caſſation après le jugement, ainſi qu'il va être détaillé ci-après.

I V.

Si néanmoins quelqu'affaire de la nature de celles qui ſont réſervées au corps légiſlatif, étoit préſentée au tribunal criminel, le commiſſaire du roi ſera tenu d'en requérir la ſuſpenſion & le renvoi au corps légiſlatif, & le préſident de l'ordonner, à peine de forfaiture.

T I T R E V I.

Procédure devant le tribunal criminel.

A R T I C L E P R E M I E R.

Nul homme ne peut être pourſuivi devant un tribunal criminel & jugé que ſur une accuſation reçue par un juré, compoſé de huit citoyens.

I I.

Si le juré a déclaré qu'il y a lieu à accusation, le procès & l'accusé, dans le cas où il sera détenu, feront envoyés par les ordres du commissaire du roi au tribunal criminel du département, & ce dans les vingt-quatre heures de la signification qui aura été faite à l'accusé de l'ordonnance de prise-de-corps.

I I I.

Néanmoins, dans les deux cas ci-après, savoir, si le juré d'accusation est celui du lieu où est établi le tribunal criminel, ou si l'accusé est domicilié dans le district où siége le tribunal, l'accusé aura le droit de demander à être jugé par l'un des tribunaux criminels des deux départemens les plus voisins.

I V.

L'accusé ne pourra cependant exercer ce droit, qu'autant que le tribunal criminel qu'il est autorisé à décliner dans les deux cas ci-dessus, se trouve établi dans une ville au-dessous de quarante mille ames.

V.

Lorsque l'accusé se trouvera dans l'un des deux cas mentionnés dans l'article ci-dessus, l'ordonnance de prise-de-corps, après avoir énoncé l'ordre de le conduire dans la maison de justice du tribunal criminel du département, dénommera en outre les tribunaux criminels les plus voisins, entre lesquels l'accusé pourra opter.

V I.

Dans les cas mentionnés ci-dessus, si l'accusé est détenu

dans la maifon d'arrêt, il notifiera au greffe fon option, dans les vingt-quatre heures de la fignification qui lui aura été faite de l'acte d'accufation, après lequel temps il fera envoyé à la maifon de juftice, foit du tribunal direct, foit de celui qu'il aura choifi. S'il y a plufieurs accufés qui ne puiffent s'accorder fur le tribunal, il fera tiré au fort entr'eux.

V I I.

Si dans les mêmes cas, l'accufé n'avoit pu être faifi fur le mandat d'amener de l'officier de police, mais feulement en vertu de l'ordonnance de prife-de-corps, il fera conduit, par celui qui en eft porteur, devant le juge-de-paix du lieu où il fera trouvé, pour y paffer fa déclaration de l'option dont il vient d'être parlé, ou de fon refus de la faire, de laquelle déclaration le juge-de-paix gardera minute, & délivrera expédition au porteur de l'ordonnance.

V I I I.

Le porteur de l'ordonnance, après avoir remis l'accufé dans la maifon de juftice du tribunal direct, ou de celui qu'il aura choifi, remettra également au greffe la déclaration de l'accufé, ainfi que l'ordonnance de prife-de-corps.

I X.

Le greffier donnera connoiffance de ces deux actes à l'accufateur public. Si le tribunal que l'accufé a préféré n'eft pas le tribunal direct, l'accufateur public fera notifier ces actes au greffe du tribunal du diftrict où l'accufation a été reçue, & fur la réquifition qu'il en fera par l'acte même de notification, les pièces lui feront auffitôt envoyées.

X.

Dans tous les cas, vingt - quatre heures au plus tard après fon arrivée & la remife des pièces au greffe, l'accufé fera entendu par le préfident ou par l'un des juges qu'il commettra à cet effet, en préfence de l'accufateur public ; le greffier tiendra note de fes réponfes, laquelle fera remife au préfident.

X I.

Les notes de l'interrogatoire, ainfi que les éclairciffemens par écrit qui auront été pris par les officiers de police & le directeur du juré, feront envoyés au greffe du tribunal criminel & remis au préfident, lequel en donnera connoiffance à l'accufateur public, le tout pour fervir de renfeignement feulement.

X I I.

Si l'accufateur public ou la partie produifent des témoins nouveaux, leurs dépofitions feront faites & reçues par écrit par le préfident ou par le juge qu'il commettra à cet effet ; il en fera de même à l'égard de ceux qui feront produits par l'accufé, le tout fans préjudice des témoins que l'accufé pourra toujours faire entendre lors de l'examen. Ces nouvelles dépofitions, ainfi que les anciennes, feront toutes remifes au préfident, pour fervir de renfeignement feulement.

X I I I.

Tout accufé pourra faire choix d'un ou deux amis pour l'aider & lui fervir de confeil dans fa défenfe, finon le préfident lui en défignera un, mais les confeils

ne pourront jamais communiquer avec l'accufé que lorfqu'il aura été entendu.

X I V.

Les témoins feront tenus de comparoître fur l'affi-
gnation qui leur fera donnée , fous peine d'amende &
de contrainte par corps , lefquelles peines feront prononcées par les officiers de police , tribunal de diftrict ,
ou tribunal criminel devant lefquels les témoins auront
été affignés pour dépofer, à moins qu'ils ne préfentent
une excufe , laquelle fera jugée par le tribunal qui les
aura affignés.

X V.

Chaque témoin qui demandera une indemnité, fera
taxé par l'officier qui l'aura fait affigner , fuivant un
tarif uniforme qui fera dreffé à cet effet par les directoires
de département.

X V I.

Les témoins pourront néanmoins être entendus dans
le débat, quoiqu'ils n'aient pas été affignés ni reçus à
dépofer préalablement par écrit.

X V I I.

Le premier de chaque mois , le préfident du tribunal
criminel fera former le tableau des jurés, de la manière
qu'il fera dit au titre XI.

X V I I I.

Le 15 de chaque mois, s'il y a quelqu'affaire à juger ;

N 4

le juré de jugement s'assemblera, sur la convocation qui en sera faite le 5 du même mois.

X I X.

L'accusateur public sera tenu, aussitôt après l'interrogatoire, de faire ses diligences de manière que l'accusé puisse être jugé à la première assemblée du juré qui suivra son arrivée.

X X.

Si l'accusateur public ou l'accusé ont des motifs de demander que l'affaire ne soit pas portée à le première assemblée du juré, ils présenteront leur requête en prorogation de délai au tribunal criminel, lequel décidera si cette prorogation doit ou non être accordée.

X X I.

Si le tribunal criminel juge qu'il y a lieu d'accorder la demande, ce délai ne pourra néanmoins être prorogé au-delà de l'assemblée de jurés qui aura lieu le 15 du mois suivant.

X X I I.

La requête en prorogation de délai sera présentée avant le 5 de chaque mois, époque de la convocation du juré.

X X I I I.

Le nombre de douze jurés sera absolument nécessaire pour former un juré de jugement.

X X V I.

Le président, en présence du public, du commissaire

du roi, de l'accusateur & de l'accusé, fera prêter à chaque juré séparément le serment suivant :

C I T O Y E N S,

» Vous jurez & promettez d'examiner avec l'attention
» la plus scrupuleuse, les charges portées contre un
» tel . . . . de ne communiquer avec personne
» jusqu'après votre déclaration, de n'écouter ni la haine
» ou la méchanceté, ni la crainte ou l'affection, de
» vous décider d'après les charges & moyens de défense,
» & suivant votre conscience & votre intime conviction,
» avec l'impartialité & la fermeté qui conviennent à un
» homme libre. »

X X V.

Le serment prêté, les jurés prendront place tous ensemble sur des siéges séparés du public & des parties, & ils seront placés en face de l'accusé & des témoins.

T I T R E V I I.

De l'examen & de la conviction.

A R T I C L E P R E M I E R.

En présence des juges, de l'accusateur public, du commissaire du roi, des jurés & du public, l'accusé comparoîtra à la barre, libre & sans fers ; le président lui dira qu'il peut s'asseoir, lui demandera son nom, âge, profession & demeure, dont il sera tenu note par le greffier.

I I.

Le président avertira l'accusé d'être attentif à tout ce

qu'il va entendre ; il ordonnera au greffier de lire l'acte d'accusation , après quoi il dira à l'accusé : « Voilà de » quoi l'on vous accuse : vous allez entendre les charges » qui feront produites contre vous. »

I I I.

L'accusateur public exposera le sujet de l'accusation ; il fera entendre ses témoins, ainsi que la partie plaignante, s'il y en a. Les témoins, avant de déposer, prèteroht serment de parler *sans haine & sans crainte , de dire la vérité , toute la vérité , rien que la verité.*

I V.

La liste des témoins qui doivent déposer , sera notifiée à l'accusé vingt - quatre heures au moins avant l'examen.

V.

L'examen des témoins sera toujours fait de vive voix, & sans que leurs dépositions soient écrites.

V I.

Après chaque déposition , le président demandera à l'accusé s'il veut répondre à ce qui vient d'être dit contre lui ; l'accusé pourra , ainsi que ses amis ou conseils, dire tant contre les témoins que contre leur témoignage, ce qu'il jugera utile à sa défense.

V I I.

Le témoin sera toujours tenu de déclarer d'abord si c'est de l'accusé présent qu'il entend parler , & s'il

connoiſſoit l'accuſé avant le fait qui a donné lieu à l'accuſation.

V I I I.

Il ſera demandé au témoin s'il eſt parent, allié, ſer-
viteur & domeſtique d'aucune des parties.

I X.

Lorſque les témoins de l'accuſateur public & de la
partie plaignante, s'il y en a, auront été entendus,
l'accuſé pourra faire entendre les ſiens ; l'accuſateur public
ou la partie plaignante pourront également s'adreſſer
au préſident pour les queſtionner, & dire ſur eux ou leur
témoignage tout ce qu'ils jugeront néceſſaire.

X.

Les témoins ne pourront jamais s'interpeller entr'eux.

X I.

Les témoins ſeront entendus ſéparément ; néanmoins
l'accuſé pourra lui-même ou par ſes amis ou conſeils,
demander qu'ils ſoient entendus en préſence les uns
des autres ; il pourra demander encore, après qu'ils auront
dépoſé, que ceux qu'il déſignera ſe retirent de l'auditoire,
& qu'un ou pluſieurs d'entr'eux ſoient introduits &
entendus de nouveau ſéparément, ou en préſence les
uns des autres.

X I I.

L'accuſateur public aura la même faculté à l'égard des
témoins produits par l'accuſé.

X I I I.

Les conseils prêteront serment de n'employer que la vérité dans la défense des accusés, & seront tenus de s'exprimer avec décence & modération.

X I V.

L'accusé pourra faire entendre des témoins pour attester qu'il est homme d'honneur & de probité, & d'une conduite irréprochable; les jurés auront tel égard que de raison à ce témoignage.

X V.

Ne pourront être entendus en témoignage les ascendans contre leurs descendans, & réciproquement les frères & sœurs contre leurs frères & sœurs, un mari contre sa femme, ou une femme contre son mari, & les alliés au même degré.

X V I.

Pendant l'examen, les juges & les jurés pourront prendre note de ce qui leur paroîtra important, pourvu que la discussion n'en soit pas interrompue.

X V I I.

Tous les effets trouvés lors du délit ou depuis, pouvant servir à conviction, seront représentés à l'accusé, & il lui sera demandé de répondre personnellement s'il les reconnoît.

X V I I I.

A la suite des dépositions, l'accusateur public sera

entendu ; la partie plaignante pourra demander à faire des observations ; l'accusé ou ses amis pourront leur répondre.

X I X.

Le préfident réfumera l'affaire, fera remarquer aux jurés les principales preuves pour & contre l'accufé ; il terminera en leur rappelant avec fimplicité les fonctions qu'ils ont à remplir, & en pofant nettement les diverfes queftions qu'ils doivent décider relativement au fait, à fon auteur & à l'intention.

X X.

Le préfident dira aux jurés qu'ils doivent d'abord déclarer fi le fait de l'accufation eft conftant ou non ; enfuite, fi un tel qui eft accufé, eft, ou non, convaincu de l'avoir commis.

X X I.

Le préfident pofera les queftions relatives à l'intention réfultant de l'acte d'accufation, ou qu'il jugera réfulter de la défenfe de l'accufé ou du débat ; il difpofera ces queftions fuivant l'ordre dans lequel elles doivent être décidées, en commençant par les plus favorables à l'accufé ; il les remettra par écrit au chef des jurés, lefquels feront tenus d'y délibérer.

X X I I.

Le préfident ordonnera aux jurés de fe retirer dans leur chambre ; ils y refteront fans pouvoir communiquer avec perfonne : le premier infcrit fur le tableau fera leur chef.

X X I I I.

Lorfque les jurés fe trouveront en état de donner leurs déclarations , ils feront avertir le préfident qui commettra l'un des juges , lequel avec le commiffaire du roi , paffera dans la chambre du confeil , où le chef du juré fe rendra pareillement; les jurés fucceffivement, & en l'abfence les uns des autres , feront chacun devant eux leurs déclarations particulières , de la manière qui va être expliquée.

X X I V.

Chaque juré , en commençant par leur chef, donnera d'abord fa déclaration fur le fait , pour décider fi le fait porté dans l'acte d'accufation eft conftant ou non : fi cette première déclaration eft affirmative , il en fera fait fur-le-champ une feconde fur l'accufé , pour déclarer s'il eft ou non convaincu.

X X V.

Ceux des jurés qui auront déclaré que le fait n'eft pas conftant , n'auront pas d'autre déclaration à faire ; & leurs voix feront comptées en faveur de l'accufé pour les déclarations fuivantes. Ceux qui ayant trouvé le fait conftant , auront déclaré que l'accufé n'en eft pas convaincu , n'auront aucune autre déclaration à faire , & leurs voix feront également comptées en faveur de l'accufé pour les déclarations qui pourront fuivre.

X X V I.

Ceux des jurés dont les premières déclarations auront

été affirmatives, en feront une troifième relative à l'intention, fur les queftions pofées par le préfident.

X X V I I.

Dans les délits qui renferment des circonftances indépendantes entr'elles, telles que dans une accufation de vol, pour favoir s'il a été commis de nuit avec effraction, par une perfonne domeftique, avec récidive, &c. le préfident pofera féparément ces diverfes queftions, & il fera fait fur chacune d'elles une déclaration diftincte & féparée, par tous ceux des jurés qui auront fait une déclaration affirmative fur le fait de l'accufation & fur l'auteur.

X X V I I I.

L'opinion des trois jurés fuffira toujours en faveur de l'accufé, foit pour décider que le fait n'eft pas conftant, foit pour décider en fa faveur les queftions relatives à l'intention, pofées par le préfident.

X X I X.

Chaque juré prononcera les diverfes déclarations ci-deffus dans la forme fuivante; il mettra la main fur fon cœur & dira : *Sur mon honneur & ma confcience, le fait eft conftant*, ou *le fait ne me paroît pas conftant: l'accufé eft convaincu* ou *l'accufé ne me paroît pas convaincu.* La même forme fera obfervée dans les autres déclarations.

X X X.

Pour conftater ces diverfes déclarations, des boîtes blanches & des boîtes noires feront placées fur le bureau de la chambre du confeil. Les boîtes blanches ferviront pour exprimer que le fait n'eft pas conftant, que l'accufé n'eft pas convaincu , & la décifion favorable à l'accufé fur les queftions relatives à l'intention , pofées par le préfident.

X X X I.

Après chacune de ces déclarations , chaque juré , en témoignage de fon opinion qu'il aura prononcée à haute voix , dépofera oftenfiblement dans les boîtes des boules d'une couleur femblable.

X X X I I.

Cela fait, les jurés feront appelés , & en leur préfence il fera fait ouverture des boîtes ; les boules feront comptées , les déclarations pareilles feront raffemblées pour former le déclaration générale du juré.

X X X I I I.

Les jurés rentreront dans l'auditoire, & après avoir repris leurs places, le préfident leur demandera fi un tel eft convaincu d'avoir, &c. &c. Le chef du juré dira : *Sur mon honneur & ma confcience, la déclaration du juré eft : un tel n'eft pas convaincu, ou bien, un tel eft convaincu : un tel eft convaincu d'avoir . . . . . mais involontairement, ou pour la légitime défenfe de foi & d'autrui, &c.*

X X X I V.

La déclaration du juré fera reçue par le greffier, fignée de lui & du préfident.

XXXV.

X X X V.

Tous les accufés compris dans le même acte d'accufation feront jugés par le même juré.

X X X V I.

S'il y a plufieurs coaccufés , le tribunal déterminera celui qui fera le premier préfenté au débat, en commençant toujours par le principal accufé, s'il y en a un : les autres coaccufés y feront préfens & pourront y faire leurs obfervations; il fera fait enfuite un débat pour chacun d'eux , fur les circonftances qui lui feront particulières.

X X X V I I.

Le juré ne pourra donner de déclaration fur un délit qui ne feroit pas porté dans l'acte d'accufation , quelle que foit la depofition des témoins.

X X X V I I I.

Si l'accufé eft déclaré non convaincu du fait porté dans l'acte d'accufation , & qu'il ait été inculpé fur un autre par les dépofitions des témoins, le préfident, d'office , ou fur la demande de l'accufateur public , ordonnera qu'il foit arrêté de nouveau ; il recevra les éclairciffemens que le prévenu donnera fur ce nouveau fait, &, s'il y a lieu , il délivrera un mandat d'arrêt, & renverra le prévenu, ainfi que les témoins, devant un juré d'accufation , pour être procédé à une nouvelle inftruction.

X X X I X.

Dans ce cas , le juré d'accufation pourra être celui

du diſtrict dans le chef-lieu duquel ſiége le tribunal criminel.

X L.

Si l'accuſé eſt déclaré convaincu du fait porté dans l'acte d'accuſation, il pourra encore être pourſuivi pour raiſon du nouveau fait ; mais s'il eſt déclaré convaincu du ſecond délit, il n'en ſubira la peine qu'autant qu'elle ſeroit plus forte que celle du premier, auquel cas il ſera ſurſis à l'exécution du jugement.

X L I.

Si la dépoſition d'un témoin eſt évidemment fauſſe, le préſident d'office en fera dreſſer procès-verbal, & pourra, ſur la réquiſition de l'accuſateur public ou de l'accuſé, faire arrêter ſur-le-champ le témoin, & après avoir reçu les éclairciſſemens, délivrer un mandat d'arrêt contre lui, & le renvoyer devant le juré d'accuſation du lieu ; l'acte d'accuſation, dans ce cas, ſera dreſſé par le préſident.

T I T R E V I I I.

Du jugement & de l'exécution.

A R T I C L E P R E M I E R.

Lorſque l'accuſé aura été déclaré non convaincu, le préſident prononcera qu'il eſt acquitté de l'accuſation, & ordonnera qu'il ſoit mis ſur-le-champ en liberté.

I I.

Il en ſera de même ſi les jurés ont déclaré que le fait

a été commis involontairement, fans aucune intention de nuire, ou par la légitime défenfe de foi ou d'autrui.

I I I.

Tout particulier, ainfi acquitté, ne pourra plus être repris ni accufé pour raifon du même fait.

I V.

Lorfque l'accufé aura été déclaré convaincu, le préfident, en préfence du public, le fera comparoître, & lui donnera connoiffance de la déclaration du juré.

V.

Sur cela, le commiffaire du roi fera fa réquifition au tribunal pour l'application de la loi.

V I.

Le préfident demandera à l'accufé s'il n'a rien à dire pour fa défenfe : lui, fes amis ou confeils ne pourront plus plaider que le fait eft faux ; mais feulement qu'il n'eft pas défendu ou qualifié crime par la loi, ou qu'il ne mérite pas la peine dont le commiffaire du roi a requis l'application.

V I I.

Les juges prononceront enfuite, & fans défemparer, la peine établie par la loi, ou acquitteront l'accufé dans le cas où le fait dont il eft convaincu, n'eft pas défendu par elle. Il fera libre aux juges de fe retirer dans une chambre pour y délibérer.

V I I I.

Lorfque les jurés auront déclaré que le fait de l'excufe propofée par le préfident eft prouvé, les juges prononceront ainfi qu'il eft dit dans le code pénal.

I X.

Les juges donneront leur avis à haute voix, en préfence du public, en commençant par le plus jeune & finiffant par le préfident.

X.

Si les juges étoient partagés pour l'application de la loi, l'avis le plus doux paffera. S'il y a plus de deux avis ouverts, & fi deux juges font réunis à l'avis le plus févère, ils appelleront des juges du tribunal du diftrict pour les départager, à commencer par le premier après le préfident, & ainfi de fuite par odre du tableau.

X I.

Le préfident, après avoir recueilli les voix & avant de prononcer le jugement, lira le texte de la loi fur laquelle il eft fondé.

X I I.

Le greffier écrira le jugement, dans lequel fera inféré le texte de la loi lu par le préfident.

X I I I.

Le préfident prononcera à l'accufé fon jugement de

condamnation; il lui retracera la manière généreuse &
impartiale avec laquelle il a été jugé; il pourra l'exhorter
à la fermeté & à la réfignation, & il lui rappellera
les voies de droit qu'il peut encore employer pour fa
défenfe.

X I V.

Lorfque le jugement de condamnation aura été prononcé à l'accufé, il fera furfis pendant trois jours à fon
exécution.

X V.

Le condamné aura le droit de fe pouvoir en caffation
contre le jugement du tribunal: à cet effet, il fera
tenu, dans le fufdit délai de trois jours, de remettre fa
requête en caffation au greffier, lequel lui en délivrera
reconnoiffance; celui-ci remettra la requête au commiffaire du roi, qui fera tenu de l'envoyer auffitôt au
miniftre de la juftice, après en avoir délivré reconnoiffance
au greffier.

X V I.

Le commiffaire du roi pourra également demander
au nom de la loi la caffation du jugement; il fera tenu,
dans le même délai de trois jours, d'en paffer fa déclaration au greffe.

X V I I.

Néanmoins, dans le cas d'abfolution par un jugement,
le commiffaire du roi n'aura que vingt-quatre heures
pour fe pourvoir, pendant lequel temps il fera furfis à
l'élargiffement du prifonnier.

X V I I I.

Les requêtes en caffation feront adreffées directement

O 3

au miniſtre de la juſtice, lequel ſera tenu, dans les trois jours, d'en donner avis au préſident, & d'en accuſer la réception au commiſſaire du roi, qui en donnera connoiſſance au condamné & à ſon conſeil.

X I X.

Dans le cas où la demande en caſſation aura été préſentée par le condamné, elle ne pourra être jugée qu'après un mois révolu, à compter du jour de l'admiſſion de la requête ; & pendant ce délai le condamné pourra faire parvenir au tribunal de caſſation, par le miniſtre de la juſtice, les moyens qu'il voudra employer.

X X.

Le tribunal de caſſation rejetera la requête ou annullera le jugement : dans ce dernier cas, il exprimera ſa déciſion, le motif de la caſſation, & renverra le procès à un autre tribunal criminel.

X X I.

Le miniſtre de la juſtice enverra ſans délai la déciſion du tribunal de caſſation au préſident du tribunal criminel & au commiſſaire du roi, lequel en donnera connoiſſance à l'accuſé & à ſon conſeil.

X X. I I.

Lorſque le jugement aura été annullé, l'accuſé ſera toujours renvoyé en perſonne devant le tribunal criminel indiqué par le tribunal de caſſation.

X X I I I.

Dans le cas où le jugement aura été annullé à raiſon

de fauffe application de la loi , le tribunal criminel rendra fon jugement fur la déclaration déja faite par le juré, après avoir entendu l'accufé ou fes confeils, ainfi que le commiffaire du roi.

X X I V.

Dans le cas où le jugement aura été annullé à raifon de violation ou d'omiffion de formes effentielles dans l'inftruction du procès , l'accufé, ainfi que les témoins, feront préfentés à l'examen d'un nouveau juré qui fera affemblé à cet effet.

X X V.

Paffé le délai de trois jours mentionné en l'article XVI, s'il n'y a point eu de demande en caffation, ou dans les vingt-quatre heures après la réception de la décifion qui aura rejeté cette demande , la condamnation fera exécutée.

X X V I.

Cette exécution fe fera fous les ordres du commiffaire du roi , qui aura le droit à cet effet de requérir l'affiftance de la force publique.

X X V I I.

La décifion des jurés ne pourra jamais être foumife à l'appel. Si néanmoins le tribunal eft unanimement convaincu que les jurés fe font trompés, il ordonnera que trois jurés feront adjoints aux douze premiers pour donner une déclaration aux quatre cinquièmes des voix.

O 4

XXVIII.

A cet effet, après avoir formé le tableau du juré, il en sera toujours tiré au sort trois de plus, lesquels seront placés séparément dans l'auditoire ; ils prêteront serment lorsqu'ils seront requis de se joindre aux autres jurés.

XXIX.

Le nouvel examen ne pourra avoir lieu que dans le cas seulement où l'accusé auroit été convaincu, & jamais lorsqu'il auroit été acquitté.

XXX.

Le silence le plus absolu sera observé dans l'auditoire. Si quelque particulier s'écartoit du respect dû à la justice, le président pourra le reprendre, le condamner à une amende, ou même à garder prison jusqu'au terme de huit jours, suivant la gravité des faits.

XXXI.

Le tribunal criminel sera compétent pour connoître des intérêts civils résultant des procès criminels, & il y statuera sur-le-champ en dernier ressort.

XXXII.

Le tribunal criminel sera également compétent pour prononcer les punitions correctionnelles résultant des procès portés devant lui.

TITRE IX.

Des contumaces.

ARTICLE PREMIER.

Si, fur l'ordonnance de prife - de - corps , ou de fe repréfenter en juftice , l'accufé ne comparoît pas dans la huitaine , & ne peut pas être faifi , le préfident du tribunal criminel rendra une ordonnance portant qu'il fera fait perquifition de fa perfonne , & que chaque citoyen eft tenu d'indiquer l'endroit où il fe trouve.

I I.

Cette ordonnance , avec celle de prife-de-corps, fera affichée à la porte de l'accufé & à fon domicile élu , ainfi qu'à la porte de l'auditoire pour ceux qui ne font pas domiciliés; elle fera également notifiée à fes cautions, s'il en a fourni.

I I I.

Cette ordonnance fera proclamée dans les lieux ci-deffus énoncés, pendant deux dimanches confécutifs : paffé ce temps , les biens de l'accufés feront faifis.

I V.

Huitaine après la dernière proclamation , le préfident du tribunal rendra une feconde ordonnance , portant qu'un tel . . . . eft déchu du titre de citoyen français, que toute action en juftice lui eft interdite pendant tout le temps de fa contumace , & qu'il va être procédé contre lui, malgré fon abfence. Cette ordonnance fera fignifiée, proclamée & affichée au lieu & dans la même forme que deffus.

V.

Après un nouveau délai de quinzaine, le procès fera continué dans la forme qui eft prefcrite pour les accufés préfens, à l'exception toutefois que les dépofitions de témoins reçues par écrit, feront lues aux jurés qui auront été tirés au fort.

V I.

Aucun confeil ne pourra fe préfenter pour défendre l'accufé contumax fur le fond de l'affaire feulement. S'il eft dans l'impoffibilité abfolue de fe rendre, il enverra fon excufe, dont la légitimité pourra être plaidée par fes amis, & fera décidée par le tribunal.

V I I.

Dans le cas où le tribunal trouveroit l'excufe légitime, il ordonnera qu'il fera furfis à l'examen & au jugement pendant un temps qu'il fixera, eu égard à la nature de l'excufe & à la diftance des lieux.

V I I I.

Les condamnations qui interviendront contre un accufé contumax, feront exécutées, en les infcrivant dans un tableau qui fera fufpendu au milieu de la place publique.

I X.

L'accufé contumax pourra en tout temps fe repréfenter,

en fe conftituant prifonnier , & donnant connoiffance au préfident de fa comparution : de ce jour, tout jugement & procédures faits contre lui feront anéantis, fans qu'il foit befoin d'aucun jugement nouveau ; il en fera de même s'il eft repris & arrêté.

X.

Il rentrera également dans tous fes droits civils, à compter de ce jour ; fes biens lui feront rendus, ainfi que les fruits de ceux qui auront été faifis, à la déduction des frais de régie & de ceux du procès.

X I.

Il fera de nouveau procédé à l'examen & au jugement de l'accufé contumax qui fe fera repréfenté, ou qui aura été repris ; néanmoins les dépofitions écrites des témoins décédés pendant fon abfence, feront lues au juré, qui aura tel égard que de raifon à cette circonftance.

X I I.

Dans le cas même d'abfolution, l'accufé qui a été contumax pourra être condamné, par forme de correction, à garder prifon pendant huit jours ; le juge pourra auffi lui faire en public une réprimande pour avoir douté de la juftice & de la loyauté de fes concitoyens.

X I I I.

Pendant tout le temps de la contumace, le produit des biens de l'accufé fera verfé dans la caiffe du diftrict : néanmoins, s'il a une femme & des enfans, ou un père & une mère dans le befoin, ils pourront demander fur les biens perfonnels de l'accufé, la diftraction à leur profit d'une fomme, laquelle fera fixée par le tribunal civil.

X I V.

Tout accufé qui s'évadera des maifons d'arrêt ou de juftice, fera regardé comme contumax, & il fera procédé contre lui ainfi qu'il vient d'être dit.

X V.

La peine portée dans le jugement de condamnation fera prefcrite par vingt années, à compter de la date du jugement ; mais ce temps paffé, l'accufé ne fera plus reçu à fe préfenter pour purger fa contumace.

X V I.

Après la mort de l'accufé prouvée légalement, ou après cinquante ans de la date du jugement, les biens, à l'exception des fruits, feront reftitués à fes héritiers légitimes : néanmoins, après vingt ans, les héritiers pourront être provifoirement envoyés en poffeffion des biens, en donnant caution.

T I T R E   X.

De la manière de former le juré d'accufation.

A R T I C L E   P R E M I E R.

Le procureur-fyndic formera tous les trois mois la lifte de trente citoyens qui ferviront de jurés dans les accufations ; elle fera approuvée par le directoire, & envoyée à chacun des membres qui la compoferont.

I I.

Nul ne pourra être placé fur la lifte, s'il ne réunit les conditions requifes pour être électeur.

I I I.

Le tribunal de diftrict indiquera un des jours de la femaine pour l'affemblée du juré d'accufation.

I V.

Huitaine avant ce jour, le directeur du juré fera tirer au fort, en préfence du commiffaire du roi & du public, huit citoyens fur la lifte des trente, pour en former *le tableau* du juré d'accufation.

V.

S'il y a lieu d'affembler le juré d'accufation, ceux qui doivent le compofer, feront avertis quatre jours d'avance de fe rendre au jour fixé, fous peine de trente livres d'amende & d'être privés du droit d'éligibilité & de fuffrage pendant deux ans.

V I.

Lorfque les citoyens infcrits fur la lifte, prévoiront, pour l'un des jours d'affemblée du juré, quelqu'obftacle qui pourroit les empêcher de s'y rendre s'il arrivoit qu'ils y fuffent appelés par le fort, ils en donneront connoiffance au directeur du juré, deux jours au moins avant celui de la formation du *tableau* des huit pour lequel ils defirent d'être excufés.

V I I.

La valeur de cette excufe fera jugée dans les vingt-quatre heures par le tribunal de diftrict.

V I I I.

Si l'excufe eft jugée fuffifante , le nom de celui qui l'a préfentée fera retiré pour cette fois de la lifte ; fi elle eft jugée non valable , fon nom fera foumis au fort comme celui des autres.

I X.

Si celui qui a préfenté l'excufe eft défigné par le fort pour être un des huit qui forment le tableau du juré d'accufation , il lui fera fignifié que fon excufe a été jugée non valable , qu'il eft fur le tableau des jurés, & qu'il ait à fe rendre au jour fixé pour l'affemblée : copie de cette fignification fera laiffée à fa perfonne ou à fon domicile ; à défaut de fignification à la perfonne , elle fera laiffée à un des officiers municipaux du lieu, qui fera tenu de lui en donner connoiffance.

X.

Tout juré qui ne fe fera pas rendu fur la fommation qui lui en aura été faite , fera condamné aux peines mentionnées dans l'article V. Sont exceptés de la préfente difpofition ceux qui prouveroient qu'ils font retenus pour caufe de maladie grave.

X I.

Dans tous les cas , s'il manquoit un ou plufieurs jurés

au jour indiqué, le directeur du juré les fera remplacer par des citoyens de la ville tirés au fort, en préfence du commiffaire du roi & du public, dans *la lifte* des trente, & fubfidiairement parmi les citoyens du lieu, ayant les conditions requifes pour être électeur.

T I T R E X I.

De la manière de former le juré de jugement.

A R T I C L E P R E M I E R.

Nul citoyen défigné par la loi pour fervir de juré ne peut fe refufer à cette obligation.

I I.

Tout citoyen ayant les conditions requifes pour être électeur, fe fera infcrire avant le 15 de décembre de chaque année, pour fervir de juré de jugement, fur un regiftre qui fera tenu à cet effet par le fecrétaire-greffier de chaque diftrict.

I I I.

Le procureur-fyndic du diftrict enverra dans les quinze derniers jours de décembre, une copie de ce regiftre au procureur - général - fyndic du département, & en fera remettre un exemplaire à chaque municipalité de fon arrondiffement.

I V.

Ceux qui auront négligé de fe faire infcrire pendant le mois de décembre, au plus tard, fur le regiftre du diftrict dans l'arrondiffement duquel ils exercent les droits

de citoyen actif & d'éligibilité , feront privés des droits
de fuffrage à toute fonction publique pendant le cours
des deux années fuivantes.

V.

Ne pourront être jurés les officiers de police , les
juges , les commiffaires du roi , l'accufateur public, les
procureurs-généraux-fyndics & procureurs-fyndics des
adminiftrations , ainfi que tous les citoyens qui n'ont
pas les conditions requifes pour être électeurs ; les ecclé-
fiaftiques & les feptuagénaires pourront s'en difpenfer.

V I.

Sur tous les citoyens ayant les qualités fufdites, infcrits
dans les regiftres des directoires , le procureur-général-
fyndic du département en choifira tous les trois mois
deux cents qui formeront la lifte du juré du jugement;
cette lifte fera approuvée par le directoire , imprimée
& envoyée à tous ceux qui la compoferont.

V I I.

Un citoyen ne pourra jamais , fans fon confentement,
être placé plus d'une fois fur la lifte pendant la révolution d'une année; & fi, pendant les trois mois que fon
nom fera fur la lifte , il a affifté à une affemblée de
jurés , il pourra s'excufer d'en remplir une feconde fois
les fonctions : le tout à moins qu'il n'habite la ville même
où fiége le tribunal criminel.

V I I I.

Nul ne pourra être juré de jugement dans la même
affaire où il auroit été juré d'accufation.

IX.

I X.

Lorfqu'il s'agira de former, le premier de chaque mois, le tableau des douze jurés, ainfi qu'il eft dit article XVII, titre VI, le préfident du tribunal criminel, en préfence du commiffaire du roi & de deux officiers municipaux, lefquels prêteront le ferment de garder le fecret, préfentera à l'accufateur public la lifte de deux cents jurés : celui-ci aura la faculté d'en exclure vingt, fans donner de motif. Le refte des noms fera mis dans le vafe pour être tiré au fort & former le tableau des douze jurés.

X.

Le tableau des douze jurés de jugement ainfi formé fera préfenté à l'accufé, qui pourra dans vingt - quatre heures, récufer ceux qui le compofent ; ils feront remplacés par le fort.

X I.

Si l'accufé avoit exercé vingt récufations, celles qu'il voudroit préfenter enfuite, devront être fondées fur des caufes dont le tribunal jugera la validité.

X I I.

Cette récufation de vingt jurés pourra être faite par plufieurs co-accufés s'ils fe concertent enfemble pour l'exercer ; & s'ils ne peuvent s'accorder, chacun d'eux féparément pourra récufer dix jurés.

X I I I.

Dans ce dernier cas, chacun d'eux récufera fucceffivement un des jurés jufqu'à ce que fa faculté de récufer foit épuifée.

X I V.

Lorfque les citoyens infcrits fur la lifte des deux cents prévoiront pour le 15 du mois fuivant, quelqu'obftacle qui pourroient les empêcher de fe rendre à l'affemblée du juré, s'il arrivoit qu'ils y fuffent appelés par le fort, ils en donneront connoiffance au préfident du tribunal criminel, deux jours au moins avant le premier du mois pendant lequel ils defirent d'être excufés.

X V.

La valeur de cette excufe fera jugée dans les vingt-quatre heures par le tribunal criminel.

X V I.

Si l'excufe eft jugée fuffifante, le nom de celui qui l'a préfentée fera retiré pour cette fois de la lifte ; fi elle eft jugée non valable, fon nom fera foumis au fort comme celui des autres.

X V I I.

Si celui qui a préfenté l'excufe eft défigné par le fort pour être un des douze qui forment le tableau du juré de jugement, il lui fera fignifié que fon excufe a été jugée non-valable, qu'il eft fur le tableau du juré, & qu'il aît à fe rendre au jour fixé pour l'affemblée du juré: copie de cette fignification fera laiffée à fa perfonne ou à fon domicile ; & à défaut de fignification à la perfonne, elle fera laiffée à l'un des officiers municipaux du lieu, qui fera tenu de lui en donner connoiffance.

XVIII.

Tout juré qui ne fe fera pas rendu fur la fommation qui lui en aura été faite, fera condamné en cinquante liv. d'amende, & à être privé du droit d'éligibilité & de fuffrage pendant deux ans. Sont exceptés de la préfente difpofition, ceux qui prouveroient qu'ils font retenus pour caufe de maladie grave.

XIX.

Dans tous les cas, s'il manquoit un ou plufieurs jurés au jour indiqué, le directeur du juré les fera remplacer par des citoyens de la ville, tirés au fort en préfence du commiffaire du roi & du public, dans la lifte des deux cents, & fubfidiairement parmi les citoyens du lieu ayant les conditions d'électeurs.

TITRE XII.

Procédure particulière fur le faux, la banqueroute, concuffion, malverfation de deniers.

ARTICLE PREMIER.

Toute plainte ou dénonciation en faux, en banqueroute frauduleufe, en concuffion, péculat, vol de commis ou d'affociés en matière de finance, commerce ou banque, feront portées devant le directeur du juré du lieu du délit ou de la réfidence de l'accufé, à l'exception des villes au-deffus de quarante mille ames, dans lefquelles elles pourront être portées devant les juges-de-paix.

I I.

Dans les cas mentionnés en l'article ci-deffus, le directeur du juré exercera les fonctions d'officier de police ; il dreffera en outre l'acte d'accufation.

I I I.

L'acte d'accufation ainfi que l'examen de l'affaire feront préfentés à des juges fpéciaux d'accufation & de jugement.

I V.

Pour former le juré fpécial d'accufation, le procureur-fyndic parmi les citoyens éligibles, en choifira feize ayant les connoiffances relatives au genre de délit, fur lefquels il en fera tiré au fort huit qui compoferont le tableau du juré.

V.

Le juré fpécial du jugement fera formé par le procureur-général-fyndic, lequel à cet effet choifira vingt-fix citoyens ayant les qualités ci-deffus défignées.

V I.

Sur ces vingt-fix citoyens, l'on en tirera au fort douze pour former un tableau, lequel fera préfenté à l'accufé ou aux accufés, qui auront le droit de récufer ceux qui le compoferont.

V I I.

Une première récufation pourra être faite fur la lifte

entière , comme ayant été formée en haine de l'accufé ;
& dans le cas où le tribunal le jugeroit ainfi , il fera
formé une nouvelle lifte par le vice-préfident du directoire. Ceux qui auront été portés fur la première lifte ,
pourront néanmoins être employés fur la feconde.

V I I I.

Tous les membres du juré fpécial qui auront été
récufés, feront remplacés par des citoyens tirés au fort,
d'abord parmi les douze autres choifis par le procureur-
général-fyndic , & fubfidiairement par des citoyens tirés
au fort dans la lifte ordinaire des jurés.

I X.

L'accufateur public n'aura aucune accufation à exercer
fur les jurés fpéciaux.

X.

Dans tout le refte de la procédure, l'on fe conformera
aux règles établies par les titres précédens.

Du faux.

A R T I C L E   P R E M I E R.

Dans toutes les plaintes ou dénonciations en faux ,
les pièces arguées de faux feront dépofées au greffé ,
fignées par le greffier qui en dreffera un procès-verbal
détaillé ; elles feront fignées & paraphées par le directeur du juré , ainfi que par la partie plaignante ou
dénonciatrice , & par le prévenu au moment de fa comparution.

P 3

I I.

Les plaintes & dénonciations en faux pourront toujours être reçues, quoique les pièces qui en font l'objet aient pu fervir de fondement à des actes judiciaires ou civils.

I I I.

Tout dépofitaire public & même tout particulier dépofitaire de pièces arguées de faux, fera tenu, fous peine d'amende & de prifon, de les remettre fur l'ordre qui en fera donné par écrit par le directeur du juré, lequel lui fervira de décharge envers tous ceux qui ont intérêt à la pièce.

I V.

Les pièces qui pourront être fournies pour fervir de comparaifon, feront fignées & paraphées à toutes les pages par le greffier, par le directeur du juré & par le plaignant ou dénonciateur, ou leur fondé de procuration fpéciale, ainfi que par l'accufé au moment de la comparution.

V.

Les dépofitaires publics feuls pourront être contraints à fournir les pièces de comparaifon qui feroient en leur poffeffion fur l'ordre par écrit du directeur du juré, qui leur fervira de décharge envers ceux qui pourroient avoir intérêt à la pièce.

V I.

S'il eft néceffaire de déplacer une pièce authentique, il en fera donné une copie collationnée, laquelle fera fignée par le juge-de-paix du lieu.

V I I.

Lorſque les témoins s'expliqueront ſur une pièce du procès , ils feront tenus de la parapher.

V I I I.

Si dans le cours d'une inſtruction ou d'une procédure , une pièce produite eſt arguée de faux par une des parties, elle ſommera l'autre partie de déclarer ſi elle entend ſe ſervir de la pièce.

I X.

Si la partie déclare qu'elle ne veut pas ſe ſervir de la pièce , elle ſera rejetée du procès , & il ſera paſſé outre à l'inſtruction & au jugement.

X.

Dans le cas où la partie déclareroit qu'elle entend ſe ſervir de la pièce , l'inſtruction ſur le faux ſera ſuivie civilement devant le tribunal ſaiſi de l'affaire principale.

X I.

Mais ſi la partie qui a argué de faux la pièce, ſoutient que celui qui l'a produite eſt l'auteur du faux, l'accuſation ſera ſuivie criminellement dans les formes ci-deſſus preſcrites : il ſera ſurſis au jugement du procès juſqu'après le jugement de l'accuſation en faux.

X I I.

Les procureurs-généraux-ſyndics , les procureurs-ſyndics;

P 4

les procureurs des communes, les juges, ainsi que les officiers de police, seront tenus de poursuivre & de dénoncer tous les auteurs & complices de faux qui pourront venir à leur connoissance, dans la forme ci-dessus prescrite.

X I I I.

L'officier public poursuivant, ainsi que le plaignant ou dénonciateur, pourront présenter au juré d'accusation & à celui de jugement, toutes les pièces & preuves de faux; mais l'accusé ne pourra être contraint à en produire ou en fabriquer aucune.

X I V.

Si un tribunal trouve dans la visite d'un procès, même civil, des indices qui conduisent à connoître l'auteur d'un faux, le président pourra d'office délivrer le mandat d'amener, & remplir à cet égard les fonctions d'officier de police.

X V.

Lorsque des actes authentiques auront été déclarés faux en tout ou en partie, leur rétablissement, leur radiation ou réformation, seront ordonnés par le tribunal qui aura connu de l'affaire; les pièces de comparaison seront renvoyées sur-le-champ dans les dépôts dont elles ont été tirées.

X V I.

Dans tout le reste de la procédure, les règles prescrites dans les titres ci-dessus seront observées.

TITRE XIII.

Des prisons & maisons d'arrêt.

ARTICLE PREMIER.

Il y aura près de chaque tribunal de district , une maison d'arrêt pour y retenir ceux qui feront envoyés par mandat d'officier de police ; & près de chaque tribunal criminel, une maison de justice pour détenir ceux contre lesquels il sera intervenu une ordonnance de prise-de-corps, indépendamment des prisons qui font établies comme peine.

II.

Les procureurs-généraux-syndics veilleront , fous l'autorité des directoires de département , à ce que les différentes maisons foient non-feulement sûres , mais propres & faines, de manière que la fanté des perfonnes détenues ne puiffe être aucunement altérée.

III.

La garde de ces maifons fera donnée par le directoire de département , fur la préfentation de la municipalité du lieu , à des hommes d'un caractère & de mœurs irréprochables , lefquels prêteront ferment de veiller à la garde de ceux qui leur feront remis , & de les traiter avec douceur & humanité.

IV.

Les gardiens des maifons d'arrêt , maifons de juftice ou geoliers des prifons , feront tenus d'avoir un regiftre figné & paraphé à toutes les pages par le préfident du tribunal.

V.

Tout exécuteur de mandat d'arrêt, d'ordonnance de prife-de-corps ou de jugement de condamnation à prifon, fera tenu, avant de remettre la perfonne qu'il conduit, de faire infcrire en fa préfence, fur le regiftre, l'acte dont il eft porteur : l'acte de remife fera écrit devant lui ; le tout fera figné, tant par lui que par le gardien ou geolier, qui lui en donnera copie fignée pour fa décharge.

V I.

Nul gardien ou geolier ne pourra recevoir ou retenir aucun homme qu'en vertu des mandats, ordonnances de jugement dont il vient d'être parlé, à peine d'être pourfuivi & puni ainfi qu'il eft porté au code pénal.

V I I.

Le regiftre ci- deffus mentionné contiendra également en marge de l'acte de remife, la date de la fortie du détenu, ainfi que l'ordonnance ou le jugement en vertu defquels elle a eu lieu.

V I I I.

Dans toutes les villes où il y aura, foit une maifon d'arrêt, foit une maifon de juftice, foit une prifon, un des officiers municipaux du lieu fera tenu de faire, au moins deux fois par femaine, la vifite de ces maifons.

I X.

L'officier municipal veillera à ce que la nourriture des

détenus foit fuffifante & faine ; & s'il s'apperçoit de quelque tort à cet égard contre la juftice & l'humanité, il fera tenu d'y pourvoir par lui-même ou d'y faire pourvoir par la municipalité, laquelle aura le droit de condamner le geolier à l'amende, même de demander fa deftitution au directoire de département, fans préjudice de la pourfuite criminelle contre lui s'il y a lieu.

X.

La police des maifons d'arrêt, de juftice & de prifon appartiendra à la municipalité du lieu. Le préfident du tribunal pourra néanmoins donner tous les ordres qu'il jugera néceffaires pour le jugement & l'inftruction. Si quelque détenu ufoit de menaces, injures ou violences, foit à l'égard du gardien ou geolier, foit à l'égard des autres détenus, l'officier municipal pourra ordonner qu'il fera refferré plus étroitement, renfermé feul, même mis aux fers en cas de fureur ou de violence grave, fans préjudice de la pourfuite criminelle s'il y a lieu.

X I.

Les maifons d'arrêt ou de juftice feront entièrement diftinctes des prifons qui font établies pour peine, & jamais un homme condamné ne pourra être mis dans la maifon d'arrêt, & réciproquement.

TITRE XIV.

Des moyens d'affurer la liberté des citoyens contre les détentions illégales ou autres actes arbitraires.

ARTICLE PREMIER.

Tout homme, quel que foit fa place ou fon emploi,

autre que ceux à qui la loi donne le droit d'arrestation, qui donnera, signera, exécutera l'ordre d'arrêter un citoyen, ou qui l'arrêtera effectivement, si ce n'est pour le remettre sur-le-champ à la police, dans les cas déterminés par la loi, sera poursuivi criminellement, & puni ainsi qu'il est dit au code pénal.

I I.

Nul homme, dans le cas où sa détention est autorisée par la loi, ne peut être conduit que dans les lieux légalement & publiquement désignés par l'administration du département, pour servir de maison d'arrêt, de maison de justice ou de prison, sous la même peine contre ceux qui le conduiroient, détiendroient, ou prêteroient leur maison pour le détenir.

I I I.

Quiconque aura connoissance qu'un homme est détenu illégalement dans un lieu, est tenu d'en donner avis à un des officiers municipaux ou au juge-de-paix du canton; il pourra aussi en faire sa déclaration signée de lui au greffe de la municipalité ou du juge-de-paix.

I V.

Ces officiers publics, d'après la connoissance qu'ils en auront, seront tenus de se transporter aussitôt, & de faire remettre en liberté la personne détenue, à peine de répondre de leur négligence, & même d'être poursuivis comme coupables d'attentat à la liberté individuelle, s'il est prouvé qu'ils avoient connoissance de la détention.

V.

Personne ne pourra refuser l'ouverture de sa maison

pour cette recherche ; en cas de réfistance, l'officier municipal ou le juge-de-paix pourra fe faire affifter de la force néceffaire , & tous les citoyens feront tenus de prêter main-forte.

V I.

Dans le cas de détention légale, l'officier municipal, lors de fa vifite dans les maifons d'arrêt , de juftice ou prifon, examinera ceux qui y font détenus & les caufes de leur détention ; & tout gardien ou geolier fera tenu , à fa réquifition , de lui repréfenter la perfonne de l'arrêté , fans qu'aucun ordre puiffe l'en difpenfer , & ce, fous peine d'être pourfuivi criminellement, comme coupable d'attentat à la liberté individuelle.

V I I.

Si l'officier municipal , lors de la vifite , découvroit qu'un homme eft détenu fans que la détention foit juftifiée par aucun des actes mentionnés dans les articles V & VI du titre XII , il en dreffera fur - le - champ procès-verbal , fera conduire le détenu à la municipalité, laquelle , après avoir de nouveau conftaté le fait , le mettra définitivement en liberté ; & dans ce cas pour-fuivra la punition du gardien & du geolier.

V I I I.

Les parens ou amis de l'arrêté , porteurs de l'ordre de l'officier municipal , lequel ne pourra le refufer , auront auffi le droit de fe faire repréfenter la perfonne du détenu, & le gardien ne pourra s'en difpenfer qu'en juftifiant de l'ordre exprès du préfident ou directeur du juré, infcrit fur fon regiftre , de le tenir au fecret.

I X.

Tout gardien qui refuſeroit de montrer au porteur de l'ordre de l'officier municipal, la perſonne de l'arrêté, ſur la réquiſition qui lui en ſera faite, ou de montrer l'ordre du préſident ou directeur du juré qui le lui défend, ſera pourſuivi ainſi qu'il eſt dit article VI & autres.

X.

Pour mettre les officiers publics ci-deſſus déſignés, à portée de prendre les ſoins qui viennent d'être impoſés à leur vigilance & à leur humanité, lorſque le prévenu aura été envoyé à la maiſon d'arrêt du diſtrict, copie du mandat ſera remiſe à la municipalité du lieu, & une autre envoyée à celle du domicile du prévenu, s'il eſt connu; celle-ci en donnera avis aux parens ou amis du prévenu.

X I.

Le directeur du juré donnera également avis auxdites municipalités de l'ordonnance de priſe-de-corps rendue contre le prévenu, ſous peine d'être ſuſpendu de ſes fonctions.

X I I.

Le préſident du tribunal criminel ſera tenu, ſous la même peine, d'envoyer auxdites municipalités copie du jugement d'abſolution ou de condamnation du prévenu.

X I I I.

Il y aura à cet effet dans chaque municipalité, un

regiſtre particulier pour y tenir note des avis qui leur auront été donnés.

Mandons & ordonnons à tous les corps adminiſtratifs & tribunaux , &c.

2023.

L O I

Relative à la ſuppreſſion des chambres des comptes & à la nouvelle forme de comptabilité.

Donnée à Paris le 29 ſeptembre 1791.

Louis , par la grace de Dieu , &c.

Décret du 17 *ſeptembre* 1791.

L'Aſſemblée Nationale décrète ce qui ſuit :

De la comptabilité.

TITRE PREMIER.

De la ſuppreſſion des chambres des comptes.

ARTICLE PREMIER.

A compter du jour de la publication & de la notifi-cation du préſent décret aux chambres des comptes du royaume , ſupprimées par le décret du 2 ſeptembre 1790 , elles ceſſeront toutes fonctions.

I I.

A compter du même jour , les offices de procureurs

poſtulans & les autres offices miniſtériels près leſdites
chambres des comptes, feront fupprimés.

I I I.

Auſſitôt que le préſent décret fera parvenu aux directoires du département, ils le feront notifier aux chambres
des comptes fituées dans l'étendue de leurs départemens ;
& dans le jour, les directoires des départemens feront
procéder par deux de leurs membres, affiſtés du procureur-général-fyndic du département, à l'appoſition des
fcellés fur les greffes, dépôts & archives deſdites
chambres des comptes, ainſi que fur leur mobilier.

I V.

Leſdits commiſſaires, lors de l'appoſition des fcellés,
fe feront repréſenter & remettre tous les comptes non
encore définitivement jugés, apurés ou corrigés, qui fe
trouveront exiſter dans les greffes, ainſi que les pièces
à l'appui ; ils en dreſſeront un bref état, dont un double
fera délivré aux greffiers pour leur décharge deſdits
comptes & pièces.

V.

Ils fe feront repréſenter les regiſtres aux diſtributions
des comptes, & remettre ceux deſdits regiſtres fur leſquels il fe trouvera des articles non encore déchargés.

V I.

Les officiers qui fe font chargés fur les regiſtres des
comptes & pièces à l'appui, feront tenus de remettre
leſdits comptes & pièces au directoire du département
dans quinzaine, à compter de la notification ; après
laquelle

laquelle quinzaine, faute par eux d'avoir remis lefdits comptes & pièces, les intérêts de leur finance cefferont de plein droit ; & après une feconde quinzaine, ils feront en outre condamnés à une amende de trois cents livres, laquelle fera enfuite augmentée de dix livres par chaque jour de retard.

V I I.

Les directoires des départemens feront parvenir fans délai, au bureau de comptabilité qui fera ci-après établi, les comptes & pièces à l'appui qu'ils auront retirés, foit des greffes, foit des mains des confeillers rapporteurs.

V I I I.

L'Affemblée nationale pourvoira à la levée des fcellés, à l'inventaire & confervation des pièces repofant aux greffes, dépôts & archives des chambres des comptes fupprimées.

I X.

Il fera pourvu inceffamment au rembourfement des offices fupprimés par le préfent décret, & ce, fuivant les formes & les principes décrétés par l'Affemblée nationale, concernant la liquidation & le rembourfement des offices de judicature & miniftériels.

TITRE II.

De la reddition des comptes des deniers publics.

ARTICLE PREMIER.

L'Affemblée nationale légiflative verra & apurera définitivement par elle-même les comptes de la Nation.

Collec. des Lois. Tome XIII.   Q

I I.

Il fera établi un bureau de comptabilité, compofé de quinze perfonnes qui feront nommées par le roi ; ces quinze commiffaires feront divifés en cinq fections compofées de trois membres chacune, lefquelles alterneront tous les ans, fauf à augmenter leur nombre, fi l'accélération des travaux & l'utilité publique l'exigent.

I I I.

Lefdits commiffaires recevront tous les comptes dont il va être mention ci-après, & prépareront le rapport.

I V.

Chaque rapport fera figné par trois commiffaires qui demeureront refponfables des faits qu'ils auront atteftés.

V.

Chaque commiffaire fournira un cautionnement en immeubles de la fomme de foixante mille livres.

V I.

Les receveurs des diftricts & tous tréforiers & payeurs particuliers, compteront des fommes qu'ils auront reçues & de l'emploi qu'ils en auront fait, aux commiffaires de la tréforerie nationale pour tous les objets de recette ordinaire qui doivent y être verfés ; ils compteront au tréforier de la caiffe de l'extraordinaire, fous les yeux du commiffaire du roi, adminiftrateur de ladite caiffe, pour tous les objets de recette extraordinaire qui doivent y être verfés.

V I I.

Dans le cas où il s'élèveroit des contestations sur quelques-uns des articles des comptes présentés par les receveurs de district, & autres trésoriers & payeurs particuliers, soit aux commissaires de la trésorerie nationale, soit au trésorier de l'extraordinaire, lesdites contestations seront suivies à la requête des commissaires de la trésorerie & du trésorier de l'extraordinaire, devant les tribunaux de district dans le territoire desquels les comptables seront domiciliés.

V I I I.

Le caissier général, les payeurs principaux de la trésorerie nationale, le trésorier de l'extraordinaire, les administrateurs des domaines, ceux des douanes, ceux de la régie des droits d'enregistrement & de timbre, ainsi que tous préposés généraux à la recette des droits perçus dans toutes les parties du royaume, présenteront les comptes de l'universalité des recettes qu'ils auront faites ou dû faire, & de l'emploi qu'ils en auront fait, au bureau de comptabilité, pour être lesdits comptes, après l'examen qui en aura été fait au bureau de comptabilité, vus & apurés définitivement par l'Assemblée nationale législative, aux termes de l'article premier du présent titre.

I X.

Si, en procédant à l'apurement desdits comptes, l'Assemblée nationale législative reconnoît que quelques articles sont sujets à contestation, elle ordonnera la communication des comptes à l'agent du trésor public, à l'effet par lui de poursuivre la contestation devant le

tribunal du diftrict dans le territoire duquel la tréforerie
nationale , ou la caiffe de l'extraordinaire, ou les chef-
lieux des adminiftrations & régies, feront établis. Dans
toutes les conteftations relatives aux comptes des deniers
publics , les commiffaires du roi près les tribunaux de
diftrict feront entendus, & ils veilleront à la prompte
expédition de ces caufes.

X.

Le recouvrement des débets réfultant des arrêtés de
compte , fera pourfuivi contre les receveurs de diftrict
& les receveurs ou payeurs particuliers , à la requète des
commiffaires de la tréforerie nationale , pour ce qui doit
rentrer à ladite tréforerie ; à la requète du tréforier de
l'extraordinaire, fous la furveillance de l'adminiftrateur
de ladite caiffe , pour ce qui doit rentrer à la caiffe de
l'extraordinaire. Le recouvrement des débets réfultant
des arrêtés de comptes rendus par les receveurs généraux,
les payeurs principaux de la tréforerie nationale & par
le tréforier de l'extraordinaire, fera pourfuivi à la requète
de l'agent du tréfor public.

X I.

Tous receveurs particuliers comptables à la tréforerie
nationale ou à la tréforerie de l'extraordinaire, pour
des objets poftérieurs au premier janvier 1791, feront
tenus , fous les peines portées par l'article VI du titre
III du préfent décret , de remettre leurs comptes auxdits
tréforiers , au premier juin de chaque année au plus
tard, pour l'année qui aura fini au 31 décembre précédent ; & à l'égard des objets antérieurs au premier
janvier dernier, lefdits comptes feront remis dans les
délais & de la manière exprimée au titre III du préfent
décret.

XII.

Avant d'adreſſer leurs comptes aux tréſoriers , ſoit de la caiſſe nationale , ſoit de la caiſſe de l'extraordinaire , les receveurs de diſtrict les feront paſſer au directoire de diſtrict , pour qu'il propoſe les obſervations dont le compte lui paroîtra ſuſceptible. Les directoires de diſtrict ne pourront retenir le compte plus de quinze jours pour en faire l'examen ; le receveur le remettra au directoire au plus tard le premier mai ; de manière que , ſous aucun prétexte , la remiſe du compte entre les mains des commiſſaires de la tréſorerie nationale ou du tréſorier de l'extraordinaire , ne puiſſe être différée au-delà du premier juin.

XIII.

Le caiſſier général de la tréſorerie nationale , ou les autres comptables dénommés en l'article VIII, feront tenus ſous les mêmes peines , de remettre au bureau de comptabilité le comptes de chaque année , le premier octobre au plus tard de l'année ſuivante.

XIV.

Les comptes annuels de la tréſorerie nationale & de la caiſſe de l'extraordinaire , feront rendus publics par la voie de l'impreſſion & envoyés à tous les départemens. Les comptes des receveurs de diſtrict feront imprimés , envoyés aux départemens & à tous les diſtricts du même département.

XV.

Dans le cas où , lors de l'examen des comptes , il

Q 3

paroîtroit qu'il y a lieu à exercer l'action résultant de la
responsabilité contre quelques-uns des ministres ou autres
agens du pouvoir exécutif, le bureau de comptabilité
en rendra compte à l'Assemblée nationale législative, &
lui proposera, s'il y a lieu, les éclaircissemens préalables
qu'il paroîtra convenable de prendre, même la vérification des dépenses sur les lieux par des commissaires
nommés à cet effet. L'Assemblée nationale législative
décidera, après la vérification des faits par le bureau de
comptabilité, s'il y a lieu à l'action de responsabilité ;
alors cette action sera intentée à la requête de l'agent
du trésor public, devant le tribunal dans le territoire
duquel le ministre ou agent du pouvoir exécutif sera
domicilié.

X V I.

L'agent du trésor public sera tenu de mettre tous les
mois sous les yeux de l'Assemblée nationale législative,
l'état de la poursuite des différentes actions qui lui
seront confiées, & de rendre tous les trois mois cet état
public par la voie de l'impreffion. En cas de négligence
de sa part, il deviendra personnellement responsable
des sommes dont il auroit négligé de poursuivre la
rentrée. L'agent du trésor public fournira un cautionnement en immeubles, de soixante mille livres.

X V I I.

Les appointemens des commissaires du bureau de
comptabilité & les détails de l'organisation de ce bureau,
seront réglés par l'Assemblée nationale, sur l'examen
des plans qui seront présentés par les commissaires,
après leur nomination.

TITRE III.

De la préfentation des comptes.

ARTICLE PREMIER.

Dans le délai d'un mois, à compter du premier octobre prochain, tous les individus ou compagnies qui comptoient de la recette ou dépenfe des deniers publics, foit pardevant les chambres des comptes, foit pardevant le confeil du roi ; tous héritiers & ayans-caufe d'individus comptables, comme auffi les receveurs, économes, féqueftres, régiffeurs ou adminiftrateurs tenus de rendre compte pardevant le Corps légiflatif, aux termes des décrets, adrefferont au bureau de comptabilité un état de fituation de leur comptabilité, contenant, 1°. la date de leur dernier compte jugé, apuré & corrigé, avec le certificat de quitte ou décharge à l'appui ;

2°. La date de leurs comptes jugés, mais non encore apurés ni corrigés, avec copie des jugemens ;

3°. La date des comptes par eux préfentés & qui n'ont pas encore été jugés ;

4°. La date des années de leur exercice dont ils n'ont pas encore préfenté le compte, jufques & compris l'année 1790.

I I.

Lefdits comptables ou leurs ayans-caufe joindront, dans le même délai, au précédent état, un mémoire motivé & expofitif du temps qu'ils jugeront leur être néceffaire pour dreffer & préfenter leurs comptes, comme auffi pour les apurer, le tout dans les formes qui feront ci-après prefcrites, avec leur foumiffion de fatisfaire auxdites préfentation & apurement dans ledit délai.

Q 4

I I I.

Tous comptables qui n'auront pas envoyé au bureau de comptabilité les états & mémoires indiqués aux deux articles précédens, dans le délai ci-dessus énoncé, cesseront, à compter de l'expiration dudit délai, d'avoir droit aux intérêts du montant de leurs finances, cautionnemens ou fonds d'avance, & seront en outre condamnés à une amende de trois cents livres, qui sera augmentée de dix livres par chaque jour de retard ; & à cet effet, ils seront tenus de se pourvoir au bureau de comptabilité, d'un certificat de remise de leurs états & mémoires, où le jour de ladite remise sera énoncé : le décompte de leurs finances, fonds d'avances ou cautionnemens ne pourra être fait que sur la représentation dudit certificat.

I V.

L'Assemblée nationale connoîtra, par le rapport qui lui en sera fait, du délai demandé par chacun des comptables ou leurs ayans-cause, pour présenter leurs comptes jusques & compris l'année 1790 ; elle fixera par un décret le temps qui sera accordé à chacun d'eux pour y satisfaire.

V.

Tout comptable pour des objets de recette & de dépense antérieurs au premier janvier 1791, qui n'aura pas présenté ses comptes dans le délai décrété par l'Assemblée nationale, perdra, à compter du jour de l'expiration dudit délai, l'intérêt de ses finances, cautionnemens ou fonds d'avance, & sera tenu en outre de payer les intérêts à cinq pour cent, des débets dont il sera définitivement jugé reliquataire ; & trois mois après l'expiration du délai, s'il n'avoit pas encore satisfait, il sera contraint par corps.

V I.

Tout comptable pour des objets de recette ou de dépense postérieurs au premier janvier 1791, qui n'aura pas présenté ses comptes dans le délai qui lui aura été prescrit par le Corps législatif, paiera, à compter du jour de l'expiration du délai, l'intérêt à cinq pour cent, des débets dont il sera jugé reliquataire; plus il paiera par forme d'amende une somme égale au montant dudit intérêt; & s'il laisse écouler trois mois après l'expiration du délai sans présenter son compte, il sera contraint par corps.

T I T R E   I V.

Des formes à suivre par les comptables pour rendre

compte.

A R T I C L E   P R E M I E R.

Au moyen de la suppression des procureurs à la chambre des comptes, tous comptables dresseront & présenteront eux-mêmes leurs comptes, & pourront en suivre l'examen par eux-mêmes ou par leurs fondés de procuration.

I I.

Les comptables ne seront pas tenus à la formalité de rapporter des états au vrai, signés du ministre ou des ordonnateurs; ils dresseront un compte par chapitre de recettes, dépenses & reprises, & rapporteront les pièces à l'appui.

I I I.

Les recettes , dépenſes & repriſes feront établies & juſtifiées d'après les décrets de l'Aſſemblée , & par les mêmes pièces qui ont été requiſes juſqu'à ce jour par les lois , pour chaque nature de comptabilité.

I V.

Il ſera joint à chaque compte un état des frais néceſ- ſaires pour le dreſſer , & il ſera prononcé ſur cet état de frais en même temps que ſur l'arrêté du compte.

V.

Les comptables d'objets antérieurs au premier janvier 1791 , & dont les recettes & dépenſes ſont fixées , pour- ront réunir en un ſeul compte les exercices de pluſieurs années , & porter en un même article la ſomme d'une même recette ou d'un même paiement qui a eu lieu pendant les années qu'embraſſe le compte.

V I.

Il ne ſera rien innové à la forme des comptes déja préſentés.

Mandons & ordonnons à tous les corps adminiſtratifs & tribunaux , &c.

2024.

L O I

Qui fixe l'époque à laquelle l'institution du juré commencera à avoir son exécution.

Donnée à Paris le 29 feptembre 1791.

Louis , par la grace de Dieu , &c.

Décret du 17 feptembre 1791.

L'Affemblée Nationale décrète ce qui fuit :

ARTICLE PREMIER.

L'inftitution du juré commencera à être mife en exécution au premier janvier 1792. le pouvoir exécutif donnera des ordres relatifs aux difpofitions préliminaires à cet effet.

I I.

Les procédures.& jugemens continueront à avoir lieu d'après les formes actuellement exiftantes.

Mandons & ordonnons à tous les corps adminiftratifs & tribunaux, &c.

L o i *du* 29 *Septembre* 1791.

2025.

L O I

Qui accorde un secours annuel pour le soutien des arts de peinture , sculpture & gravure.

Donnée à Paris le 29 septembre 1791.

Louis , par la grace de Dieu , &c.

Décret du 17 *septembre* 1791.

L'Assemblée Nationale décrète ce qui suit :

ARTICLE PREMIER.

Sera accordé annuellement pour le soutien des arts de peinture, sculpture & gravure , une somme pour des travaux d'encouragement : elle est fixée provisoirement pour cette année, à cent mille livres, dont soixante & dix mille livres se répartiront entre les peintres & les statuaires; les autres trente mille livres feront réparties entre les peintres dits *de genre* , & les graveurs , tant en taille douce qu'en pierres fines & en médailles. Sur ladite somme de trente mille livres , il sera pris celle de dix mille livres, pour faire travailler , dès cette année , à la continuation de la collection des ports de France de Joseph Vernet , par l'artiste que le pouvoir exécutif a déja désigné pour ce travail.

I I.

Ces travaux feront distribués vers le milieu du temps

de l'expofition publique , & feulement aux artiftes qui
fe feront fait connoître. dans l'expofition de la préfente
année.

I I I.

Pour cette année feulement , & fans préjuger ce qui
fera déterminé à l'avenir , les travaux ci-deffus ordonnés
feront diftribués par les membres de l'académie de
peinture & de fculpture , deux membres de l'académie
des fciences, deux membres de l'académie des belles-
lettres , & vingt artiftes non académiciens, lefquels feront
choifis par les artiftes qui ont expofé leurs ouvrages au
falon du Louvre.

I V.

Pour faire ceffer toute diftinction entre les membres
de l'académie de peinture en cette circonftance , les
agréés à ladite académie feront appelés à ce jugement.

Mandons & ordonnons à tous les corps adminiftratifs
& tribunaux , &c.

2026.

L O I

Relative aux officiers, sous - officiers & cavaliers de la ci-devant maréchaussée, qui doivent être employés sur le pied de gendarmerie.

Donnée à Paris le 29 septembre 1791.

Louis, par la grace de Dieu, &c.

Décret du 18 *septembre* 1791.

L'Assemblée Nationale décrète :

ARTICLE PREMIER.

Le ministre de la guerre est autorisé à ordonner à tous les officiers, sous-officiers & cavaliers de la ci-devant maréchaussée, qui doivent être employés sur le pied de gendarmerie, de se rendre dans les départemens & les résidences qu'il leur assignera. Les officiers choisis par les directoires de département, occuperont, dans ceux où ils auront été nommés, les résidences dans lesquelles ils seront placés, suivant leurs grades, par le ministre de la guerre.

II.

L'emplacement des brigades de la ci-devant maréchaussée subsistera dans l'état où elles sont actuellement, jusqu'à ce que les dispositions suivantes aient été exécutées.

I I I.

Les directoires enverront au miniftre de la guerre un état des brigades qui exiftent actuellement dans leur dé-partement avec leur emplacement , lequel état fera exé-cuté provifoirement & maintenu.

I V.

Ils enverront enfuite un état d'augmentation des brigades qu'ils jugeront leur être néceffaires, ainfi que de leur placement & des changemens qu'ils eftimeront convenables ; mais il ne fera fait droit fur aucune de ces demandes, qu'au préalable l'article précédent n'ait été exécuté.

V.

Pour faciliter cette opération, il fera envoyé par le miniftre de la guerre à chaque directoire, des tableaux à remplir, qui préfenteront les indications relatives aux correfpondances intérieures , & aux correfpondances extérieures.

V I.

Faute par les directoires d'exécuter ce qui vient d'être prefcrit dans le délai de trois femaines, à dater du jour de la réception du décret, conftatée par la lettre d'envoi du miniftre, le miniftre de la guerre fera autorifé à préfenter un état du nombre des brigades dans les dé-partemens dont les directoires ne fe feront pas conformés au préfent décret, ainfi que des augmentations & des placemens qu'il jugera plus convenables au bien du fervice, d'après l'avis des colonels : le miniftre de la guerre en rendra compte enfuite au Corps légiflatif, pour qu'il y foit définitivement ftatué.

Mandons & ordonnons à tous les corps adminiftratifs & tribunaux, que les préfentes ils faffent configner dans leurs regiftres, lire, publier & afficher dans leurs départemens & refforts refpectifs, & exécuter comme loi du Royaume. Mandons & ordonnons pareillement à tous les officiers généraux & autres qui commandent les troupes de ligne dans les différens départemens du Royaume, comme auffi à tous les officiers, fous-officiers & gendarmes de la gendarmerie nationale, & à tous autres à qui il appartiendra, de fe conformer ponctuellement à ces préfentes.

2027.

L O I

Relative à la folde des gardes nationales du département de Seine-&-Marne.

Donnée à Paris le 29 feptembre 1791.

Louis, par la grace de Dieu, &c.

Décret du 20 *feptembre* 1791.

L'Affemblée Nationale, après avoir entendu fon comité militaire, décrète que le miniftre de l'intérieur fera payer la folde des gardes nationales volontaires du département de Seine-&-Marne, depuis & compris le premier de ce mois, jufqu'au moment où elles deviendront à la charge du département de la guerre.

Mandons & ordonnons à tous les corps adminiftratifs & tribunaux, &c.

2028.

2028.

L O I

Relative à l'établiʃʃement d'un bureau pour l'échange des gros aʃʃignats.

Donnée à Paris le 29 ʃeptembre 1791.

Louis, par la grace de Dieu, &c.

Décret. du 20 ʃeptembre 1791.

L'Aʃʃemblée Nationale décrète que les commiʃʃaires de la tréʃorerie ʃont autoriʃés à établir, ʃous leur reʃponʃabilité, un bureau pour les échanges de gros aʃʃignats contre ceux de cinq livres, en faveur des manufacturiers, cultivateurs & autres qui occupent un grand nombre d'ouvriers.

Leʃdits échanges ʃe feront ʃur des états arrêtés par le comité de la tréʃorerie, & d'après des demandes par écrit & appuyées de certificats des corps adminiʃtratifs.

Les frais dudit bureau ʃeront réglés par les commiʃʃaires de la tréʃorerie, ʃans néanmoins que la dépenʃe totale puiʃʃe excéder la ʃomme de trente mille livres.

L'état des charges par départemens ʃera imprimé chaque quinzaine.

Mandons & ordonnons à tous les corps adminiʃtratifs & tribunaux, &c.

L o i *du 29 Septembre 1791.*

. 2029.

L O I

Relative aux créanciers des ci-devant pays d'États.

Donnée à Paris le 29 feptembre 1791.

Louis , par la grace de Dieu , &c.

Décret du 21 feptembre 1791.

L'Affemblée Nationale décrète ce qui fuit :

ARTICLE PREMIER.

Les créanciers des ci-devant pays d'Etats ou leurs ayant-caufes pour les dettes mentionnées dans le décret du 12 avril dernier , relatif à la liquidation des dettes de ces mêmes pays à la charge de la Nation , feront payés de leurs intérêts échus ou à échoir jufqu'au premier janvier 1792 , quelle que fût l'échéance des précédentes ftipulations , par les payeurs , receveurs ou tréforiers qui en étoient précédemment chargés pour l'année 1790 , dans les mêmes bureaux , & fur l'état ou rôle qui contenoit la mention des parties prenantes.

I I.

La tréforerie nationale fera en conféquence paffer , fur les ordonnances du miniftre de l'intérieur , auxdits payeurs , receveurs ou tréforiers , les fommes que ceux-ci demanderont fur un état fommaire figné d'eux ,

& visé pour en affurer l'authenticité, par le directoire
du département dans le territoire duquel leur bureau est
situé.

I I I.

Les receveurs ou tréforiers des ci-devant pays d'Etats,
qui avoient des bureaux de paiement à Paris, feront vifer
leur état fommaire par le directoire du département dans
le territoire auquel étoit fitué le fiège de l'ancienne adminiftration.

I V.

Il fera fait une remife de deux deniers pour livre
auxdits payeurs, receveurs ou tréforiers, pour leur tenir
lieu de tout traitement & indemnité. Ils rendront compte
de leurs paiemens dans le courant des mois d'avril,
mai & juin prochains, devant le bureau de comptabilité.

V.

Le paiement prefcrit par l'article premier du préfent
décret, fera le dernier fait en cette forme. Les intérêts
defdites dettes des ci-devant pays d'Etats feront à l'avenir,
à compter du premier janvier prochain, payés aux mêmes
caiffes & en la même forme que les diverfes rentes
conftituées fur l'Etat ; à cet effet, les créanciers feront
tenus de faire procéder à la liquidation & à la rénovation
de leurs titres, ainfi qu'il fuit :

V I.

Lefdits créanciers feront d'ici au premier avril prochain, par eux ou par leur fondé de procuration, au
commiffaire du roi, directeur-général de la liquidation,
la remife des titres qu'ils auront en leur poffeffion. Les

créanciers des rentes viagères y joindront l'acte de leur naiſſance, & un certificat de vie en bonne forme.

V I I.

Pour effectuer ladite remiſe des titres, leſdits créanciers fourniront, ſavoir :

Quant au titre conſtitutif de la créance, ledit titre en original ; ſinon, ſur leur affirmation ou celle de leur fondé de procuration, que ledit titre original eſt égaré, une copie collationnée & authentique, ou ampliation d'icelui ; & enfin à défaut deſdits titres originaux & ampliations, un extrait authentique délivré par le directoire de diſtrict, du dernier compte légalement rendu & alloué, dans lequel le paiement des intérêts de ladite créance aura été paſſé en dépenſe au payeur.

Et quant aux actes tranſlatifs & juſtificatifs de la propriété deſdites créances, ils fourniront pour y ſuppléer, s'ils ne les ont pas en leur pouvoir, un extrait de l'immatricule délivré ſoit par le payeur, ſoit par tous archiviſtes ou autres détenteurs des regiſtres, conſtatant que leſdits créanciers ſont compris dans l'état des dettes contractées au nom deſdits pays, ſoit comme créanciers primitifs, ſoit comme étant aux droits d'iceux. Leſdits certificats délivrés en adminiſtration, ne ſeront ſujets à aucun droit d'enregiſtrement, & ils ſeront conformes au modèle annexé au préſent décret.

V I I I.

En échange de cette remiſe des titres, il ſera délivré aux propriétaires des rentes perpétuelles ou viagères, une reconnoiſſance valant contrat ou titre nouvel, par le commiſſaire du roi, liquidateur général, ſtipulant pour l'Etat. Cette reconnoiſſance portera le capital originaire, l'intérêt actuel avec la jouiſſance des arrérages,

à compter du premier janvier 1792, pour être acquittés
de fix en fix mois par les payeurs des rentes fur l'Etat.
Lefdits reconnoiffances ou titres nouvels feront exempts
du droit d'enregiftrement.

I X.

Lefdits reconnoiffances ou titres nouvels ne feront
remis que fur une quittance ou récépiffé donné par le
propriétaire ou par fon fondé de procuration, pardevant
un notaire de Paris, qui l'expédiera en brevet fur un
papier à un feul timbre, & la délivrera aux parties
intéreffées, fans qu'il foit néceffaire de la faire enregiftrer,
& fans pouvoir exiger d'aucune d'elles au-delà de trois
livres pour tous frais & honoraires.

X.

La délivrance defdits titres nouvels ne donnant point
ouverture à une aliénation ou changement de propriété,
mais feulement à une novation de titre, il ne fera pas
requis par le commiffaire du roi, directeur-général de
la liquidation, de certificat du confervateur des oppofitions; mais feulement, le 31 décembre de la préfente
année, lefdits payeurs qui acquitteront les arrérages defdites rentes, feront tenus d'adreffer au commiffaire du
roi un état certifié d'eux, des oppofitions qui pourroient
audit jour fubfifter entre leurs mains, pour être par lui
notifié aux payeurs des rentes fur l'Etat.

X I.

Les créanciers qui auront plufieurs rentes fur les mêmes
pays d'Etats, & au même taux d'intérêt, pourront les
réunir pour les faire liquider & comprendre dans le
même titre nouvel.

R 3

X I I.

Après que lesdites rentes ou créances des ci-devant pays
d'États auront été ainsi reconnues, elles jouiront de la
faculté de la reconstitution accordée aux autres rentes
sur l'État, & jusqu'à la première reconstitution, la
propriété en sera soumise aux lois & régime du domicile
du créancier.

X I I I.

Les propriétaires de ces mêmes rentes qui en rece-
voient les intérêts dans les ci-devant provinces, pourront
même, après le premier janvier 1792, & lorsqu'elles
auront été reconnues au nom de l'État, en être payés
dans les districts qu'ils voudront choisir, en se conformant à ce qui est prescrit par les articles VIII,
IX & X du décret du 15 août 1790, concernant les
rentes dues par les ci-devant corps du clergé & les pays
d'États.

X I V.

Le commissaire du roi, directeur-général de la liquidation, procédera à la liquidation définitive de toutes
les parties de rentes perpétuelles qui, dans leur état
actuel, sont de vingt livres & au-dessous, pour
le remboursement en être fait par la caisse de l'extraordinaire.

X V.

Les ci-devant receveurs ou trésoriers des pays d'États,
même les receveurs des diocèses de la ci-devant province
de Languedoc, en exercice pendant l'année 1790, qui
n'auroient pas encore remis l'état exact des dettes &
intérêts qu'ils étoient chargés de payer conformément à

ce qui eft prefcrit par l'article III du décret du 12 avril
dernier , feront tenus de le remettre , fous les peines
portées par le décret fur la comptabilité , d'ici au
premier janvier prochain , au directoire du département
dans le territoire duquel étoit fitué le fiége de leur
adminiftration refpective , pour y être vifé , certifié &
réuni aux titres & pièces qui ont autorifé les différens
emprunts. Lefdits directoires les feront paffer , dans
le mois qui fuivra la remife , au directeur-général de la
liquidation , pour qu'il les emploie au récolement des
titres & certificats qui lui feront rapportés par les
créanciers.

X V I.

A compter du premier novembre prochain , les commiffaires nommés par les départemens formés des ci-
devant pays d'Etats , en exécution du décret du 22
décembre 1789 , cefferont toutes fonctions , pour être
remplacés & repréfentés comme il fuit :

X V I I.

Toutes perfonnes qui auront des créances exigibles ,
ou des fommes à répéter à quelque titre que ce foit
vis-à-vis des anciens pays d'Etats , fe pourvoiront auprès
du commiffaire du roi , directeur-général de la liquidation , en la forme prefcrite à l'égard des autres créanciers de l'Etat , pour , fur fon rapport , préfenté par le
comité de liquidation , être ftatué par le Corps légiflatif
ce qu'il appartiendra.

X V I I I.

Toutes perfonnes qui auront des droits litigieux à
pourfuivre contre les ci - devant pays d'Etats , ou qui

R 4

auroient-déja introduit des inftances à raifon de ce dans les anciens tribunaux, les fuivront contradictoirement avec l'agent du tréfor public, pardevant le tribunal du premier arrondiffement de Paris, auquel toute compétence & jurifdiction en cette partie eft expreffément attribuée par le préfent décret.

Ledit agent du tréfor public pourfuivra réciproquement devant les tribunaux ordinaires, la rentrée de toutes les fommes & l'exercice de tous les droits appartenant aux ci-devant pays d'Etats.

X I X.

Les payeurs, receveurs, tréforiers & autres anciens comptables des ci-devant pays d'Etats rendront leurs comptes au temps fixé par les précédens décrets, pardevant le bureau de la comptabilité. Les corps adminiftratifs des départemens qui en ont été formés, feront tenus, notamment pour l'exécution du préfent article & des deux précédens, de fournir les renfeignemens qui leur feront demandés par le miniftre des contributions publiques.

X X.

Il fera établi momentanément auprès des archives des ci-devant pays d'Etats, un dépofitaire archivifte nommé par le miniftre de l'intérieur & falarié par le tréfor public, pour être par lui, fous la furveillance du corps adminiftratif auprès duquel le dépôt eft établi, procédé à la féparation de tout ce qui peut intéreffer particulièrement les départemens formés des ci-devant pays d'Etats, ou le général du royaume.

X X I.

Il fera dreffé, fi fait déja n'a été, aux frais du tréfor public, un inventaire en double original, des titres &

papiers dépofés dans lefdites archives. Le premier fera rapporté à la bibliothèque du roi, avec tous les titres qui concernent le général du royaume ; l'autre demeurera en dépôt auprès de l'adminiftration du département dans lequel étoit fitué le fiége de l'ancienne adminiftration, avec les titres & papiers concernant particulièrement le territoire qui en dépendoit.

MODÈLE *du certificat prefcrit par l'article* VII.

DÉPARTEMENT d
    faifant partie de l'ancien pays d'états d

Je fouffigné (*ancien payeur, ou receveur, ou tréforier, ou archivifte, ou détenteur des regiftres des rentes dues par l'ancienne province de* . . . . . , *fuivant la qualité du fignataire*), reconnois & certifie en exécution de la loi du (*date de la fanction du préfent décret*), que vérification par moi faite fur les regiftres & fommiers du paiement defdites rentes, M. (*mettre ici le nom de baptême du ou des créanciers*), ... eft propriétaire de la rente de (*mettre ici la rente en capital & intérêts, ainfi que les impofitions dont elle étoit ou n'étoit pas grevée,*) originairement créée par l'adminiftration dudit pays, à fon profit, (*ou au profit de M* . . . . . . , *créancier primitif,*) & qu'il a juftifié des titres & pièces nécef-faires pour conftater qu'il eft propriétaire de ladite rente, dont le paiement des arrérages à lui fait, a été paffé en compte.

FAIT à . . . . le . . . .

Nota. Ce certificat doit être expédié fur papier timbré, mais il fera exempt du droit d'enregiftrement.

Mandons & ordonnons à tous les corps adminiftratifs & tribunaux, &c.

2030.

L O I

Relative à l'établissement de commissaires de police, dans les différentes villes où ils feront jugés néceffaires.

Donnée à Paris le 29 feptembre 1791.

Louis , par la grace de Dieu , &c.

Décret du 21 feptembre 1791.

L'Affemblée Nationale décrète ce qui fuit :

ARTICLE PREMIER.

Il fera établi par le Corps légiflatif des commiffaires de police dans toutes les villes du royaume où on les jugera néceffaires , après l'avis de l'adminiftration du département.

I I.

Ces commiffaires veilleront au maintien & à l'exécution des lois de police municipale & correctionnelle , & ils pourront dreffer les procès-verbaux en matière criminelle ; conformément à ce qui fera dit ci - après. Les municipalités détermineront, felon les localités , & avec l'autorifation de l'adminiftration du département, fur l'avis de celle du diftrict , le détail des fonctions qui pourront leur être attribuées dans l'ordre des pouvoirs propres ou délégués aux corps municipaux.

I I I.

Dans les lieux où la loi n'aura pas déterminé le mode de la fixation de leur traitement, il fera fixé par le directoire de département , fur la demande de la municipalité & l'avis du directoire de diftrict , & payé par la commune.

I V.

D'après les fonctions déléguées aux juges-de-paix , les difpofitions provifoires contenues aux articles XIV, XV & XVI du titre IV de l'organifation de la municipalité de Paris , demeurent abrogées en tout ce qui eft contraire au décret fur la police municipale & correctionnelle , & au préfent décret.

V.

Les commiffaires de police , lorfqu'ils en auront été requis , ou même d'office lorfqu'ils feront informés du délit , feront tenus de dreffer les procès-verbaux tendant à conftater le flagrant délit ou le corps de délit , encore qu'il n'y ait point eu de plainte rendue.

V I.

Ils pourront auffi être commis , foit en matière de police municipale , par les municipalités , foit en conféquence d'une plainte , par les officiers de police de sûreté , ou par les juges; pour dreffer les procès-verbaux qui feront jugés néceffaires.

V I I.

En cas d'effraction, affaffinat, incendie, bleffures ou

autrés délits laiffant des traces après eux , les commiffaires
de police feront tenus de dreffer les procès-verbaux du
corps du délit en préfence des perfonnes faifies, lefquelles
feront enfuite conduites chez le juge-de-paix , fans
néanmoins que les commiffaires de police puiffent procéder
aux informations.

V I I I.

Tous les commiffaires de police pourront dreffer des
procès-verbaux hors de l'étendue de leur territoire, pourvu
que ce foit dans le territoire de la municipalité.

I X.

Dans le cas où il y aura procès-verbal dreffé par les
commiffaires de police, ils en tiendront note fommaire
fur un regiftre coté & paraphé par un des officiers
municipaux. Ils tranfmettront au juge-de-paix la minute
même du procès - verbal, avec les objets volés, les
pièces de conviction & la perfonne faifie. Les greffiers
des juges-de-paix donneront décharge du procès-verbal &
des pièces.

Mandons & ordonnons à tous les corps adminiftratifs
& tribunaux , &c.

2031.

L O I

Relative à la compétence du tribunal de police municipale de la ville de Paris.

Donnée à Paris le 29 septembre 1791.

Louis, par la grace de Dieu, &c.

Décret du 21 septembre 1791.

L'Affemblée Nationale décrète ce qui fuit:

ARTICLE PREMIER.

La municipalité de Paris fera feule chargée de faire exécuter les règlemens, & d'ordonner toutes les difpofitions de police fur la rivière de Seine, fes ports, rivages, berges & abreuvoirs, dans l'intérieur de Paris, fañs préjudice du renvoi à la police correctionnelle, à l'égard des faits qui en feront fufceptibles.

I I.

Les marchands faifant le commerce pour l'approvifionnement de Paris, par eau, feront tenus, à peine d'une amende de trois cents livres, de déclarer à la municipalité, ou à l'un des commiffaires de police, la quantité des marchandifes, les lieux où ils doivent les charger, & l'époque de l'arrivée.

III.

Les contestations qui pourroient s'élever sur l'exécution des traités, marchés, entreprises & fournitures relatifs aux approvisionnemens de Paris, par eau, en ce qui concerne seulement la livraison des marchandises, les obstacles & difficultés qui surviendroient dans le transport, seront portés au tribunal de police municipale.

IV.

Le tribunal de police municipale connoîtra des contestations relatives à la justification des qualités, à la régularité des paiemens, & au rebut des quittances, qui pourront s'élever entre les payeurs des rentes sur l'hôtel-de-ville & les rentiers.

V.

Il connoîtra pareillement des contraventions aux règlemens de police, à l'égard des monts-de-piété, lombards & autres établissemens de ce genre, ainsi que de toutes les contestations qui peuvent en être la suite.

VI.

L'appel de tous jugemens rendus par le tribunal de police municipale, sera porté au tribunal établi par l'article LXIII du titre II du décret sur la police municipale & la police correctionnelle.

VII.

Le corps municipal nommera le greffier & les commis

qui feront attachés au tribunal de police municipale ; il réglera, avec l'autorifation du directoire du département, leur traitement , lequel fera payé par la commune.

V I I I.

Le corps municipal eft autorifé , en cas de befoin , à commettre un homme de loi , ou tout autre citoyen , pour remplir les fonctions de fubftitut du procureur de la commune auprès du tribunal de police municipale.

I X.

Le traitement des hommes de loi ou autres citoyens qui pourront être commis pour aider le procureur de la commune & fes fubftituts dans la pourfuite des délits en matière de police municipale & correctionnelle , fera payé par la commune , & déterminé par le corps municipal, avec l'autorifation du directoire du département, proportionnellement au travail dont ils devront être chargés.

Mandons & ordonnons à tous les corps adminiftratifs, & tribunaux , &c.

2032.

L O I

Relative à l'établissement de vingt-quatre officiers de police,
*sous le nom d'*officiers de paix *, dans la ville de*
Paris.

Donnée à Paris le 29 septembre 1791.

Louis, par la grace de Dieu, &c.

Décret du 21 *septembre* 1791.

L'Assemblée Nationale, après avoir entendu ses comités
de constitution & de législation criminelle, décrète ce
qui suit :

ARTICLE PREMIER.

Il sera établi à Paris vingt-quatre officiers de police,
sous le nom d'*officiers de paix ,* avec les fonctions
ci-après.

I I.

Les officiers de paix seront chargés de veiller à la
tranquillité publique , de se porter dans les endroits où
elle sera troublée , d'arrêter les délinquans & de les
conduire devant le juge-de-paix.

I I I.

Ils seront nommés par les officiers municipaux, &
leur service durera quatre ans.

IV.

I V.

Ils porteront pour marque diſtinctive , un bâton blanc à la main ; ils diront à celui qu'ils arrêteront : *Je vous ordonne , au nom de la loi , de me ſuivre devant le juge-de-paix.*

V.

Les citoyens feront tenus de leur prêter aſſiſtance à leur réquiſition ; & ceux qui refuſeront d'obéir aux offi-ciers de paix , feront condamnés , pour cela feulement , à trois mois de détention.

V I.

Les officiers de paix , pendant la nuit , pourront re-tenir les perſonnes arretées ; elles feront conduites au jour devant les commiſſaires de police , s'il s'agit d'objets attribués à la municipalité.

V I I.

S'il s'agit d'objets du reſſort de la police correction-nelle ou de la police de ſûreté , les officiers de police conduiront les prévenus , foit devant le juge-de-paix du diſtrict , foit devant le bureau central des juges-de-paix.

V I I I.

Les officiers de paix ne pourront être deſtitués que par trois délibérations ſucceſſives du bureau central des juges-de-paix , priſes à huit jours de diſtance l'une de l'autre.

Collec. des Lois. Tome XIII.   S

I X.

Le traitement annuel des officiers de paix fera de trois mille livres, aux frais de la commune.

X.

Les gardes du commerce continueront provifoirement & perfonnellement à exercer les fonctions qui leur font attribuées par les lois.

Mandons & ordonnons à tous les corps adminiftratifs & tribunaux, &c.

2033.

L O I

Relative aux penfions.

Donnée à Paris le 2 octobre 1791.

Louis, par la grace de Dieu, &c.

Décret du 17 feptembre 1791.

L'Affemblée nationale, ouï le rapport du comité des penfions, qui a rendu compte de la vérification des faits par le directeur de la liquidation, décrète :

ARTICLE PREMIER.

Que fur le fonds de dix millions deftiné par la loi du 22 août 1790 au paiement des penfions, il fera payé la fomme de foixante-dix-huit mille quatre cent vingt livres aux perfonnes nées en 1719, & comprifes

au premier état annexé au préfent décret ; celle de
quatre-vingt-cinq mille trois cent foixante-dix-fept livres
dix-huit fous, aux perfonnes nées en 1720, comprifes
au quatrième état annexé au préfent décret ; celle de
dix-huit mille fix cent quatre-vingt-fept livres dix fous,
aux perfonnes nées en 1716, & comprifes au fupplément formant le cinquième état annexé au préfent décret ; celle de cent foixante-feize mille neuf cent onze
livres quinze fous, aux perfonnes nées en 1721, 1717
& 1719, comprifes au dixième état annexé au préfent
décret ; celle de mille livres, à Anne-Louife-Sophie
Rulhière, veuve le Harivel du Rocher, pendant fa vie,
à compter du 10 août 1789, & de deux cents livres
par année à chacun de fes trois enfans ; jufqu'à ce qu'ils
aient atteint l'âge de vingt ans accomplis, à compter
du même jour 10 août 1789 ; celle de cinquante livres
par an, à compter du 9 janvier 1791, à chacun des
trois enfans du fieur Giraux, courrier de la malle de
Rheims à Paris, tué dans l'exercice de fes fonctions
la nuit du 8 au 9 janvier dernier, jufqu'à ce qu'ils
aient atteint l'âge de vingt ans accomplis ; celle de
deux cents livres à Louis Pucelle, & celle de cent cinquante livres à Guillaume Chevalot, pendant leur vie,
à compter du 14 juillet 1790 : le tout pour les caufes
énoncées au dixième état (*bis*) annexé au préfent décret.

I I.

Que fur les fonds affectés par la même loi aux penfions rétablies, il fera payé la fomme de trente mille
fix cent trente-huit livres dix-huit fous quatre deniers
aux perfonnes nées en 1719, comprifes au fecond état
annexé au préfent décret ; celle de foixante-treize mille
quatre cent vingt livres aux perfonnes nées en 1720,
& comprifes au fixième état annexé au préfent décret ;
celle de treize mille cent trente-fept livres cinq fous

aux perfonnes nées en 1716, & comprifes dans un fupplément formant le feptième état annexé au préfent décret ; celle de quatre-vingt-dix-fept mille quarante livres dix-huit fous quatre deniers, aux perfonnes nées en 1721, 1717 & 1719, comprifes au onzième état annexé au préfent decret.

I I I.

Que fur le fonds de deux millions de fecours établi par la loi du 22 août 1790, il fera payé la fomme de douze mille deux cent cinquante livres aux perfonnes comprifes au neuvième état annexé au préfent décret ; celle de dix-huit mille huit cent cinquante livres aux perfonnes nées en 1721, 1717 & 1719, comprifes au douzième état annexé au préfent décret.

I V.

Que fur le fonds de cent cinquante mille livres accordé par la loi du 25 février 1791, il fera payé par le tréfor public la fomme de cinq mille huit cents livres aux perfonnes dénommées au treizième état annexé au préfent décret.

V.

Que fur le fonds de deux millions deftiné aux gratifications par la loi du 22 août 1790, il fera payé la fomme de huit mille livres aux perfonnes comprifes au quatorzième état annexé au préfent décret.

Tous lefquels paiemens feront faits de la manière & aux conditions portées par les précédens décrets de l'Affemblée nationale.

A l'égard de la fomme de fept mille fix cent quatre-vingt-dix-neuf livres onze fous huit deniers, qui étoit partagée, à titre de penſion, entre les perſonnes nées en 1719, dénommées au troiſième état annexé au préſent décret ; de celle de deux cent quatre-vingt-dix mille ſept cent ſoixante-ſept livres cinq ſous deux deniers, qui étoit partagée entre les perſonnes nées en 1716, 1717, 1718 & 1720, compriſes au huitième état annexé au préſent décret ; celle de cinquante-neuf mille ſix cent quarante-huit livres dix-ſept ſous ſept deniers, qui étoit partagée entre les perſonnes nées en 1717, 1719 & 1721, compriſes au quinzième état annexé au préſent décret : leſdites ſommes demeurent définitivement rejetées des états de penſions à la charge · du tréſor public.

Mandons & ordonnons à tous les corps administratifs & tribunaux, &c.

2034.

L O I

Relative à la libre circulation des grains & des ſubſiſtances dans tout le Royaume.

Donnée à Paris le 2 octobre 1791.

Louis, par la grace de Dieu, &c.

Décret des 18 & 26 ſeptembre 1791.

L'Aſſemblée nationale, conſidérant que malgré les meſures qui ont été priſes pour maintenir la libre circulation des grains & aſſurer la ſubſiſtance à toutes les parties de l'empire, ſes vûes pourroient être trompées par les artifices des ennemis de la Conſtitution, & par les craintes exagérées du peuple, quoiqu'il ſoit reconnu que le Royaume renferme plus de fubfiftances qu'il n'en faut pour la confommation d'une année ; confidérant que le vrai moyen de porter l'abondance dans tout le Royaume eft de raffurer les commerçans, en leur procurant protection & garantie dans leurs fpéculations, décrète ce qui fuit :

ARTICLE PREMIER.

Que le Roi fera prié de donner les ordres les plus précis, pour faire pourfuivre & punir, fuivant la rigueur des lois, toute perfonne qui s'oppoferoit, fous quelque prétexte que ce puiffe être, à la libre circulation des fubfiftances.

I I.

Les propriétaires, fermiers, cultivateurs, commerçans & autres perfonnes faifant circuler des grains, en rempliffant les conditions exigées par la loi, qui éprouveront des violences ou le pillage de leurs grains, feront indemnifés par la Nation, qui reprendra la valeur de l'indemnité, en l'impofant fur le département dans lequel le défordre aura été commis. Le département fera porter cette charge fur le diftrict, fur les communes dans le territoire defquelles le délit aura été commis, & fur celles qui ayant été requifes de prêter du fecours pour maintenir la libre circulation, s'y feroient refufées, fauf à elles à exercer leur recours folidaire contre les auteurs des défordres.

I I I.

Il fera remis à la difpofition du miniftre de l'intérieur, jufqu'à concurrence d'une fomme de douze millions, pour être employée, fous l'autorité du Roi &

fur la refponfabilité du miniftre, à prêter progreffive-
ment aux départemens les fecours imprévus qui feront
reconnus leur être néceffaires, à la charge par léfdits
départemens de rembourfer dans deux ans, avec les intérêts à cinq pour cent, les avances qui leur feront
faites à titre de prêt. La tréforerie nationale en fera
l'avance chaque mois, en proportion des befoins reconnus
par le miniftre, qui fera tenu de juftifier de l'emploi
à la prochaine légiflature, toutes les fois qu'elle l'exigera. Au premier octobre 1792, l'emploi détaillé defdits fonds fera rendu public par la voie de l'impreffion,
& envoyé aux quatre-vingt-trois départemens. La caiffe
de l'extraordinaire reftituera fucceffivement à la tréforerie nationale les fommes qu'elle aura avancées pour
cet objet.

Mandons & ordonnons à tous les corps adminiftratifs
& tribunaux, &c.

2035.

L O I

Additionnelle fur l'organifation de la garde nationale
parifienne.

Donnée à Paris, le 2 octobre 1791.

Louis, par la grace de Dieu, &c.

Décret du 17 *feptembre* 1791.

L'Affemblée nationale décrète que les chefs de divifions de la garde nationale parifienne, qui ont fervi
fans traitement en cette qualité depuis le commence-

ment de la révolution, font compris dans le nombre des officiers fufceptibles d'obtenir des grades fupérieurs dans les nouveaux corps de troupes de ligne, d'infanterie légère & de la gendarmerie nationale, qui feront formés de la garde nationale foldée.

Mandons & ordonnons à tous les corps adminiftratifs & tribunaux, &c.

2036.

L O I

Qui fixe l'époque à laquelle s'affembleront chaque année les confeils de diftrict & de département.

Donnée à Paris le 2 octobre 1791.

Louis, par la grace de Dieu, &c.

Décret du 19 *feptembre* 1791.

L'Affemblée nationale, après avoir entendu le rapport du comité de conftitution, décrète ce qui fuit :

ARTICLE PREMIER.

Les confeils de diftrict fe réuniront chaque année le 2 octobre, & les confeils de département le 2 novembre.

Néanmoins, en la préfente année, la réunion des confeils de diftrict n'aura lieu que le 15 octobre, & celle des confeils de département que le 15 novembre.

I I.

L'Assemblée nationale, instruite que dans plusieurs départemens on a procédé, avant la nomination des députés à la législature, au tirage de la moitié des membres des directoires de département & de district, qui doivent sortir par le sort ; qu'il en résulte que quelques directoires seroient composés en entier d'administrateurs nouveaux, & que d'autres ne conserveroient plus la moitié des anciens, décrète que, nonobstant ce tirage, les membres exclus par le sort demeureront au directoire jusqu'à concurrence de moitié, autant que faire se pourra.

I I I.

Si le nombre des places à remplir pour compléter la moitié des directoires, aux termes de l'article précédent, est moindre que celui des membres exclus par le sort, en état d'y reprendre leurs fonctions, le sort déterminera ceux qui y rentreront.

Mandons & ordonnons à tous les corps administratifs & tribunaux, &c.

2037.

L O I

Relative à l'organisation provisoire du ci-devant État d'Avignon & Comtat Venaissin.

Donnée à Paris le 2 octobre 1791.

Louis, par la grace de Dieu, &c.

Décret du 23 *septembre* 1791.

L'Assemblée nationale, après avoir entendu ses comités de constitution, diplomatique & d'Avignon, décrète ce qui suit :

Les trois commissaires qui, en vertu du décret du 14 septembre dernier portant réunion d'Avignon & du comtat Venaissin à la France, doivent être envoyés par le Roi dans ces deux pays, dirigeront provisoirement l'organisation du territoire, & l'établissement des pouvoirs publics dans les ci-devant états réunis d'Avignon & du comtat Venaissin, conformément aux articles ci-après :

1°. L'Assemblée électorale des deux états réunis d'Avignon & du comtat Venaissin, séante à Bédarides, ainsi que toutes les municipalités de ces deux pays, & les autres corps, soit civils, soit judiciaires, soit administratifs, qui avoient pu y être établis depuis le mois de septembre 1789 jusqu'à ce jour, sont & demeurent supprimés ; & il sera formé une nouvelle organisation provisoire, conformément aux articles suivans.

2°. Les états réunis d'Avignon & du comtat Venaissin, séparés en quatre districts par les arrêtés de la ci-devant assemblée électorale, des 29 & 30 mars dernier, seront provisoirement divisés en deux districts, dont les chefs-lieux seront Avignon & Carpentras ; ils ne pourront former un quatre-vingt-quatrième département, mais ils seront divisés. entre les départemens environnans.

3°. Le district d'Avignon comprendra toutes les communes qui lui avoient été attribuées, ainsi que celles qui l'avoient été à Cavaillon ; celui de Carpentras comprendra toutes celles qui lui avoient été pareillement attribuées, en y joignant Vaison & les communes qui y avoient été réunies.

4°. Les deux nouveaux districts resteront provisoirement divisés en cantons, suivant la division qui en avoit été faite par les mêmes arrêts de l'assemblée électorale, des 29 & 30 mars dernier.

5°. Il sera provisoirement établi un juge-de-paix dans chaque canton.

6°. Il sera créé provisoirement dans chacun des deux nouveaux districts, une administration de district, & un tribunal de district dont la composition sera conforme à ce qui est prescrit par les décrets de l'Assemblée nationale.

7°. Dans chaque commune, il sera formé une nouvelle municipalité, d'après les règles prescrites par les différens décrets de l'Assemblée nationale.

8°. Il sera également procédé à l'inscription des citoyens actifs sur le rôle des gardes nationales, aux termes de la loi.

9°. Les conditions qui avoient été prescrites par les deux états réunis pour être citoyen actif, seront provisoirement exécutées, jusqu'à ce que le mode d'imposition décrété par l'Assemblée nationale, soit établi à Avignon & dans le comtat Venaissin.

10°. Les citoyens actifs se réuniront en chaque commune, pour nommer les officiers municipaux, aux termes des décrets.

11°. Les citoyens actifs de chaque canton se réuniront pour nommer les juges-de-paix ; ils se réuniront en assemblée primaire pour nommer les électeurs.

12°. Les électeurs des deux districts se rassembleront à Bédarides, pour procéder à la nomination de trois députés au Corps législatif, dont un sera nécessairement pris dans le district d'Avignon, un autre dans celui de Carpentras, le troisième indifféremment dans l'un ou l'autre district. Ils nommeront aussi deux suppléans, sans que des dispositions mentionnées au présent article, on puisse tirer aucune conséquence pour l'avenir.

13°. Les électeurs, après ces nominations faites, se réuniront dans leurs districts respectifs, pour procéder, 1°. à la nomination des douze membres devant composer le conseil & le directoire de chaque district ; 2°. à la nomination des cinq juges qui composeront le tribunal de chaque district. Il sera commis provisoirement à l'exercice des fonctions de commissaire du Roi auprès des deux tribunaux.

14°. Il sera choisi parmi les membres du conseil de chaque district, trois commissaires qui, de concert avec les commissaires du Roi, vérifieront la dette des deux pays, & en dresseront les états.

15°. Les administrations provisoires des deux districts de Carpentras & d'Avignon, ne seront soumises à aucune administration de département ; mais leurs actes, jusqu'à l'organisation définitive, devront être revêtus de l'approbation des commissaires du Roi, & le pouvoir exécutif aura le droit d'annuller leurs actes & de suspendre les administrateurs de leurs fonctions, conformément à ce qui est prescrit par la Constitution ou par les lois.

16°. Les commissaires du Roi sont autorisés à défi-

gner provifoirement ceux des tribunaux voifins auxquels feront portés les appels des jugemens rendus par
les tribunaux de diftrict de Carpentras & d'Avignon.

17°. Le traitement des citoyens élus par le peuple ou
nommés par le Roi, fera le même que celui fixé par
les décrets de l'Affemblée nationale.

18°. Les tribunaux de diftrict, outre les caufes qui
leur font de droit attribuées, connoîtront encore provifoirement de toutes les caufes criminelles & de commerce, en obfervant les formes décrétées par l'Affemblée nationale.

19°. La police municipale & correctionnelle fera
exercée aux termes & à la forme des décrets.

20°. Les officiers publics qui rempliffoient les fonctions d'huiffiers & d'appariteurs auprès des anciens tribunaux, rempliront provifoirement les mêmes fonctions
auprès des nouveaux tribunaux, en prêtant le ferment
prefcrit. Il en fera de même des notaires jufqu'à l'organifation définitive.

21°. Il fera pourvu provifoirement aux frais néceff-
faires pour les établiffemens ci-deffus mentionnés, &
pour l'exécution du préfent décret ; le tréfor public
en fera les avances.

22°. La première légiflature ftatuera fur la quotité
& perception des contributions foncière & mobiliaire,
& toutes autres que devront fupporter par la fuite les
deux états réunis.

23°. Il ne fera rien ftatué fur le clergé du ci-devant
état d'Avignon & comtat Venaiffin, que par l'organifation définitive. Les commiffaires du Roi, de concert
avec les adminiftrateurs de diftrict, feront dreffer un
état exact des biens nationaux qui exiftent dans les deux
états, & pourvoiront à ce qu'il n'y foit commis aucune
déprédation.

24°. Les commiffaires du Roi, de concert avec les
commiffaires de diftrict, chargés de vérifier la dette &

d'en faire dreſſer l'état, ſeront également chargés de vérifier le nombre des offices ayant finance ſupprimés par l'effet de la réunion des deux états à la France, & d'en faire dreſſer l'état ; à cet effet, les titulaires de charges & offices remettront leurs titres aux commiſſaires ci-deſſus dénommés.

25°. Les commiſſaires du Roi reſteront dans les deux états réunis juſqu'à l'époque où l'organiſation définitive ſera terminée. Ils auront le droit de requérir la force publique ; & conformément à ce qui leur ſera preſcrit par le Roi , ils feront exécuter dès-à-préſent celles des lois Françaiſes que comporte l'état actuel des deux pays réunis.

26°. Le pouvoir exécutif, ſur la demande des commiſſaires du Roi , fera raſſembler & marcher les troupes de ligne & les gardes nationales , tant des deux nouveaux diſtricts que des départemens voiſins , pour l'exécution des décrets & le maintien de l'ordre public.

27°. L'amniſtie décrétée le 13 ſeptembre par l'Aſſemblée nationale, aura ſon effet dans les territoires d'Avignon & du comtat Venaiſſin. La rentrée des émigrans ſera protégée par tous les moyens que déterminent les lois. La ſûreté de leurs perſonnes & de leurs propriétés eſt ſpécialement ſous la reſponſabilité des municipalités & corps adminiſtratifs.

Mandons & ordonnons à tous les corps adminiſtratifs & tribunaux , &c.

2038.

L O I

Relative aux dépenses de l'ordre judiciaire , & des administrations de département.

Donnée à Paris le 2 octobre 1791.

Louis, par la grace de Dieu, &c.

Décret du 24 *septembre* 1791.

L'Affemblée nationale, voulant mettre les adminif-trateurs de département à portée de fubvenir , fans au-cun retard, au paiement de la dépenfe de l'ordre judi-ciaire & de celle d'adminiftration pour le trimeftre de juillet 1791 , en attendant qu'ils trouvent dans le pro-duit des fous additionnels le moyen de pourvoir, avec leurs propres fonds , à ces dépenfes mifes à leur charge, & de remplacer à la tréforerie nationale les avances qui leur auront été faites , a décrété & décrète ce qui fuit :

A R T I C L E   P R E M I E R.

Les commiffaires de la tréforerie nationale feront remettre à la difpofition des directoires des quatre-vingt-trois départemens, à titre d'avance , la fomme de trois millions trois cent dix-huit mille cinq cent vingt-cinq livres, pour fubvenir à la dépenfe des tribu-naux pour le trimeftre de juillet 1791 , & compléter s'il y a lieu, le paiement des deux trimeftres précé-dens.

I I.

Les commiſſaires de la tréſorerie nationale feront également remettre à la diſpoſition des directoires de département, auſſi à titre d'avance, la ſomme de quatre millions cent vingt-un mille deux cent quatre-vingt-quatorze livres quinze ſous, pour ſubvenir aux dépenſes d'adminiſtration pour le même trimeſtre de juillet 1791, & compléter le paiement de celles des deux trimeſtres précédens.

I I I.

L'une & l'autre ſommes feront partagées entre les départemens, d'après l'état de diſtribution qui en ſera arrêté par le miniſtre des contributions publiques, conformément aux tableaux dépoſés au comité des finances.

I V.

Le receveur du diſtrict renfermant le chef-lieu du département, fournira aux commiſſaires de la tréſorerie nationale un récépiſſé de la totalité de la ſomme qui aura été envoyée au directoire du département pour l'une & l'autre dépenſes; & la diſtribution de cette ſomme ſera faite enſuite en proportion de la dépenſe à faire acquitter en chaque diſtrict.

V.

Ce récépiſſé ſera viſé par les adminiſtrateurs du directoire de département, leſquels, par l'arrêté mis au bas de ce récépiſſé, prendront l'engagement de faire remplacer à la tréſorerie nationale ſur le produit des ſous pour livre additionnels impoſés au marc la livre

des

des contributions de 1791 , & opéreront en effet ce remplacement en 1791 , à fur & à mefure des recouvremens.

Mandons & ordonnons à tous les corps adminiftratifs & tribunaux , &c.

2039.

L O I

Relative au rembourfement des fommes réfultant du tirage fait en avril dernier , de la loterie d'octobre 1783.

Donnée à Paris le 2 octobre 1791.

Louis, par, la grâce de Dieu , &c.

Décret du 24 *feptembre* 1791.

L'Affemblée nationale décrète que la caiffe de l'extraordinaire ouvrira, en octobre prochain, le remboursement des fommes dues en réfultat du tirage fait en avril dernier, de la loterie d'octobre 1783, montant à la fomme de fept millions deux cent mille trois cents livres.

Mandons & ordonnons à tous les corps adminiftratifs & tribunaux , &c.

2040.

L O I

Relative à la perception des contributions foncière &
mobiliaire , & du droit de patentes.

Donnée à Paris le 2 octobre 1791.

Louis , par la grâce de Dieu , &c.

Décret du 16 *septembre* 1791.

L'Affemblée Nationale décrète ce qui fuit :

Aajudication de la perception.

A R T I C L E   P R E M I E R.

La perception de la contribution foncière , de la contribution mobiliaire. & des patentes , fera faire dans
chaque communauté par le même ou les mêmes percepteurs.

I I.

Auffitôt que les officiers municipaux auront reçu le
mandement du directoire de diftrict , ils drefferont un
tableau contenant , 1º. le montant de la contribution
mobiliaire de la communauté en principal & fous additionnels ; & hors ligne , le montant des trois deniers
additionnels de taxations , alloués au percepteur par l'article XLIV de la loi du 18 février 1791.

2º. Le montant par apperçu du produit du droit de
patentes dans la communauté , & hors ligne , le mon-

tant des trois deniers de taxations, alloués au percepteur par l'article VIII du décret du 20 septembre dernier.

3°. Le total de ces deux espèces de taxations sera additionné, & il sera énoncé que celui qui se rendra adjudicataire de la perception de la contribution foncière, fera la perception de la contribution mobiliaire & du droit de patentes, pour cette même rétribution de trois deniers pour livre sur chacune de ces contributions.

I I I.

A la suite de cet état, seront transcrites les principales obligations du percepteur, telles qu'elles résultent des dispositions des lois sur les contributions, conformément au modèle ci-joint.

I V.

Il sera ajouté au bas de cet état, le calcul de ce que produiroient les taxations sur la contribution foncière, si elles étoient réglées à six deniers pour livre; & tous ceux qui voudront s'en charger aux conditions énoncées, à raison de ces taxations ou au-dessous, seront invités à se présenter dans la huitaine devant les officiers municipaux, pour y faire connoître leur solvabilité & les cautions qu'ils pourront donner.

Il ne pourra pas être exigé de cautionnement plus fort que le tiers du montant des rôles des contributions foncière & mobiliaire.

Cet état ou tableau ainsi rédigé, sera affiché aux lieux accoutumés.

V.

Huit jours après l'affiche du tableau, & un jour de

T 2

dimanche, les officiers muncipaux s'affembleront au lieu
de leurs féances, & là, après la lecture du tableau ci-
deffus, on propofera la perception de la contribution
foncière au rabais. Toutes les perfonnes dont la folva-
bilité aura été reconnue, feront admifes à fous-enchérir,
& l'adjudication fera faite à celle dont les offres feront
les plus avantageufes.

Dans le cas même où il ne fe préfenteroit qu'une
feule perfonne, l'adjudication lui fera faite, fi elle
confent à refter adjudicataire à fix deniers pour livre
fur la contribution foncière.

V I.

Dans le cas où perfonne ne fe préfenteroit, la municipalité en dreffera procès-verbal, & formera dans
le jour même un fecond tableau femblable au précédent, excepté que les taxations fur la contribution foncière y feront calculées à raifon de neuf deniers. Ce
tableau fera également affiché fur-le-champ, & huit
jours après il fera procédé à l'adjudication au profit de
celui qui offrira de s'en charger à la plus foible remife. Dans le cas où il ne fe préfenteroit qu'une feule
perfonne, l'adjudication lui fera faite, fi elle confent
à refter adjudicataire, à neuf deniers pour livre fur la
contribution foncière.

V I I.

S'il ne fe préfente perfonne à cette feconde adjudication, il fera formé un troifième tableau, dans lequel la remife fur la contribution foncière fera portée
à douze deniers, & il fera procédé à l'adjudication de
la manière ci-deffus prefcrite.

V I I I.

Dans le cas où les augmentations progreffives des

remifes fur la contribution foncière jufqu'à concurrence de douze deniers, ne procureroient aucune adjudication, le confeil général de la commune s'affemblera, & nommera pour receveur un de fes membres, qui ne pourra refufer de faire la perception à douze deniers feulement fur la contribution foncière, trois deniers fur la contribution mobiliaire & trois deniers fur les patentes, fans être tenu de répondre des non-valeurs, pourvu qu'il juftifie de fes diligences.

I X.

Dans les villes de vingt-cinq mille ames & au-deffus, fi le confeil général de la commune juge plus utile de nommer un receveur des contributions, que de mettre la perception en adjudication, il pourra y être autorifé par le directoire du département, fur l'avis de celui de diftrict, pourvu que les taxations du receveur n'excèdent point le taux moyen de celles des adjudicataires, à la moins dite des communautés du diftrict.

X.

Lorfque la perception de la communauté aura été adjugée, ou que le receveur aura été nommé, il en fera dreffé procès-verbal au bas du tableau fur lequel l'adjudication aura été faite, & l'adjudicataire ou receveur nommé fera tenu de faire & figner au procès-verbal fa foumiffion de fe conformer à tout ce qui eft prefcrit, & à toutes les lois relatives à la perception.

X I.

La municipalité adreffera un double de ce procès-verbal au directoire du diftrict, & le directoire fera former un état de toutes les communautés de fon reffort , avec taux des remifes auxquelles la perception aura été adjugée , ou la recette donnée ; il s'occupera, dans le cours de l'année , des moyens de diminuer pour l'année fuivante les frais de perception.

Perception.

X I I.

A défaut de paiement de la contribution foncière à l'échéance de chaque trimeftre , le percepteur de la communauté pourra faire toutes les faifies de fruits ou de loyers, & tous les actes confervatoires propres à accélérer & à affurer le paiement de la contribution.

X I I I.

Les percepteurs feront tenus d'émarger exactement fur les rôles les paiemens à mefure qu'il leur en fera fait , & de décharger ou de croifer, en préfence des contribuables, les articles entièrement foldés , même de leur en donner quittance s'ils en font requis.

X I V.

Un officier municipal ou le procureur de la commune, à ce commis par la municipalité, examinera quand il le jugera à propos, & au moins une fois par mois, les différens rôles dont le percepteur fera porteur, à l'effet de vérifier, 1°. fi le recouvrement eft en retard, & quelles en font les caufes; 2°. fi les fommes recouvrées font émargées fur les rôles; 3°. fi les fommes recouvrées dans le mois précédent, & qui doivent être verfées dans la caiffe du diftrict, l'ont été en totalité; 4°. fi les fommes recouvrées depuis le

dernier verfement, exiftent dans les mains du percepteur.

X V.

L'officier municipal ou procureur de la commune
vérificateur, vifera toutes les quittances qui feront entre
les mains du percepteur, & remettra dans le délai de
trois jours, à la municipalité, l'état de ces quittances
certifié de lui & du percepteur, & le bordereau pareillement figné de l'un & de l'autre, du montant des
recouvremens faits pendant le mois, & des fommes
qui reftent à recouvrer.

X V I.

Ne pourront être faifis pour contributions arriérées,
les lits & vétemens néceffaires, pain & pot-au-feu,
les portes, fenêtres, les animaux de trait fervant au
labourage, les harnois & inftrumens fervant à la culture, ni les outils & métiers à travailler.

Il fera laiffé au contribuable en retard, une vache
à lait ou une chèvre à fon choix, ainfi que la quantité
de grains ou graines néceffaires à l'enfemencement ordinaire des terres qu'il exploite.

Les abeilles, les vers à foie, les feuilles de mûrier
ne feront faififfables que dans les temps déterminés
par les décrets fur les biens en ufages ruraux.

Les porteurs de contraintes qui contreviendront à ces
difpofitions, feront condamnés à cent livres d'amende.

X V I I.

Les receveurs de diftrict remettront chaque année,
dans les premiers jours de janvier, aux directoires de
diftrict, un état nominatif des porteurs de contraintes
qu'ils propoferont d'employer : ils ne pourront les choifir

T 4

que parmi les citoyens actifs domiciliés dans le district, sachant lire & écrire.

Les directoires de district en fixeront le nombre, les choisiront parmi ceux qui auront été proposés, & leur donneront des commissions conformes au modèle ci-joint. Ces porteurs de contraintes feront seuls les fonctions d'huissiers pour les contributions foncière, mobiliaire & les patentes ; ils prêteront serment devant les directoires de district.

X V I I I.

Les porteurs de contraintes pourront être destitués par délibération du directoire de district, qui en donnera avis au directoire de département, & lui en fera connoître les motifs.

X I X.

Ils feront tenus, en arrivant dans chaque communauté, de faire constater par un officier municipal, ou le procureur de la commune, le jour & l'heure de leur arrivée, & de même, en se retirant, le jour & l'heure de leur départ.

X X.

Le temps que les porteurs de contraintes auront employé dans la communauté étant ainsi constaté, le bulletin des frais à leur allouer sera ensuite réglé par le directoire de district, & le total de ces frais sera réparti à la suite du bulletin, au marc la livre des sommes dues par les contribuables dénommés dans les contraintes, à l'époque où elles seront décernées.

X X I.

Il sera fait deux expéditions de ce bulletin : l'une

fera rendue exécutoire par le directoire de diftrict, & fera remife par le receveur du diftrict au percepteur, pour lui fervir au recouvrement des frais qui y font alloués, & dont il verfera le montant entre les mains du receveur ; la feconde expédition reftera au receveur du diftrict, pour diftribuer aux porteurs de contraintes les fommes revenant à chacun d'eux pour leurs journées, & les porteurs de contraintes donneront quittance au pied du bulletin.

Ceux des contribuables qui, fans attendre de faifies & ventes, fatisferont à la contrainte, ne fupporteront que leur part des premiers frais.

Ceux qui néceffiteront des faifies & ventes, en fupporteront les frais.

X X I I.

Les municipalités donneront affiftance & protection aux porteurs de contraintes ; & en cas de refus, ceux-ci drefferont un procès-verbal qu'ils enverront au directoire de diftrict, lequel, après en avoir donné communication aux officiers municipaux, prononcera, s'il y a lieu, contr'eux la refponfabilité folidaire du montant total de l'arriéré des contributions foncière & mobiliaire, & des patentes, pour leur communauté. Signification de l'arrêté du directoire fera faite fans délai aux officiers municipaux, à la requête du receveur du diftrict.

X X I I I.

En cas de rebellion, le porteur de contraintes en dreffera procès-verbal, qu'il fera vifer par un officier municipal ou le procureur de la commune, & l'enverra fur-le-champ au directoire du diftrict. Le procureur-fyndic dénoncera les faits à l'accufateur public, & lorfque l'inftitution du juré fera en activité, à l'officier de police ou au directeur du juré.

X X I V.

Les receveurs de diftrict & les officiers municipaux pourront dreffer des procès-verbaux des plaintes qui leur auront été faites contre les porteurs de contraintes ; & ils adrefferont fur-le-champ ces procès-verbaux au procureur-fyndic , qui en rendra compte au directoire du diftrict , lequel révoquera ces employés, s'il y a lieu.

X X V.

Si les plaintes étoient telles qu'il y eût lieu à une pourfuite criminelle contre ces porteurs de contraintes , les directoires de diftrict feront remettre par leurs procureurs-fyndics ces plaintes à l'accufateur public , & lorfque l'inftitution du juré fera en activité , à l'officier de police ou au directeur du juré.

X X V I.

Chaque receveur de diftrict tiendra des regiftres par communauté, tant des faifies ou contraintes qu'il aura fait vifer, que des frais auxquels elles auront donné lieu. Ces regiftres feront paraphés par le préfident du directoire de diftrict. A la fin de chaque trimeftre , le receveur du diftrict remettra au procureur-fyndic un état certifié de lui, contenant, 1°. le montant total des contributions de fa recette ; 2°. le total des fommes recouvrées ; 3°. le total des frais faits pendant les trimeftres antérieurs ; 4°. la fomme recouvrée pendant le dernier trimeftre ; 5°. le montant des frais faits pendant ce trimeftre ; 6°. la fomme reftant à recouvrer.

X X V I I.

Les procureurs-fyndics enverront de même , tous les

trois mois, un extrait sommaire de ces états au procureur-général-syndic du département, qui en fera former un état général, d'après, lequel le directoire du
département pourra comparer la marche du recouvrement dans les différens districts & communautés. Le
directoire du département enverra une copie de cet état
général au ministre des contributions publiques, avec
ses observations.

Versement à la caisse du district.

X X V I I I.

Lorsque les percepteurs viendront apporter leur recette
du mois à la caisse du district, le receveur leur donnera une quittance d'à-compte conforme au modèle ci-
joint.

X X I X.

Dans le cas où un percepteur seroit obligé de quitter
la perception, pour divertissement de deniers & insol-
vabilité de ses cautions, ou autres causes forcées, on
procédera sur-le-champ à l'apurement du compte & à
une nouvelle adjudication.

X X X.

Dans le cas où un percepteur n'auroit pas apporté
dans les quinze premiers jours du mois, à la caisse du
district, le montant de son recouvrement, le receveur
du district enverra un avertissement à la municipalité ;
& si quinzaine après cet avertissement il n'y a pas encore satisfait, le receveur présentera au directoire du
district une contrainte, qui sera sur-le-champ visée, &
mise à exécution comme il suit.

X X X I.

Il fera d'abord procédé contre le percepteur & fes cautions à une fimple faifie de meubles & effets, & en cas d'infuffifance du produit de la vente des objets faifis, fur la demande du receveur, il fera procédé à la faifie & vente des immeubles du receveur & de fes cautions.

X X X I I.

Dans le cas de divertiffement des deniers, la muni-cipalité, auffitôt qu'elle en aura connoiffance, fera tenue d'en dreffer un procès-verbal qu'elle enverra fur-le-champ au procureur-fyndic du diftrict, pour être pris par le directoire, après en avoir communiqué avec le receveur, les mefures les plus promptes & les plus convenables pour affurer la rentrée des deniers divertis.

X X X I I I.

En cas de faillite d'un percepteur & d'infolvabilité de fes cautions, la municipalité fera tenue de juftifier qu'elle a fait exactement les vérifications prefcrites, faute de quoi les officiers municipaux feront perfonnellement refponfables du déficit.

X X X I V.

Les membres du confeil général de la commune étant refponfables, envers le receveur du diftrict, de la fol-vabilité & du paiement du percepteur auquel ils auront adjugé la perception de leurs contributions foncière, mobiliaire & des patentes, lorfqu'il y aura un déficit, le receveur fe pourvoira devant le directoire de diftrict,

& lui préfentera une contrainte à l'effet d'obliger les membres du confeil général de la commune à acquitter la fomme dont le percepteur fe trouvera définitivement reliquataire.

X X X V.

Après difcuffion des biens du percepteur & de ceux de fes cautions, les membres du confeil général de la commune, en juftifiant alors qu'il n'y a eu de leur part aucune négligence, fe pourvoiront au directoire de diftrict pour obtenir la réimpofition à leur profit de la fomme qu'ils auront payée, & qui devra en définitif refter à la charge de la communauté & être réimpofée fur les rôles de la même année.

X X X V I.

Dans le cas où un percepteur feroit accufé de concuffion ou de falfification de rôle, le procureur-fyndic du diftrict fera dreffer procès-verbal des faits & le remettra à l'accufateur public, & lorfque l'inftitution du juré fera en activité, à l'officier de police ou au directeur du juré.

X X X V I I.

Lorfque par la ftérilité de l'année, la grêle, la gelée, l'inondation ou autres vimaires, la récolte, les maifons & bâtimens d'un contribuable ou d'une communauté auront été détruits en totalité ou en grande partie, le contribuable ou la communauté en donnera connoiffance au directoire de diftrict, qui nommera fans délai un ou plufieurs commiffaires, membres du confeil du diftrict, pour fe tranfporter fur les lieux, vérifier les faits, & en rapporter procès-verbal qui fera dépofé aux archives du district : copie par extrait en fera envoyée au directoire du département.

X X X V I I I.

Si les récoltes de la majeure partie des communautés d'un district ont essuyé des fléaux ou vimaires, le directoire du district en donnera avis à celui du département, qui nommera un ou plusieurs commissaires parmi les membres du conseil du département, pour se transporter sur les lieux & dresser procès-verbal des pertes. Il en sera fait deux expéditions ; l'une sera déposée aux archives du département, l'autre à celles du district : des extraits de ces divers procès-verbaux seront adressés au Corps législatif & au ministre des contributions.

X X X I X.

Les directoires de département feront chaque année dresser l'état des pertes résultant des causes ci-dessus mentionnées, & le conseil du département distribuera entre les districts les sommes ou partie des sommes faisant le fonds destiné aux décharges ou réductions, remises ou modérations & secours, & qui est à la disposition du département.

X L.

Lorsque l'Assemblée nationale législative aura accordé, sur les fonds de non-valeur dont la disposition lui est réservée, une somme en dégrèvement ou secours à un département, le conseil en fera la répartition entre les districts de son territoire.

X L I.

Les directoires de district feront entre les communautés la répartition des sommes qui leur feront allouées.

Lorfqu'il n'y aura qu'une partie des contribuables d'une communauté qui auront effuyé des dommages, la répartition de la fomme qui aura été accordée fera faite par le directoire du diftrict, fur l'avis de la municipalité.

Une portion des fecours à diftribuer pourra être accordée aux fermiers, métayers ou colons.

Perception de la contribution foncière, de la contribution
mobiliaire & du droit de patentes.

DE PAR LA LOI ET LE ROI.

Les officiers municipaux de la communauté d
font favoir que le dimanche
du mois d   ils procéderont, au
lieu ordinaire de leurs féances, à l'adjudication de la perception de la contribution foncière de l'année 179,
à celui qui offrira de s'en charger au plus bas prix,
& aux conditions fuivantes :

1°. L'adjudicataire fera chargé de faire la perception de la contribution mobiliaire de la même année 179,
à raifon de trois deniers pour livre ; & attendu que le rôle de la contribution mobiliaire s'élève,

Pour le principal à
Pour les fous additionnels à
Et pour les charges de la municipalité à

TOTAL.......

Les taxations à raifon de trois deniers font, &c.
2°. L'adjudicataire fera chargé de faire la perception

du droit de patentes, pendant la même année 179,
à raison de trois deniers pour livre ; & attendu que le
produit de ce droit peut être évalué d'après

à une somme de

Les taxations à raison de trois deniers font de.

3°. Le percepteur adjudicataire fera chargé de faire
la perception de la contribution foncière à raison des
taxations qui résulteront de son adjudication.

4°. Attendu que les deux contributions foncière &
mobiliaire de 179, s'élèvent,

La contribution foncière à
Et la contribution mobiliaire à

TOTAL . . . . . .

L'adjudicataire fera tenu de donner un cautionnement de

revenant au tiers des deux contributions, suivant
l'article IV de la loi du 2 octobre 1791.

5°. Le percepteur fera tenu de faire fur les rôles tous
les émargemens de paiemens. *Loi du 2 octobre* 1791,
article XIII.

6°. Le percepteur fera tenu de donner communication de fon rôle, & de toutes les pièces relatives
à fes recouvremens, au procureur de la commune, ou
à un officier municipal, toutes les fois qu'il en fera
requis. *Même loi, articles XIII & XIV.*

7°. Le percepteur portera à la fin de chaque mois,
ou enverra, à fes rifques & périls, à la caiffe du diftrict, le montant de fa recette du mois précédent. *Même
loi, article XXVIII.*

8°. En cas de retard de paiemens, le percepteur fera
pourfuivi dans les formes prefcrites par les articles
XXIX & XXX de la même loi.

9°.

9°. En cas de divertiſſement de deniers ou de falſi-
fication de rôles, le percepteur ſera pourſuivi ainſi
qu'il eſt porté dans les articles XXXI, XXXII &
XXXVI de la même loi.

Toute perſonne quelconque ſera admiſe à l'adjudication de la perception.

attendu que la contribution foncière de 179 s'élève

Pour le principal, à
Pour les ſous additionnels, à
Et pour les charges de la municipalité, à

TOTAL........

Nul ne ſera admis à l'adjudication, s'il n'offre de s'en charger à raiſon de * deniers pour livre au plus, for- mant	* Dans le premier tableau, 6 den. Dans le ſecond, 9 deniers.
Enfin, nul ne ſera admis à l'adjudi- cation qu'après s'être préſenté devant la municipalité, pour y faire connoître ſa ſolvabilité & les cautions qu'il pourra donner.	Dans le troiſième, 15 deniers.

QUITTANCE.

DÉPARTEMENT
d

DISTRICT
d

COMMUNAUTÈ
d

Nota. Il doit être expédié un récépiſſé particulier dans la forme de ce modèle, pour chacun des paiemens ſur la contribution mobiliaire, ainſi que pour ceux qui ſeront faits ſur le droit de patentes.

CONTRIBUTION FONCIÈRE.

Année 179

BORDEREAU.

Eſpèces
Aſſignats
Ordonnances de décharges ou réductions, remiſes ou modérations.

Total . . . . . .

Je ſouſſigné, receveur du diſtrict d reconnois avoir reçu de M. percepteur de la communauté de la ſomme de ſuivant le bordereau ci-deſſus, & dont je lui tiendrai compte ſur la contribution foncière de l'année 179 en me rapportant le préſent ſeulement.

A 　 ce 　 179

COMMISSION

DE PORTEUR DE CONTRAINTES.

Le nommé remplira les fonctions de porteur de contraintes pour le recouvrement des contributions foncière, mobiliaire, & des patentes du district de & se conformera exactement aux dispositions de la loi du dont il lui sera remis un exemplaire en même tems que la présente commission. Le nommé obéira au surplus ponctuellement aux ordres qui lui seront donnés par MM. les administrateurs du directoire du district de & fera tout ce qui lui sera prescrit par le receveur du district, pour raison de pourfuites relatives à la perception des contributions directes. Ledit sera tenu de se présenter devant le directoire du district de pour y prêter serment, conformément à l'article XVI de la même loi du

Fait à le mil sept cent quatre-vingt-

Les administrateurs du directoire du district de

Mandons & ordonnons à tous les corps administratifs & tribunaux, &c.

V ?

L o i *du* 2 *Octobre* 1791.

2041.

L O I

Relative à différentes liquidations d'offices de judicature.

Donnée à Paris le 2 octobre 1791.

Louis, par la grace de Dieu, &c.

Décret du 29 *septembre* 1791.

L'Assemblée Nationale, après avoir entendu le rapport qui lui a été fait au nom de ses comités central, de liquidation & de judicature, réunis, dont les états suivent :

Résultat des rapports de liquidation d'offices, remis au comité de judicature par le commissaire du roi, directeur-général de la liquidation, le 27 *septembre* 1791.

Total des liquidations ci-dessus & des autres parts montant à la somme de dix - neuf millions quatre cent quatre-vingt-treize mille six cent soixante-dix-neuf livres dix - sept sous cinq deniers, ci . . . . 19,493,679 l. 17 f. 5 d.

Les dettes actives des compagnies liquidées dont la nation profite, montent à un million cent soixante - quatre mille six cent quatre-vingt-douze livres huit sous trois deniers, ci . . . 1,164,592 8 3

Les dettes passives dont elle
se charge montent à un million
trois cent soixante - sept mille
quatre cent soixante-dix -neuf
livres sept sous un denier, ci...   1,367,479   7   1

Différence à la charge de la
nation, deux cent deux mille
sept cent quatre-vingt-six livres
dix-huit sous dix deniers , ci...   282,786   18   10

Décrète que les sommes portées au procès-verbal de
liquidation d'offices, du 27 de ce mois, ainsi qu'au
résultat du même jour, seront payées aux titulaires dénommés audit procès - verbal, à la charge par eux de
remplir les formes & conditions prescrites par les
décrets.

Mandons & ordonnons à tous les corps administratifs
& tribunaux, &c.

2042.

L O I

Relative à la liquidation de la dette arriérée.

Donnée à Paris le 2 octobre 1791.

Louis , par la grace de Dieu, &c.

Décret du 29 *septembre* 1791.

L'Assemblée Nationale, ouï le rapport de son comité
central de liquidation, qui lui a rendu compte des vérifications & rapports faits par le commissaire - général
de la liquidation, décrète qu'en conformité de ses pré-

cédens décrets fur la liquidation de la dette publique, & fur les fonds deftinés à l'acquit de la dette, il fera payé aux parties ci-après nommées, & pour les caufes qui feront pareillement exprimées, les fommes fuivantes; favoir.,

Réfultat de ladite liquidation.

1°. Arriéré du département de la maifon du roi.

　　Gages à différens employés, pour les années 1788 & 1789, & fous la déduction des dixièmes, taxation & droit de quittance & capitation.

　　Garde-Meuble de la couronne.

　　Bibliothèque du roi.

　　Vénerie du roi.

　　Écurie du roi.

　　Petite écurie du roi.

　　Gouvernement de la Muette.

　　Gouvernement du Louvre.

　　Château de Choify-le-Roi.

　　Dames du palais de la reine & dames de compagnie de madame Victoire.

　　Mines.

　　Bâtimens du roi.

2°. Arriéré du département de la guerre.

3°. Arriéré du département de la marine.

4°. Arriéré du département des finances.

　　Finances & gages de judicature, adminiftration des haras.

　　Département des monnoies.

　　Dépenfes du commerce.

　　Les ci-devant commiffaires au Châtelet de Paris.

　　Gages du confeil.

　　Réclamations particulières.

5°. Créances fur le ci-devant clergé.

　　Dettes conftituées.

Rentes viagères.

Dettes exigibles.

6°. Maîtrises & jurandes.

7°. Domaines & féodalité.

8°. Remboursemens de charges & offices.

9°. Supplément à l'arriéré de la maison du roi.

Gouvernement de Compiègne.

Total général . . . . . 20,589,994 l. 17 f. 6 d.

Et à la charge par les unes & les autres des parties ci-dessus nommées, de se conformer chacune en droit soi aux lois de l'Etat, pour obtenir leur reconnoissance de liquidation définitive, & leur remboursement à la caisse de l'extraordinaire.

Mandons & ordonnons à tous les corps administratifs & tribunaux, &c.

2043.

L O I

Relative à l'organisation des bureaux des départemens de la justice, de l'intérieur, des contributions publiques & de la marine.

Donnée à Paris le 2 octobre 1791.

Louis, par la grace de Dieu, &c.

Décret du 29 septembre 1791.

L'Assemblée Nationale, sur le rapport de ses comités des contributions publiques & des finances, décrète ce qui suit :

V 4

L o i *du* 2 *Octobre* 1791.

ARTICLE PREMIER.

Tous les traitemens, appointemens & dépenses des différens bureaux de la justice seront fixés à la somme de *deux cent vingt-cinq mille cinq cents livres*, y compris les huissiers du sceau, l'officier & les deux gardes à cheval de la gendarmerie nationale, le troisième garde sédentaire, la dépense des deux chevaux des gardes pour la demi-paie en sus qui est accordée auxdits gardes par le présent décret ; demeurent en outre compris dans la somme ci-dessus, les garçons chauffe-cire & de bureaux, de même que les frais desdits bureaux, & ce à compter du premier octobre.

I I.

Tous les traitemens, appointemens & dépenses qui composent le département du ministre de l'intérieur, demeurent fixés à la somme de *cinq cent six mille quatre cent vingt livres*, y compris les frais de bureaux, à compter du premier octobre, sauf & excepté ce qui concerne l'ancienne compagnie des Indes, pour ce qui en a été réuni audit département.

I I I.

Tous les traitemens, appointemens & dépenses des différens bureaux du département des contributions publiques, sont fixés à la somme de *quatre cent quatre-vingt-huit mille neuf cent vingt livres*, à compter du premier octobre.

I V.

Les ministres de la justice, de l'intérieur & des con-

tributions publiques , feront de plus autorifés à faire
diftribuer , à titre de gratifications & fous leur furveillance ; favoir , le miniftre de la juftice par le fecrétaire
général du département , & les deux autres miniftres
par les chefs de chaque bureau , à ceux membres
attachés auxdits départemens , qui auront fait quelque
travail extraordinaire , ou rempli leurs fonctions avec
plus de zèle & d'exactitude ; le miniftre de la juftice ,
quinze mille livres ; ceux de l'intérieur & des contributions
publiques , chacun *vingt-quatre mille livres.*

V.

La répartition & diftribution des traitemens , appointemens & falaires fera faite par le miniftre , en raifon
& à proportion de la nature & de l'importance du
travail des chefs , fous-chefs , commis , &c. employés ,
fans que le *maximum* puiffe excéder *douze mille livres*
pour les chefs. Le fecrétaire - général du département
de la juftice , chargé feul de tous les détails de l'adminiftration , confervera fon traitement.

V I.

Le fervice des perfonnes attachées aux différens bureaux ne devant jamais être interrompu , ils font difpenfés
de tout fervice public.

V I I.

Les miniftres de ces différens départemens fe conformeront , pour la nomination aux places , au décret rendu
par l'Affemblée nationale.

V I I I.

Il fera donné chaque année par lefdits miniftres un état

imprimé contenant le détail des bureaux, les noms, fonctions, traitemens & appointemens des chefs, sous-chefs, commis & employés, ainsi que des frais de chaque bureau.

I X.

Ceux de ces ministres qui ont été dans le cas de former provisoirement des bureaux pour l'exécution des décrets & le régime de leur département, sont autorisés, *sous leur responsabilité*, à faire payer l'arriéré, à se faire rembourser des avances faites sur des états par eux duement certifiés, ainsi qu'à faire payer ce qui peut rester dû des anciens traitemens aux anciens préposés & commis desdits bureaux, de telle sorte qu'à compter du premier octobre prochain, tous paiemens soient faits d'après les sommes ci-dessus fixées pour chaque département.

X.

Il sera alloué au ministre de la marine une somme de *quatre cent vingt mille livres* pour ses bureaux, y compris celui des invalides de la marine, le dépôt des papiers à Versailles, celui des cartes & celui des plans, cartes & journaux des colonies, & le traitement des officiers y attachés.

X I.

Il sera de plus alloué au ministre de la marine *vingt-quatre mille livres*, pour être distribuées en gratifications aux employés des bureaux.

Mandons & ordonnons à tous les corps administratifs & tribunaux, &c.

2044.

L O I

Relative au service habituel de la force publique près l'Assemblée nationale.

Donnée à Paris le 2 octobre 1791.

Louis , par la grace de Dieu , &c.

Décret du 29 septembre 1791.

L'Assemblée Nationale décrète ce qui suit :

ARTICLE PREMIER.

A Paris, & dans tous les lieux où siégera l'Assemblée nationale , les dispositions pour le service ordinaire & habituel de la force publique seront concertées entre l'officier commandant la garde nationale , le directoire du département, & le chef de la municipalité. En conséquence , celui-ci donnera les ordres aux commandans des différens corps, soit des troupes de ligne , soit de la gendarmerie nationale , pour le nombre d'hommes qu'ils devront fournir habituellement pour le service.

I I.

Les gardes nationales , les troupes de ligne & la gendarmerie nationale auront chacun leurs postes séparés. Toutes les troupes de service feront, pendant la durée de leur service , aux ordres du commandant de la garde nationale, les officiers des différens corps conferveront, d'ailleurs, toute l'autorité qui leur appartient fur les corps qu'ils commandent, relativement à leur police & difcipline intérieure, ainfi que le droit d'infpecter & vifiter les poftes occupés par leurs troupes.

I I I.

En cas de fervice extraordinaire, le chef de la municipalité donnera au chef de divifion, commandant la garde nationale, les ordres que les circonftances exigeront, & le commandant de la garde nationale requerra des chefs des troupes de ligne & de la gendarmerie nationale les fecours dont il aura befoin pour l'exécution de ces ordres.

I V.

Néanmoins, lorfqu'il y aura lieu d'employer inftamment la force publique, foit pour appuyer l'exécution de la loi, foit pour diffiper des attroupemens ou émeutes, le chef de la municipalité pourra requérir immédiatement des commandans des troupes de ligne ou de la gendarmerie nationale, le concours des troupes à leurs ordres.

Mandons & ordonnons à tous les corps adminiftratifs & tribunaux, &c.

2045.

LOI

Relative aux concessions faites en France au prince de Monaco.

Donnée à Paris le 2 octobre 1791.

Louis, par la grace de Dieu, &c.

Décret du 21 septembre 1791.

L'Assemblée Nationale considérant qu'il paroît que le prince de Monaco n'a point été remis en possession des biens qui devoient lui être restitués en Italie, en conséquence de l'article CIV du traité des Pyrénées, & voulant manifester son respect pour la foi des traités;

Ouï le rapport des comités des domaines & diplomatique,

Décrète, 1º. qu'il n'y a lieu à délibérer sur la dénonciation de la commune de Baux, tendante à faire prononcer la révocation des concessions faites en France au prince de Monaco, en exécution du traité d'alliance & de protection, fait à Péronne le 14 septembre 1641.

2º. Qu'il y a lieu à indemnité en faveur du prince de Monaco, à cause de la suppression des droits féodaux, de justice & de péage, dépendant desdites concessions.

3º. Que le roi sera prié de faire négocier avec le prince de Monaco la détermination amiable de ladite indemnité, conformément aux obligations résultant du traité de Péronne, pour, sur le résultat de la négociation, être par le Corps législatif délibéré ainsi qu'il appartiendra.

4°. Enfin, que les offices de judicature dépendant des domaines concédés au prince de Monaco feront liquidés & remboursés aux dépens du tréfor public, fauf impatation, s'il y a lieu, de tout ou de partie de la liquidation fur l'indemnité due au prince de Monaco.

Mandons & ordonnons à tous les corps adminiftratifs & tribunaux, &c.

2046.

L O I

Code pénal.

Donnée à Paris le 6 octobre 1791.

Louis, par la grace de Dieu, &c.

Décret du 25 feptembre 1791.

PREMIÈRE PARTIE.

Des condamnations.

TITRE PREMIER.

Des peines en général.

ARTICLE PREMIER.

Les peines qui feront prononcées contre les accufés trouvés coupables par le juré, font la peine de mort, les fers, la réclufion dans la maifon de force, la gêne, la détention, la déportation, la dégradation civique, le carcan.

I I.

La peine de mort consistera dans la simple privation de la vie, sans qu'il puisse jamais être exercé aucune torture envers les condamnés.

I I I.

Tout condamné aura la tête tranchée.

I V.

Quiconque aura été condamné à mort pour crime d'assassinat, d'incendie ou de poison, sera conduit au lieu de l'exécution revêtu d'une chemise rouge.

Le parricide aura la tête & le visage voilés d'une étoffe noire ; il ne sera découvert qu'au moment de l'exécution.

V.

L'exécution des condamnés à mort se fera dans la place publique de la ville où le juré d'accusation aura été convoqué.

V I.

Les condamnés à la peine des fers seront employés à des travaux forcés au profit de l'Etat, soit dans l'intérieur des maisons de force, soit dans les ports & arsenaux, soit pour l'extraction des mines, soit pour le desséchement des marais, soit enfin pour les autres ouvrages pénibles, qui, sur la demande des départemens, pourront être déterminés par le Corps législatif.

V I I.

Les condamnés à la peine des fers traîneront à l'un des pieds un boulet attaché avec une chaîne de fer.

V I I I.

La peine des fers ne pourra en aucun cas être perpétuelle.

I X.

Dans le cas où la loi aura prononcé la peine de fers pour un certain nombre d'années, si c'est une femme ou une fille qui est convaincue de s'être rendue coupable desdits crimes, ladite femme ou fille sera condamnée pour le même nombre d'années, à la peine de la réclusion dans la maison de force.

X.

Les femmes & les filles condamnées à cette peine seront enfermées dans une maison de force, & seront employées, dans l'enceinte de ladite maison, à des travaux forcés, au profit de l'Etat.

X I.

Les corps administratifs pourront déterminer le genre des travaux auxquels les condamnés seront employés dans lesdites maisons.

X I I.

Il sera statué par un décret particulier, dans quel
nombre

nombre & dans quels lieux feront formés les établiffemens
defdites maifons.

X I I I.

La durée de cette peine ne pourra dans aucun cas
être perpétuelle.

X I V.

Tout condamné à la peine de la gêne fera enfermé
feul dans un lieu éclairé, fans fers ni liens ; il ne pourra
avoir, pendant la durée de fa peine, aucune communication avec les autres condamnés ou avec des perfonnes
du dehors.

X V.

Il ne fera fourni au condamné à ladite peine, que du
pain & de l'eau, aux dépens de la maifon ; le furplus
fur le produit de fon travail.

X V I.

Dans le lieu où il fera détenu, il lui fera procuré du
travail à fon choix, dans le nombre des travaux qui
feront autorifés par les adminiftrateurs de ladite maifon.

X V I I.

Le produit de fon travail fera employé ainfi qu'il
fuit :

Un tiers fera appliqué à la dépenfe commune de la
maifon.

Sur une partie des deux autres tiers, il fera permis
au condamné de fe procurer une meilleure nourriture.

Le furplus fera réfervé pour lui être remis au moment

de fa fortie, après que le temps de fa peine fera
expiré.

X V I I I.

Il fera ftatué par un décret particulier, dans quel
nombre & dans quels lieux feront formés les établiffemens deftinés à recevoir les condamnés à la peine de
la gêne.

X I X.

Cette peine ne pourra en aucun cas être perpétuelle.

X X.

Les condamnés à la peine de la détention feront enfermés dans l'enceinte d'une maifon deftinée à cet effet.

X X I.

Il leur fera fourni du pain & de l'eau aux dépens de
la maifon ; le furplus fur le produit de leur travail.

X X I I.

Il fera fourni aux condamnés du travail à leur choix,
dans le nombre des travaux qui feront autorifés par les
adminiftrateurs de ladite maifon.

X X I I I.

Les condamnés pourront à leur choix travailler enfemble ou féparément, fauf toutefois les réclufions momentanées qui pourront être ordonnées par ceux qui
feront chargés de la police de la maifon.

X X I V.

Les hommes & les femmes seront enfermés , & travailleront dans des enceintes séparées.

X X V.

Le produit du travail des condamnés à cette peine
sera employé ainsi qu'il est spécifié en l'article XVII
ci-dessus.

X X V I.

La durée de cette peine ne pourra excéder six années.

X X V I I.

Il sera statué par un décret particulier, dans quel nombre
& dans quels lieux seront formés les établissemens desdites
maisons de détention.

X X V I I I.

Quiconque aura été condamné à l'une des peines des
fers, de la réclusion dans la maison de force, de la
gêne, de la détention, avant de subir sa peine, sera
préalablement conduit sur la place publique de la ville
où le juré d'accusation aura été convoqué.

Il y sera attaché à un poteau placé sur un échafaud,
& il y demeurera exposé aux regards du peuple, pendant
six heures, s'il est condamné aux peines des fers ou de
la réclusion dans la maison de force ; pendant quatre
heures, s'il est condamné à la peine de la gêne ; pendant deux heures, s'il est condamné à la détention. Au-
dessus de sa tête, sur un écriteau, seront inscrits en

X 2

gros caractères ses noms , sa profession, son domicile, la cause de sa condamnation , & le jugement rendu contre lui.

X X I X.

La peine de la déportation aura lieu dans le cas & dans les formes qui feront déterminées ci-après.

X X X.

Le lieu où feront conduits les condamnés à cette peine, sera déterminé incessamment par un décret particulier.

X X X I.

Le coupable qui aura été condamné à la peine de la dégradation civique , sera conduit au milieu de la place publique où fiége le tribunal criminel qui l'aura jugé.

Le greffier du tribunal lui adressera ces mots à haute voix : *Votre pays vous a trouvé convaincu d'une action infame : la loi & le tribunal vous dégradent de la qualité de citoyen français.*

Le condamné sera ensuite mis au carcan au milieu de la place publique ; il y restera pendant deux heures exposé aux regards du peuple. Sur un écriteau seront tracés en gros caractères , ses noms, son domicile, sa profession, le crime qu'il a commis & le jugement rendu contre lui.

X X X I I.

Dans les cas où la loi prononce la peine de la dégradation civique, si c'est une femme ou une fille, un étranger , ou un repris de justice , qui est convaincu de s'être rendu coupable desdits crimes, le jugement portera : « Tel, ou telle . . . . est condamnée à la » peine du carcan. »

XXXIII.

Le condamné sera conduit au milieu de la place publique de la ville où siége le tribunal criminel qui l'aura jugé.

Le greffier du tribunal lui adressera ces mots à haute voix : *Le pays vous a trouvé convaincu d'une action infame.*

Le condamné sera ensuite mis au carcan, & restera pendant deux heures exposé aux regards du peuple. Sur un écriteau seront tracés en gros caractères, ses noms, sa profession, son domicile, le crime qu'il a commis & le jugement rendu contre lui.

XXXIV.

Les dommages & intérêts & réparations civiles, seront prononcés lorsqu'il y échoira, indépendamment des peines ci-dessus spécifiées.

XXXV.

Toutes les peines actuellement usitées, autres que celles qui sont établies ci-dessus, sont abrogées.

TITRE II.

De la récidive.

ARTICLE PREMIER.

Quiconque aura été repris de justice pour crime, s'il est convaincu d'avoir, postérieurement à la première condamnation, commis un second crime emportant l'une des

X 3

peines des fers, de la réclusion dans la maison de force,
de la gêne, de la détention, de la dégradation civique
ou du carcan, sera condamné à la peine prononcée par
la loi contre ledit crime; & après l'avoir subie, il sera
transféré pour le reste de sa vie au lieu fixé pour la déportation des malfaiteurs.

I I.

Toutefois, si la première condamnation n'a emporté
autre peine que celle de la dégradation civique ou du
carcan, & que la même peine soit prononcée par la loi
contre le second crime dont le condamné est trouvé
convaincu, en ce cas le condamné ne sera pas déporté;
mais attendu la récidive, la peine de la dégradation
civique ou du carcan sera convertie dans celle de deux
années de détention.

T I T R E I I I.

De l'exécution des jugemens contre un accusé contumax.

A R T I C L E P R E M I E R.

Lorsqu'un accusé aura été condamné à l'une des peines
établies ci-dessus, il sera dressé dans la place publique
de la ville où le juré d'accusation aura été convoqué,
un poteau auquel on appliquera un écriteau indicatif des
noms du condamné, de son domicile, de sa profession,
du crime qu'il a commis & du jugement rendu contre
lui.

I I.

Un écriteau restera exposé aux yeux du peuple pendant douze heures, si la condamnation emporte la peine

de mort ; pendant fix heures , fi la condamnation emporte la peine des fers ou de la réclufion dans la maifon
de force ; pendant quatre heures , fi la condamnation
emporte la peine de la gêne ; pendant deux heures, fi
la condamnation emporte la peine de la détention, &
de la dégradation civique ou du carcan.

T I T R E I V.

Des effets des condamnations.

A R T I C L E P R E M I E R.

Quiconque aura été condamné à l'une des peines des
fers, de la réclufion dans la maifon de force ; de la gêne,
de la détention, de la dégradation civique ou du carcan,
fera déchu de tous les droits attachés à la qualité de
citoyen actif, & rendu incapable de les acquérir.

Il ne pourra être rétabli dans fes droits , ou rendu
habile à les acquérir , que fous les conditions & dans les
délais qui feront prefcrits au titre de la réhabilitation.

I I.

Quiconque aura été condamné à l'une des peines des
fers, de la réclufion dans la maifon de force , de la gêne
ou de la détention , indépendamment des déchéances
portées en l'article précédent , ne pourra , pendant la
durée de la peine , exercer par lui-même aucun droit
civil : il fera pendant ce temps en état d'interdiction
légale , & il lui fera nommé un curateur pour gérer &
adminiftrer fes biens.

I I I.

Le curateur fera nommé dans les formes ordinaires

X 4

& accoutumées pour la nomination des curateurs aux
nterdits.

I V.

Les biens du condamné lui feront remis après qu'il
aura fubi fa peine , le curateur lui rendra compte de fon
ádminiſtration & de l'emploi de fes revenus.

V.

Pendant la durée de fa peine , il ne pourra lui être
remis aucune portion de fes revenus; mais il pourra être
prélevé fur fes biens les fommes néceſſaires pour élever
& doter fes enfans, ou pour fournir des alimens à fa
femme , à fes enfans, à fon père ou à fa mère, s'ils font
dans le befoin.

V I.

Ces fommes ne pourront être prélevées fur fes biens
qu'en vertu d'un jugement rendu à la requéte des deman-
deurs fur l'avis des parens & du curateur, & fur les
conclufions du commiſſaire du roi.

V I I.

Les conducteurs des condamnés , les commiſſaires &
gardiens des maifons où ils feront enfermés , ne per-
mettront pas qu'ils reçoivent , pendant la durée de leur
peine , aucun don, argent, fecours, vivres ou aumônes;
attendu qu'il ne peut leur être accordé de foulagement
qu'en confidération & fur le produit de leur travail.

    Ils feront refponfables de leur négligence à exécuter
cet article, fous peine de deftitution.

V I I I.

Les effets réfultant de la déportation feront déter-

minés lors du règlement qui fera fait pour la formation
de l'établiffement deftiné à recevoir les malfaiteurs qui
auront été déportés.

TITRE V.

*De l'influence de l'âge des condamnés fur la nature & la
durée des peines.*

ARTICLE PREMIER.

Lorfqu'un accufé, déclaré coupable par le juré, aura
commis le crime pour lequel il eft pourfuivi, avant
l'âge de feize ans accomplis, les jurés décideront, dans
les formes ordinaires de leur délibération, la queftion
fuivante : *Le coupable a-t-il commis le crime avec ou fans
difcernement ?*

I I.

Si les jurés décident que le coupable a commis le
crime fans difcernement, il fera acquitté du crime ;
mais le tribunal criminel pourra, fuivant les circonftances, ordonner que le coupable fera rendu à fes parens,
ou qu'il fera conduit dans une maifon de correction,
pour y être élevé & détenu pendant tel nombre d'années
que le jugement déterminera, & qui toutefois ne pourra
excéder l'époque à laquelle il aura atteint l'âge de vingt
ans.

I I I.

Si les jurés décident que le coupable a commis le
crime avec difcernement, il fera condamné ; mais à
raifon de fon âge les peines fuivantes feront commuées.
Si le coupable a encouru la peine de mort, il fera

condamné à vingt années de détention dans une maison de correction.

S'il a encouru les peines des fers, de la réclusion dans la maison de force, de la gêne ou de la détention, il sera condamné à être renfermé dans la maison de correction pendant un nombre d'années égal à celui pour lequel il auroit encouru l'une desdites peines à raison du crime qu'il a commis.

I V.

Dans les cas portés en l'article précédent, le condamné ne subira pas l'exposition aux regards du peuple, sinon lorsque la peine de mort aura été commuée en vingt années de détention dans une maison de correction, auquel cas l'exposition du condamné aura lieu pendant six heures, dans les formes qui sont ci-dessus prescrites.

V.

Nul ne pourra être déporté, s'il a soixante-quinze ans accomplis.

V I.

Dans les cas où la loi prononce l'une des peines des fers, de la réclusion dans la maison de force, de la gêne ou de la détention pour plus de cinq années, la durée de la peine sera réduite à cinq ans, si l'accusé trouvé coupable est âgé de soixante-quinze ans accomplis ou au-delà.

V I I.

Tout condamné à l'une desdites peines, qui aura atteint l'âge de quatre - vingts ans accomplis, sera mis en liberté par jugement du tribunal criminel, rendu fur fa requête, s'il a fubi au moins cinq années de fa peine.

T I T R E V I.

De la prefcription en matière criminelle.

A R T I C L E P R E M I E R.

Il ne pourra être intenté aucune action criminelle pour raifon d'un crime, après trois années révolues, lorfque dans cet intervalle il n'aura été fait aucune pourfuite.

I I.

Quand il aura été commencé des pourfuites à raifon d'un crime, nul ne pourra être pourfuivi pour raifon dudit crime, après fix années révolues, lorfque dans cet intervalle aucun juré d'accufation n'aura déclaré qu'il y a lieu à accufation contre lui, foit qu'il ait été ou non impliqué dans les pourfuites qui auront été faites. Les délais portés au préfent article & au précédent, commenceront à courir du jour où l'exiftence du crime aura été connue ou légalement conftatée.

I I I.

Aucun jugement de condamnation, rendu par un tribunal criminel, ne pourra être mis à exécution quant à la peine, après un laps de vingt années révolues, à compter du jour où ledit jugement aura été rendu.

T I T R E V I I.

De la réhabilitation des condamnés.

A R T I C L E P R E M I E R.

Tout condamné qui aura fubi fa peine, pourra demander à la municipalité du lieu de son domicile une attestation à l'effet d'être réhabilité ;

Savoir : les condamnés aux peines des fers, de la réclusion dans la maison de force, de la gêne, de la détention, dix ans après l'expiration de leurs peines ; les condamnés à la peine de la dégradation civique ou du carcan, après dix ans à compter du jour de leur jugement.

I I.

Aucun condamné ne pourra demander sa réhabilitation, si depuis deux ans accomplis il n'est pas domicilié dans le territoire de la municipalité à laquelle sa demande est adressée, & s'il ne joint à ladite demande des certificats & attestations de bonne conduite, qui lui auront été délivrés par les municipalités sur le territoire desquelles il a pu avoir son habitation ou son domicile pendant les dix années qui ont précédé sa demande ;

Lesquels certificats ou attestations de bonne conduite ne pourront lui être délivrés qu'à l'instant où il quittera lesdits domicile ou habitation.

I I I.

Huit jours au plus après la demande, le conseil-général de la commune sera convoqué, & il lui sera donné connoissance de la demande.

I V.

Le conseil-général de la commune sera de nouveau convoqué au bout d'un mois. Pendant ce temps, chacun de ses membres pourra prendre sur la conduite du condamné les renseignemens qu'il jugera convenables.

V.

Les avis feront recueillis par la voix du fcrutin, & il fera décidé à la majorité des voix fi l'atteftation fera ou non accordée.

V I.

Si la majorité eft pour que l'atteftation foit accordée, deux officiers municipaux revêtus de leur écharpe, ou avec leur procuration, deux officiers municipaux de la ville où fiége le tribunal criminel du département dans le territoire duquel le condamné eft actuellement domicilié, conduiront le condamné devant ledit tribunal criminel.

Ils y paroîtront avec lui dans l'auditoire, en préfence des juges & du public.

Après avoir fait lecture du jugement prononcé contre le condamné, ils diront à haute voix : *Un tel a expié fon crime en fubifant fa peine ; maintenant fa conduite eft irréprochable : nous demandons au nom de fon pays que la tache de fon crime foit effacée.*

V I I.

Le préfident du tribunal, fans délibération, prononcera ces mots : *Sur l'atteftation & la demande de votre pays, la loi & le tribunal effacent la tache de votre crime.*

V I I I.

Il fera dreffé du tout procès-verbal.

I X.

Si le tribunal criminel où le jugement de réhabilitation fera prononcé, eſt autre que celui où a été rendu le jugement de condamnation, la copie dudit procès-verbal fera envoyée pour être tranfcrite ſur le regiſtre, en marge du jugement de condamnation.

X.

La réhabilitation fera ceſſer dans la perſonne du condamné tous les effets & toutes les incapacités réſultant de la condamnation.

X I.

Toutefois l'exercice des droits de citoyen actif du condamné demeurera ſuſpendu à l'égard du réhabilité, juſqu'à ce qu'il ait ſatisfait aux dommages & intérêts, ainſi qu'aux autres condamnations pécuniaires qui auront pu être prononcées contre lui.

X I I.

Si la majorité des voix du corps municipal eſt pour refuſer l'atteſtation, le condamné ne pourra former une nouvelle demande que deux ans après ; & ainſi de ſuite de deux ans en deux ans, tant que l'atteſtation n'aura pas été accordée.

X I I I.

L'uſage de tous actes tendant à empêcher ou à ſuſpendre l'exercice de la juſtice criminelle, l'uſage des lettres de grace, de rémiſſion, d'abolition, de pardon & de commutation de peine, ſont abolis pour tout crime pourſuivi par voie de jurés.

DEUXIÈME PARTIE.

Des crimes & de leur punition.

TITRE PREMIER.

Crimes & attentats contre la chose publique.

SECTION PREMIÈRE.

Des crimes contre la sûreté extérieure de l'État.

ARTICLE PREMIER.

Quiconque sera convaincu d'avoir pratiqué des machinations, ou entretenu des intelligences avec les puissances étrangères ou avec leurs agens, pour les engager à commettre des hostilités, ou pour leur indiquer les moyens d'entreprendre la guerre contre la France, sera puni de mort, soit que les machinations ou intelligences aient été ou non suivies d'hostilités.

II.

Lorsqu'il aura été commis quelques agressions hostiles ou infractions de traités, tendant à allumer la guerre entre la France & une nation étrangère, & que le Corps législatif trouvant coupables lesdites agressions hostiles ou infractions de traités, aura déclaré qu'il y a lieu à accusation contre les auteurs, le ministre qui en aura donné ou contre-signé l'ordre, ou le commandant des forces nationales, de terre ou de mer, qui sans ordre aura commis lesdites agressions hostiles ou infractions de traités, sera puni de mort.

I I I.

Tout Français qui portera les armes contre la France, sera puni de mort.

I V.

Toute manœuvre, toute intelligence avec les ennemis de la France, tendant soit à faciliter leur entrée dans les dépendances de l'empire français, soit à leur livrer des villes, forteresses, ports, vaisseaux, magasins ou arsenaux appartenant à la France, soit à leur fournir des secours en soldats, argent, vivres ou munitions, soit à favoriser d'une manière quelconque le progrès de leurs armes sur le territoire français, ou contre nos forces de terre ou de mer, soit à ébranler la fidélité des officiers, soldats & des autres citoyens envers la nation française, seront punis de mort.

V.

Les trahisons de la nature de celles mentionnées en l'article précédent, commises en temps de guerre envers les alliés de la France, agissant contre l'ennemi commun, seront punies de la même peine.

V I.

Tout fonctionnaire public chargé du secret d'une négociation, d'une expédition ou d'une opération militaire, qui sera convaincu de l'avoir livré méchamment & traîtreusement aux agens d'une puissance étrangère, ou, en cas de guerre, à l'ennemi, sera puni de mort.

V I I.

Tout fonctionnaire public chargé, à raison des fonctions
qui

qui lui font confiées, du dépôt des plans, foit des fortifications ou d'arfenaux, foit de ports ou de rades,
qui fera convaincu d'avoir méchamment & traitreufement
livré lefdits plans aux agens d'une puiffance étrangère,
ou, en cas de guerre, à l'ennemi, fera puni de la peine
de vingt années de géne.

S E C T I O N I I.

Des crimes contre la sûreté intérieure de l'État.

A R T I C L E P R E M I E R.

Tout complot & attentat contre la perfonne du roi,
du régent ou de l'héritier préfomptif du trône, feront
punis de mort.

I I.

Toutes confpirations & complots tendant à troubler
l'Etat par une guerre civile, en armant les citoyens les
uns contre les autres, ou contre l'exercice de l'autorité
légitime, feront punis de mort.

I I I.

Tout enrôlement de foldats, levée de troupes, amas
d'armes & de munitions pour exécuter les complots &
machinations mentionnés en l'article précédent ;
    Toute attaque ou réfiftance envers la force publique,
agiffant contre l'exécution defdits complots ;
    Tout envahiffement de ville, forterefle, magafin,
arfenal, port ou vaiffeau, feront punis de mort.
    Les auteurs, chefs & inftigateurs defdites révoltes, &
tous ceux qui feront pris les armes à la main, fubiront
la même peine.

Collec. des Lois. Tome XIII.   Y

I V.

Les pratiques & intelligences avec les révoltés, de la nature de celles mentionnées en l'article IV de la première section du présent titre, feront punies de la même peine.

V.

Tout commandant d'un corps de troupes, d'une flotte ou d'une escadre, d'une place forte ou d'un poste, qui en retiendra le commandement contre l'ordre du roi;

Tout commandant qui tiendra son armée rassemblée lorsque la séparation en aura été ordonnée; tout chef militaire qui retiendra sa troupe sous les drapeaux, lorsque le licenciement en aura été ordonné, feront coupables du crime de révolte, & punis de mort.

SECTION III.

Crimes & attentats contre la constitution.

ARTICLE PREMIER.

Tous complots ou attentats pour empêcher la réunion ou pour opérer la dissolution d'une assemblée primaire ou d'une assemblée électorale, feront punis de la peine de la gêne pendant quinze ans.

I I.

Quiconque sera convaincu d'avoir, par force ou violence, écarté ou chassé un citoyen actif d'une assemblée primaire, sera puni de la peine de la dégradation civique.

I I I.

Si des troupes investissent le lieu des séances desdites assemblées, ou pénètrent dans son enceinte sans l'autorisation ou la réquisition desdites assemblées, le ministre ou commandant qui en aura donné ou contre-signé l'ordre, les officiers qui l'auront fait exécuter, seront punis de la peine de la gène pendant quinze années.

I V.

Toutes conspirations ou attentats pour empêcher la réunion ou opérer la dissolution du Corps légisatif, ou pour empêcher par force & violence la liberté de ses délibérations;

Tous attentats contre la liberté individuelle d'un de ses membres, seront punis de mort.

Tous ceux qui auront participé auxdites conspirations ou attentats, par les ordres qu'ils auront donnés ou exécutés, subiront la peine portée au présent article.

V.

Si des troupes de ligne approchent ou séjournent plus près de trente mille toises de l'endroit où le Corps légisatif tiendra ses séances, sans que le Corps légisatif en ait autorisé ou requis l'approche ou le séjour, le ministre qui en aura donné ou contre-signé l'ordre, ou le commandant en chef qui, sans ordre donné ou contre-signé par le ministre, aura fait approcher ou séjourner lesdites troupes, sera puni de la peine de dix années de gène.

V I.

Quiconque aura commis l'attentat d'investir d'hommes

Y 2

armés le lieu des féances du Corps légiflatif, ou de les y introduire fans fon autorifation ou fa réquifition, fera puni de mort.

Tous ceux qui auront participé audit attentat par les ordres qu'ils auront donnés ou exécutés, fubiront la peine portée au préfent article.

V I I.

Toutes confpirations ou attentats ayant pour objet d'intervertir l'ordre de la fucceffion au trône, déterminé par la conftitution, feront punis de mort.

V I I I.

Si quelqu'acte étoit publié comme loi, fans avoir été décrété par le Corps légiflatif, & que ledit acte fût extérieurement revêtu d'une forme légiflative différente de celle prefcrite par la conftitution, tout miniftre qui l'aura contre-figné fera puni de mort.

Tout agent du pouvoir exécutif qui l'aura fait publier ou exécuter, fera puni de la peine de la dégradation civique.

I X.

Si quelqu'acte extérieurement revêtu de la forme légiflative prefcrite par la conftitution, étoit publié comme loi, fans toutefois que l'acte eût été décrété par le Corps légiflatif, le miniftre qui l'aura contre-figné fera puni de mort.

X.

En cas de publication d'une loi extérieurement revêtue de la forme légiflative, prefcrite par la conftitution, mais

dont le texte auroit été altéré ou falfifié, le miniftre qui
l'aura contre-figné fera puni de mort.

Dans le cas porté aux préfent & précédent articles,
le miniftre fera feul refponfable.

X I.

Si quelque acte portant établiffement d'un impôt ou
emprunt national, étoit publié fans que ledit emprunt
ou impôt eût été décrété par le Corps légiflatif, & que
ledit acte fût extérieurement revêtu d'une forme légiflative différente de celle prefcrite par la conftitution,
le miniftre qui aura contre-figné ledit acte, donné ou
contre-figné des ordres pour percevoir ledit impôt ou recevoir les fonds dudit emprunt, fera puni de mort.

Tout agent du pouvoir exécutif qui aura exécuté lefdits
ordres, foit en percevant ledit impôt, foit en recevant
les fonds dudit emprunt, fera puni de la peine de la
dégradation civique.

X I I.

Si ledit acte, extérieurement revêtu de la forme légiflative prefcrite par la conftitution, étoit publié, fans
toutefois que ledit emprunt ou impôt ait été décrété par
le Corps légiflatif, le miniftre qui aura contre-figné
ledit acte, donné ou contre-figné des ordres pour recevoir
ledit impôt ou recevoir les fonds dudit emprunt, fera
puni de mort.

Dans le cas porté au préfent article, le miniftre feul
fera refponfable.

X I I I.

Si quelque acte ou ordre émané du pouvoir exécutif
rétabliffoit des ordres, corps politiques, adminiftratifs

ou judiciaires que la conſtitution a détruits, détruiſoit les corps établis par la conſtitution, ou créoit des corps autres que ceux que la conſtitution a établis, tout miniſtre qui aura contre-ſigné ledit acte ou ledit ordre, ſera puni de la peine de vingt années de gêne.

Tous ceux qui auront participé à ce crime, ſoit en acceptant les pouvoirs, ſoit en exerçant les fonctions conférées par ledit ordre ou ledit acte, ſeront punis de la peine de la dégradation civique.

X I V.

S'il émanoit du pouvoir exécutif un acte portant nomination au nom du roi, d'un emploi qui, ſuivant la conſtitution, ne peut être conféré que par l'élection libre des citoyens, le miniſtre qui aura contre-ſigné ledit acte ſera puni de la peine de la dégradation civique.

Ceux qui auront participé à ce crime en acceptant ledit emploi ou en exerçant leſdites fonctions, ſeront punis de la même peine.

X V.

Toutes machinations ou violences ayant pour objet d'empêcher la réunion ou d'opérer la diſſolution de toute aſſemblée adminiſtrative, d'un tribunal, ou de toute aſſemblée conſtitutionnelle & légale, ſoit de commune, ſoit municipale, ſeront punies de la peine de ſix années de gêne, ſi leſdites violences ont été exercées avec armes ; & de trois années de détention, ſi elles l'ont été ſans armes.

X V I.

Tout miniſtre qui ſera coupable du crime mentionné en l'article précédent, par les ordres qu'il aura donnés ou contre-fignés, fera puni de la peine de douze années de gêne.

Les chefs, commandans & officiers qui auront contribué à exécuter lefdits ordres, feront punis de la même peine.

Si par l'effet defdites violences, quelque citoyen perd la vie, la peine de mort fera prononcée contre les auteurs defdites violences, & contre ceux qui par le préfent article en font rendus refponfables.

Le préfent article & le précédent ne portent point atteinte au droit délégué par la conftitution aux autorités légitimes, de fufpendre de leurs fonctions les affemblées adminiftratives ou municipales.

X V I I.

Tout miniftre qui, en temps de paix, aura donné ou contre-figné des ordres pour lever ou entretenir un nombre de troupes de terre fupérieur à celui qui aura été déterminé par les décrets du Corps légiflatif, ou pour augmenter le nombre proportionnel des troupes étrangères fixé par lefdits décrets, fera puni de la peine de vingt ans de gêne.

X V I I I.

Toute violence exercée par l'action des troupes de ligne contre les citoyens, fans réquifition légitime & hors des cas expreffément prévus par la loi, fera punie de la peine de vingt années de gêne.

Le miniftre qui en aura donné ou contre-figné l'ordre, les commandans & officiers qui auront exécuté ledit ordre, ou qui fans ordre auront fait commettre lefdites violences, feront punis de la même peine.

Si par l'effet defdites violences quelque citoyen perd la vie, la peine de mort fera prononcée contre les auteurs

desdites violences, & contre ceux qui par le présent
article en sont rendus responsables.

X I X.

Tout attentat contre la liberté individuelle, base
essentielle de la constitution française, sera puni ainsi
qu'il suit :

Tout homme, quel que soit sa place ou son emploi,
autre que ceux qui ont reçu de la loi le droit d'arrestation, qui donnera, signera, exécutera l'ordre d'arrêter
une personne vivant sous l'empire & la protection des
lois françaises, ou l'arrêtera effectivement, si ce n'est
pour la remettre sur-le-champ à la police dans les cas
déterminés par la loi, sera puni de la peine de six années
de gêne.

X X.

Si ce crime étoit commis en vertu d'un ordre émané
du pouvoir exécutif, le ministre qui l'aura contre-signé
sera puni de la peine de douze ans de gêne.

X X I.

Tout geolier & gardien de maisons d'arrêt, de justice,
de correction ou de prison pénale, qui recevra ou retiendra
ladite personne, sinon en vertu de mandat, ordonnance,
jugement ou autre acte légal, sera puni de la peine de
six années de gêne.

X X I I.

Quoique ladite personne ait été arrêtée en vertu d'un
acte légal, si elle est détenue dans une maison autre que
les lieux légalement & publiquement désignés pour recevoir ceux dont la détention est autorisée par la loi ; tous

ceux qui auront donné l'ordre de la détenir , ou qui l'auront détenue, ou qui auront prêté leur maifon pour la détenir, feront punis de la peine de fix années de gêne.

Si ce crime étoit commis en vertu d'un ordre émané du pouvoir exécutif, le miniftre qui l'aura contre-figné fera puni de la peine de douze années de gêne.

X X I I I.

Quiconque fera convaincu d'avoir volontairement & fciemment fupprimé une lettre confiée à la pofte, ou d'en avoir brifé le cachet & violé le fecret, fera puni de la peine de la dégradation civique.

Si le crime eft commis foit en vertu d'un ordre émané du pouvoir exécutif, foit par un agent du fervice des poftes, le miniftre qui en aura donné ou contre-figné l'ordre, quiconque l'aura exécuté, ou l'agent du fervice des poftes qui fans ordre aura commis ledit crime, fera puni de la peine de deux ans de gêne.

X X. I V.

S'il émanoit du pouvoir exécutif quelque acte ou quelque ordre pour fouftraire un de fes agens, foit à la pourfuite légalement commencée de l'action en refponfabilité, foit à la peine prononcée légalement en vertu de ladite refponfabilité, le miniftre qui aura contre-figné ledit ordre ou acte, & quiconque l'aura exécuté, fera puni de la peine de dix ans de gêne.

X X V.

Dans tous les cas mentionnés en la préfente fection & dans les précédentes, où les miniftres font rendus refponfables des ordres qu'ils auront donnés ou contre-

fignés, ils pourront être admis à prouver que leur fignature a été furprife, & en conféquence les auteurs de
la furprife feront pourfuivis ; & s'ils font convaincus,
ils feront condamnés aux peines que le miniftre auroit
encourues.

S E C T I O N I V.

Délits des particuliers contre le refpect & l'obéiffance dus
à la loi , & à l'autorité des pouvoirs conftitués pour
la faire exécuter.

A R T I C L E P R E M I E R.

Lorfqu'un ou plufieurs agens prépofés, foit à l'exécution d'une loi , foit à la perception d'une contribution
légalement établie, foit à l'exécution d'un jugement,
mandat, d'une ordonnance de juftice ou de police ;
lorfque tout dépofitaire quelconque de la force publique ,
agiffant légalement dans l'ordre de fes fonctions, aura
prononcé cette formule : *Obéiffance à la loi ;*

Quiconque oppofera des violences & voies de fait,
fera coupable du crime d'offenfe à la loi , & fera puni
de la peine de deux années de détention.

I I.

Si ladite réfiftance eft oppofée avec armes, la peine
fera de quatre années de fers.

I I I.

Lorfque ladite réfiftance aura été oppofée par plufieurs
perfonnes réunies au-deffous du nombre de feize, la
peine fera de quatre années de fers, fi la réfiftance eft

oppofée fans armes, & de huit années de fers, fi la réfiftance eft oppofée avec armes.

I V.

Lorfque ladite réfiftance aura été oppofée par un attroupement de plus de quinze perfonnes, la peine fera de huit années de fers, fi la réfiftance eft oppofée fans armes, & de feize années de fers, fi la réfiftance eft oppofée avec armes.

V.

Lorfque le progrès d'un attroupement féditieux aura néceffité l'emploi de la force des armes, préfcrit par les articles XXVI & XXXVII de la loi du 3 août 1791, relative à la force publique contre les attroupemens, après que les fommations prefcrites par lefdits articles auront été faites aux féditieux par un officier civil, quiconque fera faifi fur le champ en état de réfiftance, fera puni de mort.

V I.

Les coupables des crimes mentionnés aux Ier., IIe., IIIe. & IVe. articles de la préfente fection, qui auroient commis perfonnellement des homicides ou incendies, feront punis de mort.

V I I.

Quiconque aura outragé un fonctionnaire public en le frappant au moment où il exerçoit fes fonctions, fera puni de la peine de deux années de détention.

V I I I.

Quiconque aura délivré, ou fera convaincu d'avoir tenté de délivrer, par force ou violence, des perfonnes légalement détenues, fera puni de trois années de fers.

I X.

Si le coupable du crime mentionné en l'article précédent étoit porteur d'armes à feu, ou de toutes autres armes meurtrières, la peine fera de fix années de fers.

X.

Lorfque les crimes, mentionnés aux deux précédens articles, auront été commis par deux ou plufieurs perfonnes réunies, la durée de la peine fera de fix années, fi le crime a été commis fans armes, & de douze années, fi les coupables dudit crime étoient porteurs d'armes à feu, ou de toutes autres armes meurtrières.

S E C T I O N   V.

Crimes des fonctionnaires publics dans l'exercice des pouvoirs qui leur font confiés.

A R T I C L E   P R E M I E R.

Tout agent du pouvoir exécutif ou fonctionnaire public quelconque, qui aura employé ou requis l'action de la force publique dont la difpofition lui eft confiée, pour empêcher l'exécution d'une loi, ou la perception d'une contribution légitimement établie, fera puni de la peine de la gêne pendant dix années.

I I.

Tout agent du pouvoir exécutif, tout fonctionnaire public quelconque, qui aura employé ou requis l'action de la force publique dont la difposition lui eft confiée, pour empêcher l'exécution d'un jugement, mandat ou ordonnance de juftice, ou d'un ordre émané d'officiers municipaux de police, ou de corps adminiftratifs, ou pour empêcher l'action d'un pouvoir légitime, fera puni de la peine de fix années de détention.

Le fupérieur qui le premier aura donné lefdits ordres, en fera feul refponfable, & fubira la peine portée au préfent article.

I I I.

Si par fuite, & à l'occafion de la réfiftance mentionnée aux deux précédens articles, il furvient un attroupement féditieux de la nature de ceux défignés aux articles IV, V & VI de la précédente fection, l'agent du pouvoir exécutif ou le fonctionnaire public en fera refponfable, ainfi que des meurtres, violences & pillages auxquels cette réfiftance aura donné lieu, & il fera puni des peines prononcées contre les féditieux & les auteurs des meurtres, violences & pillages.

I V.

Tout dépofitaire ou agent de la force publique qui, après en avoir été requis légitimement, aura refufé de faire agir ladite force, fera puni de la peine de trois années de détention.

V.

Tout fonctionnaire public qui par abus de ses fonctions, & sous quelque prétexte que ce soit, provoqueroit directement les citoyens à désobéir à la loi ou aux autorités légitimes, ou les provoqueroit à des meurtres ou à d'autres crimes, sera puni de la peine de six années de gêne.

Et si par suite & à l'occasion de ladite provocation, il survient quelque attroupement séditieux de la nature de ceux désignés aux IVᵉ., Vᵉ. & VIᵉ. articles de la précédente section, meurtres ou autres crimes, le fonctionnaire public en sera responsable, & subira les peines portées contre les séditieux & les auteurs de meurtres & autres crimes qui auront été commis.

V I.

Tout fonctionnaire public révoqué ou destitué, suspendu ou interdit par l'autorité supérieure qui avoit ce droit; tout fonctionnaire public, électif & temporaire, après l'expiration de ses pouvoirs, qui continueroit l'exercice des mêmes fonctions publiques, sera puni de la peine de deux années de gêne.

Si par suite & à l'occasion de sa résistance, il survient un attroupement de la nature de ceux mentionnés aux articles IV, V & VI de la précédente section, meurtres ou autres crimes, ledit fonctionnaire public en sera responsable, & subira les peines portées contre les séditieux, & les auteurs de meurtres & autres crimes qui auront été commis.

V I I.

Tout membre de la législature qui sera convaincu

d'avoir, moyennant argent, préfent ou promeſſe, trafiqué de ſon opinion, ſera puni de mort.

V I I I.

Tout fonctionnaire, tout citoyen placé fur la liſte des
jurés, qui ſera convaincu d'avoir, moyennant argent,
préfent ou promeſſe, trafiqué de ſon opinion ou de
l'exercice du pouvoir qui lui eſt confié, ſera puni de la
peine de la dégradation civique.

I X.

Tout juré, après le ferment prêté, tout juge criminel,
tout officier de police en matière criminelle, qui ſera
convaincu d'avoir, moyennant argent, préfent ou promeſſe, trafiqué de ſon opinion, ſera puni de la peine
de vingt années de gêne.

X.

Les coupables mentionnés aux deux articles précédens
feront en outre condamnés à une amende égale à la valeur
de la ſomme ou de l'objet qu'ils auront reçu.

X I.

Tout fonctionnaire public qui ſera convaincu d'avoir
détourné les deniers publics dont il étoit comptable, ſera
puni de la peine de quinze années de fers.

X I I.

Tout fonctionnaire ou officier public qui ſera convaincu d'avoir détourné ou fouſtrait des deniers, effets,

actes, pièces ou titres dont il étoit dépositaire à raison des fonctions publiques qu'il exerce, & par l'effet d'une confiance néceffaire, fera puni de la peine de douze années de fers.

X I I I.

Tout geolier ou gardien qui aura volontairement fait évader ou favorifé l'évafion de perfonnes légalement détenues, & dont la garde lui étoit confiée, fera puni de la peine de douze années de fers.

X I V.

Tout fonctionnaire ou officier public, toute perfonne commife à la perception des droits & contributions publiques, qui fera convaincu d'avoir commis par lui ou par fes prépofés, le crime de concuffion, fera puni de la peine de fix années de fers, fans préjudice de la reftitution des fommes reçues illégitimement.

X V.

Tout fonctionnaire ou officier public qui fera convaincu de s'être rendu coupable du crime de faux dans l'exercice de fes fonctions, fera puni de la peine des fers pendant vingt ans.

S E C T I O N V I.

Crimes contre la propriété publique.

A R T I C L E P R E M I E R.

Quiconque fera convaincu d'avoir contrefait ou altéré les efpèces ou monnoies nationales ayant cours, ou d'avoir
contribué

contribué fciemment à l'expofition defdites efpèces ou
moïnoies contrefaites ou altérées, ou à leur introduction
dans l'enceinte de l'empire français, fera puni de la
peine de quinze années de fers.

I I.

Quiconque fera convaincu d'avoir contrefait des papiers
nationaux, ayant cours de monnoie, ou d'avoir contribué
friemmment à l'expofition defdits papiers contrefaits, ou
à leur introduction dans l'enceinte du territoire français,
fera puni de mort.

I I I.

Quiconque fera convaincu d'avoir contrefait le fceau
de l'Etat, fera puni de quinze années de fers.

I V.

Quiconque fera convaincu d'avoir contrefait le timbre
national, fera puni de douze années de fers.

V.

Quiconque fera convaincu d'avoir contrefait le poinçon
fervant à marquer l'or & l'argent, ou les marques appofées
au nom du gouvernement, fur toute efpèce de mar-
chandife, fera puni de dix années de fers.

V I.

Toute perfonne, autre que le dépofitaire comptable,
qui fera convaincue d'avoir volé des deniers publics ou
éffets mobiliers appartenant à l'État, d'une valeur de dix
livres ou au-deffus, fera punie de la peine de quatre

années de fers, sans préjudice des peines plus graves portées ci-après contre les vols avec violence envers les personnes, effractions, escalades ou fausses clefs. Si ledit vol est commis avec l'une desdites circonstances, dans ces cas, les peines portées contre lesdits vols seront encourues, quelle que soit la valeur de l'objet volé.

V I I.

Quiconque sera convaincu d'avoir mis le feu à des édifices, magasins, arsenaux, vaisseaux ou autres propriétés appartenant à l'Etat, ou à des matières combustibles disposées pour communiquer le feu aux édifices, magasins, arsenaux, vaisseaux ou autres propriétés, sera puni de mort.

V I I I.

Quiconque sera convaincu d'avoir détruit par l'explosion d'une mine, ou disposé l'effet d'une mine pour détruire les propriétés mentionnées en l'article précédent, sera puni de mort.

T I T R E I I.

Crimes contre les particuliers.

S E C T I O N P R E M I È R E.

Crimes & attentats contre les personnes.

A R T I C L E P R E M I E R.

En cas d'homicide commis involontairement, s'il est trouvé que c'est par un accident qui ne soit l'effet d'aucune forte de négligence ni d'imprudence de la part de celui qui l'a commis, il n'exifte point de crime, & il n'y a lieu à prononcer aucune peine ni même aucune condamnation civile.

I I.

En cas d'homicide commis involontairement, mais par l'effet de l'imprudence ou de la négligence de celui qui l'a commis, il n'exifte point de crime, & l'accufé fera acquitté; mais en ce cas, il fera ftatué par les juges fur les dommages & intérêts, & même fur les peines correctionnelles, fuivant les circonftances.

I I I.

Dans le cas d'homicide légal, il n'exifte point de crime, & il n'y a lieu à prononcer aucune peine ni aucune condamnation civile.

I V.

L'homicide eft commis légalement, lorfqu'il eft ordonné par la loi, & commandé par une autorité légitime.

V.

En cas d'homicide légitime, il n'exifte point de crime, & il n'y a lieu à prononcer aucune peine ni même aucune condamnation civile.

V I.

L'homicide eft commis légitimement, lorfqu'il eft indifpenfablement commandé par la néceffité actuelle de la légitime défenfe de foi-même ou à autrui.

Z 2

V I I.

Hors les cas déterminés par les précédens articles, tout homicide commis volontairement envers quelques perfonnes, avec quelques armes, inftrumens & par quelque moyen que ce foit, fera qualifié & puni ainfi qu'il fuit, felon le caractère & les circonftances du crime.

V I I I.

L'homicide commis fans préméditation fera qualifié meurtre, & puni de la peine de vingt années de fers.

I X.

Lorfque le meurtre fera la fuite d'une provocation violente, fans toutefois que le fait puiffe être qualifié homicide légitime, il pourra être déclaré excufable, & la peine fera de dix années de gêne.

La provocation par injures verbales ne pourra, en aucun cas, être admife comme excufe de meurtre.

X.

Si le meurtre eft commis dans la perfonne du père ou de la mère légitimes ou naturels, ou de tout autre afcendant légitime du coupable, le parricide fera puni de mort, & l'exception portée au précédent article ne fera point admiffible.

X I.

L'homicide commis avec préméditation, fera qualifié d'affaffinat & puni de mort.

X I I.

L'homicide commis volontairement par poifon , fera qualifié de crime d'empoifonnement , & puni de mort.

X I I I.

L'affaffinat, quoique non confommé , fera puni de la peine portée en l'article XI , lorfque l'attaque à deffein de tuer aura été effectuée.

X I V.

Sera qualifié affaffinat , & comme tel puni de mort, l'homicide qui aura précédé , accompagné ou fuivi d'autres crimes , tels que ceux de vol , d'offenfe à la loi , de fédition ou tous autres.

X V.

L'homicide par poifon , quoique non confommé , fera puni de la peine portée en l'article XII , lorfque l'empoifonnement aura été effectué , ou lorfque le poifon aura été préfenté ou mélé avec des alimens ou breuvages fpécialement deftinés, foit à l'ufage de la perfonne contre laquelle ledit attentat aura été dirigé , foit à l'ufage de toute une famille , fociété ou habitans d'une même maifon , foit à l'ufage du public.

X V I.

Si toutefois avant l'empoifonnement effectué , ou avant que l'empoifonnement des alimens & breuvages ait été découvert, l'empoifonneur arrêtoit l'exécution du crime, foit en fupprimant lefdits alimens ou breuvages , foit

Z 3

en empêchant qu'on en fasse usage, l'accusé sera acquitté.

X V I I.

Quiconque sera convaincu d'avoir par breuvage, par violence ou par tous autres moyens, procuré l'avortement d'une femme enceinte, sera puni de vingt années de fers.

X V I I I.

Toutes les dispositions portées aux articles I, II, III, IV, V & VI de la présente section, relatives à l'homicide involontaire, à l'homicide légal & à l'homicide légitime, s'appliqueront également aux blessures, faites, soit involontairement, soit légalement, soit légitimement.

X I X.

Les blessures qui n'auront pas été faites involontairement, mais qui ne porteront point les caractères qui vont être spécifiés ci-après, seront poursuivies par action civile, & pourront donner lieu à des dommages & intérêts, & à des peines correctionnelles, sur lesquelles il sera statué d'après les dispositions du décret concernant la police correctionnelle.

X X,

Les blessures qui n'auront pas été faites involontairement, & qui porteront les caractères qui vont être spécifiés, seront poursuivies par action criminelle, & punies des peines déterminées ci-après.

X X I.

Lorsqu'il sera constaté par les attestations légales des

gens de l'art, que la perfonne maltraitée eft, par l'effet
defdites bleffures, rendue incapable de vaquer pendant
plus de quarante jours à aucun travail corporel, le coupable defdites violences fera puni de deux années de
détention.

X X I I.

Lorfque par l'effet defdites bleffures, la perfonne maltraitée aura eu un bras, une jambe ou une cuiffe caffée,
la peine fera de trois années de détention.

X X I I I.

Iorfque par l'effet defdites bleffures la perfonne
maltraitée aura perdu l'ufage abfolu, foit d'un œil, foit
d'un membre, ou éprouvé la mutilation de quelque partie
de la tete ou du corps, la peine fera de quatre années
de détention.

X X I V.

Ia peine fera de fix années de fers, fi la perfonne
maltraitée s'eft trouvée privée, par l'effet defdites violences, de l'ufage abfolu de la vue, ou de l'ufage abfolu
des deux bras ou des deux jambes.

X X V.

La durée des peines portées aux quatre articles précédens fera augmentée de deux années lorfque lefdites
violences auront été commifes dans une rixe, ou que
celui qui les aura commifes aura été l'agreffeur.

X X V I.

Toute mutilation commife dans la perfonne du père

& de la mère naturels ou légitimes, ou de tout autre afcendant légitime des coupables, fera puni de vingt années de fers.

X X V I I.

Lorfque les violences fpécifiées aux articles XXI, XXII, XXIII, XXIV & XXVI auront été commifes avec préméditation & de guet-à-pens, le coupable fera puni de mort.

X X V I I I.

Le crime de la caftration fera puni de mort.

X X I X.

Lé viol fera puni de fix années de fers.

X X X.

La peine portée en l'article précédent fera de douze années de fers, lorfqu'il aura été commis dans la perfonne d'une fille âgée de moins de quatorze ans accomplis, où lorfque le coupable aura été aidé dans fon crime par la violence & les efforts d'un ou de plufieurs complices.

X X X I.

Quiconque aura été convaincu d'avoir, par violence & à l'effet d'en abufer ou de la proftituer, enlevé une fille au-deffous de quatorze ans accomplis, hors de la maifon des perfonnes fous la puiffance defquelles eft ladite fille, ou de la maifon dans laquelle lefdites perfonnes la font élever ou l'ont placée, fera puni de la peine de douze années de fers.

X X X I I.

Quiconque fera convaincu d'avoir volontairement détruit la preuve de l'état civil d'une perfonne, fera puni de la peine de douze années de fers.

X X X I I I.

Toute perfonne engagée dans les liens du mariage, qui en contractera un fecond avant la diffolution du premier, fera punie de douze années de fers. En cas d'accufation de ce crime, l'exception de la bonne-foi pourra être admife, lorfqu'elle fera prouvée.

S E C T I O N I I.

Crimes & délits contre les propriétés.

A R T I C L E P R E M I E R.

Tout vol commis à force ouverte ou par violence envers les perfonnes, fera puni de dix années de fers.

I I.

Si le vol à force ouverte & par violence envers les perfonnes eft commis, foit dans un grand chemin, rue ou place publique, foit dans l'intérieur d'une maifon, la peine fera de quatorze années de fers.

I I I.

Le crime mentionné en l'article précédent fera puni de dix-huit années de fers, fi le coupable s'eft introduit dans l'intérieur de la maifon ou du logement où il a

commis le crime, à l'aide d'effraction faite par lui-
même ou par ses complices aux portes & clôtures,
soit en ladite maison, soit dudit logement, ou à l'aide
de fausses clefs, ou en escaladant les murailles, toits ou
autres clôtures extérieures de ladite maison, ou si le
coupable est habitant ou commensal de ladite maison,
ou reçu habituellement dans ladite maison, pour y faire
un travail ou un service salarié, ou s'il y étoit admis à
titre d'hospitalité.

I V.

La durée de la peine des crimes mentionnés aux trois
articles précédens sera augmentée de quatre années
par chacune des circonstances suivantes qui s'y trouvera
réunie.

La 1re. si le crime a été commis la nuit.

La 2e. s'il a été commis par deux ou par plusieurs
personnes.

La 3e. si le coupable ou les coupables dudit crime
étoient porteurs d'armes à feu ou de toute autre arme
meurtrière.

V.

Toutefois, la durée des peines des crimes mentionnés
aux quatre articles précédens, ne pourra excéder vingt-
quatre ans, en quelque nombre que les circonstances
aggravantes s'y trouvent réunies.

V I.

Tout autre vol commis sans violence envers des personnes, à l'aide d'effraction faite, soit par le voleur, soit
par son complice, sera puni de huit années de fers.

V I I.

La durée de la peine dudit crime fera augmentée de deux ans, par chacune des circonftances fuivantes qui s'y trouvera réunie.

La 1re. fi l'effraction eft faite aux portes & clôtures extérieures de bâtimens, maifons ou édifices.

La 2e. fi le crime eft commis dans une maifon actuellement habitée ou fervant à habitation.

La 3e. fi le crime a été commis la nuit.

La 4e. s'il a été commis par deux ou par plufieurs perfonnes.

La 5e. fi le coupable ou les coupables étoient porteurs d'armes à feu ou de toute arme meurtrière.

V I I I.

Lorfqu'un vol aura été commis avec effraction intérieure dans une maifon, par une perfonne habitante ou commenfale de ladite maifon, ou reçue habituellement dans ladite maifon pour y faire un fervice ou un travail falarié, ou qui y foit admife à titre d'hofpitalité, ladite effraction fera punie comme effraction extérieure, & le coupable encourra la peine portée aux articles précédens, à raifon de la circonftance de l'effraction extérieure.

I X.

Le vol commis à l'aide de fauffes clefs, fera puni de la peine de huit années de fers.

X.

La durée de la peine mentionnée en l'article précédent

fera augmentée de deux années par chacune des circonftances fuivantes, qui fe trouvera réunie audit crime.

La 1re. fi le crime a été commis dans une maifon
actuellement habitée ou fervant à habitation.

La 2e. s'il a été commis la nuit.

La 3e. s'il a été commis par deux ou par plufieurs
perfonnes.

La 4e. fi le coupable ou les coupables étoient porteurs
d'armes à feu ou de toute autre arme meurtrière.

La 5e. fi le coupable a fabriqué lui-même ou travaillé
les fauffes clefs dont il aura fait ufage pour confommer
fon crime.

La 6e. fi le crime a été commis par l'ouvrier qui a
fabriqué les ferrures ouvertes à l'aide des fauffes clefs,
ou par le ferrurier qui eft actuellement ou qui a été
précédemment employé au fervice de ladite maifon.

X I.

Tout vol commis en efcaladant des toits, murailles
ou toutes autres clôtures extérieures de bâtimens, maifons
& édifices, fera puni de la peine de huit ans de
fers.

X I I.

La durée de la peine mentionnée en l'article précédent, fera augmentée de deux années par chacune des
circonftances fuivantes qui fe trouvera réunie au crime.

La 1re. fi le crime a été commis dans une maifon
actuellement habitée ou fervant à habitation.

La 2e. s'il a été commis la nuit.

La 3e. s'il a été commis par deux ou par plufieurs
perfonnes.

La 4ᵉ. fi le coupable ou les coupables étoient porteurs d'armes à feu ou de toute autre arme meurtrière.

X I I I.

Lorfqu'un vol aura été commis dans l'intérieur d'une maifon par une perfonne habitante ou commenfale de ladite maifon, ou reçue habituellement dans ladite maifon pour y faire un fervice ou un travail falarié, ou qui foit admife à titre d'hofpitalité, la peine fera de huit années de fers.

X I V.

La durée de la peine mentionnée en l'article précédent fera augmentée de deux années par chacune des circonf-tances fuivantes, qui fe trouvera réunie audit crime.

La 1ʳᵉ. s'il a été commis la nuit.

La 2ᵉ. s'il a été commis par deux ou par plufieurs perfonnes.

La 3ᵉ. fi le coupable ou les coupables étoient porteurs d'armes à feu ou de toute autre arme meurtrière.

X V.

La difpofition portée en l'article XIII ci-deffus contre les vols faits par les habitans & commenfaux d'une maifon s'appliquera également aux vols qui feront commis dans les hôtels garnis, auberges, cabarets, maifons de traiteurs-logeurs, cafés & bains publics. Tout vol qui y fera commis par les maîtres defdites maifons ou par leurs domeftiques, envers ceux qu'ils y reçoivent, ou par ceux-ci envers les maîtres defdites maifons, ou toute autre perfonne qui y eft reçue, fera puni de huit années de fers.

Toutefois, ne font point comprifes dans la précédente difpofition les falles de fpectacle, boutiques, édifices publics : les vols commis dans lefdits lieux, feront punis de quatre années de fers.

X V I.

Lorfque deux ou plufieurs perfonnes non armées, ou une feule perfonne portant arme à feu ou toute autre arme meurtrière, fe feront introduites fans violence perfonnelle, effraction, efcalade ni fauffes clefs dans l'intérieur d'une maifon actuellement habitée ou fervant à habitation, & y auront commis un vol, la peine fera de fix années de fers.

X V I I.

Lorfque le crime aura été commis par deux ou par plufieurs perfonnes, fi les coupables ou l'un des coupables étoient porteurs d'armes à feu ou de toute autre arme meurtrière, la peine fera de huit années de fers.

X V I I I.

Si ce crime a été commis la nuit, la durée de chacune des peines portées aux deux précédens articles fera augmentée de deux années.

X I X.

Quiconque fe fera chargé d'un fervice ou d'un travail falarié, & aura volé les effets ou marchandifes qui lui auroient été confiés pour ledit fervice ou ledit travail, fera puni de quatre années de fers.

X X.

La peine fera de quatre années de fers pour le vol

d'effets confiés aux cochers, meffageries & autres voitures publiques par terre ou par eau, commis par les conducteurs defdites voitures, ou par les perfonnes employées au fervice des bureaux defdites adminiftrations.

X X I.

Tout vol commis dans lefdites voitures par les perfonnes qui y occupent une place, fera puni de la peine de quatre années de détention.

X X I L

Tout vol qui ne portera aucun des caractères ci-deffus fpécifié, mais qui fera commis par deux ou plufieurs perfonnes fans armes, ou par une feule perfonne portant armes à feu ou toute autre arme meurtrière, fera puni de la peine de quatre années de détention.

X X I I I.

Lorfque le crime aura été commis par deux ou plufieurs perfonnes, & que les coupables ou l'un des coupables feront porteurs d'armes à feu, ou de toute autre arme meurtrière, la peine fera de quatre années de fers.

X X I V.

Si le crime mentionné aux deux précédens articles a été commis la nuit, la durée de chacune des peines portées auxdits articles fera augmentée de deux années.

X X V.

Tout vol commis dans un terrein clos & fermé, fi

ledit terrein tient immédiatement à une maison habitée, sera puni de la peine de quatre années de fers.

La durée de la peine portée au présent article sera augmentée de deux années par chacune des circonstances suivantes dont ledit crime aura été accompagné.

La 1re. s'il a été commis la nuit.

La 2e. s'il a été commis par deux ou par plusieurs personnes réunies.

La 3e. si le coupable ou les coupables étoient porteurs d'armes à feu ou de toutes autres armes meurtrières.

X X V I.

Tout vol commis dans un terrein clos & fermé, si ledit terrein ne tient pas immédiatement à une maison habitée, sera puni de quatre années de détention; la peine sera de six années de détention si le crime a été commis la nuit.

X X V I I.

Tout vol de charrues, inftrumens aratoires, chevaux & autres bêtes de fomme, bétail, ruches d'abeilles, marchandises ou effets expofés fur la foi publique, foit dans les campagnes, foit fur les chemins, ventes de bois, foires, marchés & autres lieux publics, sera puni de quatre années de détention; la peine sera de fix années de détention, lorfque le crime aura été commis la nuit.

X X V I I I.

Tout vol qui n'eft pas accompagné de quelqu'une des circonftances fpécifiées dans les articles précédens, sera pourfuivi & puni par voie de police correctionnelle.

XXIX.

X X I X.

Quiconque fera convaincu d'avoir détourné à fon profit, ou diſſipé, ou méchamment & à deſſein de nuire à autrui, brûlé ou détruit d'une manière quelconque des effets, marchandiſes, deniers, titres de propriété ou autres emportant obligation ou décharge, & toutes autres propriétés mobiliaires qui lui avoient été confiées gratuitement, à la charge de les rendre ou de les repré-ſenter, fera puni de la peine de la dégradation civique.

X X X.

Toute banqueroute faite frauduleuſement & à deſſein de tromper les créanciers légitimes, fera punie de la peine de ſix années de fers.

X X X I.

Ceux qui auront aidé ou favoriſé leſdites banqueroutes frauduleuſes, foit en divertiſſant les effets, foit en accep-tant des tranſports, ventes ou donations ſimulées, foit en fouſcrivant tous autres actes qu'ils favent être faits en fraude des créanciers légitimes, feront punis de la peine portée en l'article précédent.

X X X I I.

Quiconque fera convaincu d'avoir par malice ou ven-geance, & à deſſein de nuire à autrui, mis le feu à des maiſons, bâtimens, édifices, navires, bateaux, magaſins, chantiers, forêts, bois taillis, récoltes en meule ou fur pied, ou à des matières combuſtibles diſpoſées pour communiquer le feu auxdites maiſons, bâtimens, édifices, navires, bateaux, magaſins, chantiers, forêts, bois taillis, récoltes en meule ou fur pied , fera puni de mort.

X X X I I I.

Quiconque fera convaincu d'avoir détruit par l'effet d'une mine , ou difpofé une mine pour détruire des bâtimens, maifons , édifices , navires ou vaiffeaux , fera puni de mort.

X X X I V.

Quiconque fera convaincu d'avoir verbàlement ou par écrits anonymes ou fignés , menacé d'incendier la propriété d'autrui , quoique lefdites menaces n'aient pas été réalifées , fera puni de quatre années de fers.

X X X V.

Quiconque fera convaincu d'avoir volontairement, par malice ou vengeance & à deffein de nuire à autrui , détruit ou renverfé par quelque moyen violent que ce foit, des bâtimens, maifons, édifices quelconques, digues & chauffées qui retiennent les eaux , fera puni de la peine de fix années de fers ; & fi lefdites violences font exercées par une ou plufieurs perfonnes réunies, la peine fera de neuf années de fers, fans préjudice de la peine prononcée contre l'affaffinat, fi quelque perfonne perd la vie par l'effet dudit crime.

X X X V I.

Quiconque fera convaincu d'avoir par malice ou vengeance & à deffein de nuire à autrui , empoifonné des chevaux & autres bêtes de charge , moutons, porcs, beftiaux & poiffons dans des étangs, viviers ou réfervoirs, fera puni de fix années de fers.

X X X V I I.

Quiconque volontairement, par malice ou par ven-
geance & à deffein de nuire à autrui, aura brûlé ou
détruit d'une manière quelconque des titres de propriété,
billets, lettres - de - change, quittances, écrits ou actes
opérant obligation ou décharge, qui auroient été enlevés
par adreffe ou violence, fera puni de la peine de quatre
années de fers.

X X X V I I I.

Lorfque ledit crime aura été commis par deux ou
par plufieurs perfonnes réunies, la peine fera de fix
années de fers.

X X X I X.

Toute efpèce de pillage & dégâts de marchandifes,
d'effets & de propriétés mobiliaires, commis avec attroupemens & à force ouverte, fera puni de la peine de fix
années de fers.

X L.

Quiconque fera convaincu d'avoir extorqué par force
ou par violence la fignature d'un écrit, d'un acte important, obligation ou décharge, fera puni comme voleur
à force ouverte & par violence envers les perfonnes,
& encourra les peines portées aux cinq premiers articles
de la préfente fection, fuivant les circonftances qui auront
accompagné lefdits crimes.

X L I.

Quiconque fera convaincu d'avoir méchamment & à

deſſein de nuire à autrui, commis le crime de faux, ſera puni ainſi qu'il ſuit.

X L I I.

Si ledit crime de faux eſt commis en écriture privée, la peine ſera de quatre années de fers.

X L I I I.

Si ledit crime de faux eſt commis en lettres-de-change & autres effets de commerce ou de banque, la peine ſera de ſix années de fers.

X L I V.

Si ledit crime de faux eſt commis en écritures authentiques & publiques, la peine ſera de huit années de fers.

X L V.

Quiconque aura commis ledit crime de faux, ou aura fait uſage d'une pièce qu'il ſavoit être fauſſe, ſera puni des peines portées ci-deſſus contre chaque eſpèce de faux.

X L V I.

Quiconque ſera convaincu d'avoir ſciemment & à deſſein, vendu à faux poids ou à fauſſe meſure, après avoir été précédemment puni deux fois par voie de police, à raiſon d'un délit ſemblable, ſubira la peine de quatre années de fers.

X L V I I.

Quiconque ſera convaincu du crime de faux témoignage en matière civile, fera puni de la peine de fix années de gêne.

XLVIII.

Quiconque fera convaincu du crime de faux témoignage dans un procès criminel, fera puni de la peine de vingt années de fers, & de la peine de mort, s'il eft intervenu condamnation à mort contre l'accufé dans le procès duquel aura été entendu le faux témoin.

TITRE III.

Des complices des crimes.

ARTICLE PREMIER.

Lorfqu'un crime aura été commis, quiconque fera convaincu d'avoir par dons, promeffes, ordres ou menaces, provoqué le coupable ou les coupables à le commettre ;

Ou d'avoir fciemment & dans le deffein du crime, procuré au coupable ou aux coupables les moyens, armes ou inftrumens qui ont fervi à fon exécution ;

Ou d'avoir fciemment & dans le deffein du crime, aidé & affifté le coupable ou les coupables, foit dans les faits qui ont préparé ou facilité fon exécution, foit dans l'acte même qui l'a confommé, fera puni de la même peine prononcée par la loi contre les auteurs dudit crime.

II.

Lorfqu'un crime aura été commis, quiconque fera convaincu d'avoir provoqué directement à le commettre, foit par des difcours prononcés dans les lieux publics, soit par des placards ou bulletins affichés ou répandus dans lesdits lieux, soit par des écrits rendus publics par la voie de l'impression, sera puni de la même peine prononcée par la loi contre les auteurs du crime.

I I I.

Lorsqu'un vol aura été commis avec l'une des circonstances spécifiées au présent article, quiconque sera convaincu d'avoir reçu gratuitement, ou acheté ou recélé tout ou partie des effets volés, sachant que lesdits effets provenoient d'un vol, sera réputé complice, & puni de la peine prononcée par la loi contre les auteurs dudit crime.

I V.

Quiconque sera convaincu d'avoir caché & recélé le cadavre d'une personne homicidée, encore qu'il n'ait pas été complice d'homicide, sera puni de la peine de quatre années de détention.

Pour tout fait antérieur à la publication du présent code, si le fait est qualifié crime par les lois actuellement existantes, & qu'il ne le soit pas par le présent décret; ou si le fait est qualifié crime par le présent code, & qu'il ne le soit pas par les lois anciennes, l'accusé sera acquitté, sauf à être correctionnellement puni, s'il y échoit.

Si le fait est qualifié crime par les lois anciennes & par le présent décret, l'accusé qui aura été déclaré coupable, sera condamné aux peines portées par le présent code.

Les dispositions du présent code n'auront lieu que pour les crimes qui auront été poursuivis par voie de jurés.

Mandons & ordonnons à tous les corps administratifs & tribunaux, &c.

2047.

L O I

Concernant les biens & usages ruraux , & la police rurale.

Donnée à Paris le 6 octobre 1791.

Louis , par la grace de Dieu , &c.

Décret du 28 septembre 1791.

TITRE PREMIER.

Des biens & des usages ruraux.

SECTION PREMIÈRE.

Des principes généraux sur la propriété territoriale.

ARTICLE PREMIER.

Le territoire de la France, dans toute son étendue, est libre comme les personnes qui l'habitent: ainsi toute propriété territoriale ne peut être sujète envers les particuliers , qu'aux redevances & aux charges dont la convention n'est pas défendue par la loi ; & envers la Nation, qu'aux contributions publiques établies par le Corps législatif, & aux sacrifices que peut exiger le bien général, sous la condition d'une juste & préalable indemnité.

A a 4

I I.

Les propriétaires font libres de varier à leur gré la culture & l'exploitation de leurs terres, de conferver à leur gré leurs récoltes, & de difpofer de toutes les productions de leur propriété dans l'intérieur du royaume & au dehors, fans préjudicier au droit d'autrui & en fe conformant aux lois.

I I I.

Tout propriétaire peut obliger fon voifin au bornage de leurs propriétés contiguës, à moitié frais.

I V.

Nul ne peut fe prétendre propriétaire exclufif des eaux d'un fleuve ou d'une rivière navigable ou flottable. En conféquence tout propriétaire riverain peut, en vertu du droit commun, y faire des prifes d'eau, fans néanmoins en détourner ni embarraffer le cours d'une manière nuifible au bien général & à la navigation établie.

S E C T I O N   I I.

Des baux des biens de campagne.

A R T I C L E   P R E M I E R.

La durée & les claufes des baux des biens de campagne feront purement conventionnelles.

I I.

Dans un bail de fix années, ou au-deffous, fait après

la publication du préfent décret , quand il n'y aura pas de claufe fur le droit du nouvel acquéreur à titre fingulier , la réfiliation du bail , en cas de vente du fonds , n'aura lieu que de gré-à-gré.

I I I.

Quand il n'y aura pas de claufe fur ce droit dans les baux de plus de fix années , en cas de vente du fonds, le nouvel acquéreur à titre fingulier pourra exiger la réfiliation , fous la condition de cultiver lui - même fa propriété ; mais en fignifiant le congé au fermier, au moins un an à l'avance , pour qu'il forte à pareil mois & jour que ceux auxquels le bail auroit fini , & en dédommageant au préalable ce fermier, à dire d'experts, des avantages qu'il auroit retirés de fon exploitation ou culture continuée jufqu'à la fin de fon bail , d'après le prix de la ferme , & d'après les avances & les améliorations qu'il aura faites à l'époque de la réfiliation.

I V.

La tacite reconduction n'aura plus lieu à l'avenir en bail à ferme ou à loyer des biens ruraux.

V.

A l'avenir il ne fera payé aucun droit de quint , treizième, lods & ventes, & autres précédemment connus fous le titre de droits de vente, à raifon des baux à ferme ou à loyer faits pour un temps certain & limité, encore qu'ils excèdent le terme de neuf années , foit que le bail foit fait moyennant une redevance annuelle , foit pour une fomme une fois payée , nonobftant toutes lois, coutumes, ftatuts ou jurifprudence à ce contraires , fans préjudice de l'exécution des lois , coutumes ou ftatuts

qui affujétiffent les baux à vie & les aliénations d'ufu-
fruits à des droits de vente ou autres droits feigneriaux.

S Æ C T I O N I I I.

De diverfes propriétés rurales.

A R T I C L E P R E M I E R.

Nul agent de l'agriculture , employé avec des beftiaux
au labourage , ou à quelque travail que ce foit, ou
occupé à la garde des troupeaux , ne pourra être arrêté ,
finon pour crime , avant qu'il n'ait été pourvu à la fûreté
defdits animaux ; & en cas de pourfuite criminelle , il
y fera également pourvu immédiatement après l'arreftation,
& fous la refponfabilité de ceux qui l'auront exercée.

I I.

Aucun engrais ni uftenfile , ni autre meuble utile à
l'exploitation des terres , & aucuns beftiaux, fervant au
labourage , ne pourront être faifis ni vendus pour contributions publiques; & ils ne pourront l'être pour aucune
caufe de dettes , fi ce n'eft au profit de la perfonne qui
aura fourni lefdits effets ou beftiaux , ou pour l'acquit-
tement de la créance du propriétaire envers fon fermier;
& ce feront toujours les derniers objets faifis , en cas
d'infuffifance d'autres objets mobiliers.

I I I.

La même règle aura lieu pour les ruches ; & pour
aucune raifon , il ne fera permis de troubler les abeilles
dans leurs courfes & leurs travaux. En conféquence ,
même en cas de faifie légitime , une ruche ne pourra

être déplacée que dans les mois de décembre , janvier & février.

I V.

Les vers à soie sont de même insaisissables pendant leur travail , ainsi que la feuille du mûrier qui leur est nécessaire pendant leur éducation.

V.

Le propriétaire d'un essaim a le droit de le réclamer & de s'en ressaisir , tant qu'il n'a point cessé de le suivre : autrement l'essaim appartient au propriétaire du terrein sur lequel il s'est fixé.

S E C T I O N I V.

Des troupeaux , des clôtures , du parcours & de la vaine pâture.

A R T I C L E P R E M I E R.

Tout propriétaire est libre d'avoir chez lui telle quantité & telle espèce de troupeaux qu'il croit utiles à la culture & à l'exploitation de ses terres , & de les y faire pâturer exclusivement ; sauf ce qui sera réglé ci-après relativement au parcours & à la vaine pâture.

I I.

La servitude réciproque de paroisse à paroisse, connue sous le nom de *parcours*, & qui entraîne avec elle le droit de vaine pâture , continuera provisoirement d'avoir lieu avec les restrictions déterminées à la présente section, lorsque cette servitude sera fondée sur un titre ou sur

une poffeffion autorifée par les lois & les coutumes;
A tous autres égards elle eft abolie.

I I I.

Le droit de vaine pâture dans une paroiffe, accompagné ou non de la fervitude du parcours, ne pourra
exifter que dans les lieux où il eft fondé fur un titre
particulier, ou autorifé par la loi ou par un ufage local
immémorial, & à la charge que la vaine pâture n'y fera
exercée que conformément aux règles & ufages locaux,
qui ne contrarieront point les réferves portées dans les
articles fuivans de la préfente fection.

I V.

Le droit de clorre & de déclorre fes héritages réfulte
effentiellement de celui de propriété, & ne peut être
contefté à aucun propriétaire. L'Affemblée nationale
abroge toutes lois & coutumes qui peuvent contrarier ce
droit.

V.

Le droit de parcours & le droit fimple de vaine
pâture, ne pourront, en aucun cas, empêcher les propriétaires de clorre leurs héritages; & tout le temps qu'un
héritage fera clos de la manière qui fera déterminée par
l'article fuivant, il ne pourra être affujéti ni à l'un ni à
l'autre droit ci-deffus.

V I.

L'héritage fera réputé clos lorfqu'il fera entouré d'un
mur de quatre pieds de hauteur avec barrière ou porte,
ou lorfqu'il fera exactement fermé & entouré de palif-
fades, ou de treillages, ou d'une haie vive, ou d'une

haie sèche, faite avec des pieux, ou cordelée avec des branches, ou de toute autre manière de faire les haies en ufage dans chaque localité; ou enfin d'un foffé de quatre pieds-de large au moins à l'ouverture, & de deux pieds de profondeur.

V I I.

La clôture affranchira de même du droit de vaine pâture réciproque ou non réciproque entre particuliers, fi ce droit n'eft pas fondé fur un titre. Toutes lois & tous ufages contraires font abolis.

V I I I.

Entre particuliers, tout droit de vaine pâture fondé fur un titre, même dans les bois, fera rachetable à dire d'experts, fuivant l'avantage que pourroit en retirer celui qui avoit ce droit s'il n'étoit pas réciproque, ou eu égard au défavantage qu'un des propriétaires auroit à perdre la réciprocité fi elle exiftoit : le tout fans préjudice au droit de cantonnement, tant pour les particuliers que pour les communautés, confirmé par l'article VIII du décret des 16 & 17 feptembre 1790.

I X.

Dans aucun cas & dans aucun temps, le droit de parcours, ni celui de vaine pâture, ne pourront s'exercer fur les prairies artificielles, & ne pourront avoir lieu fur aucune terre enfemencée ou couverte de quelque production que ce foit, qu'après la récolte.

X.

Par-tout où les prairies naturelles font fujètes au

parcours ou à la vaine pâture, ils n'auront lieu provisoirement que dans le temps autorisé par les lois & coutumes, & jamais tant que la première herbe ne sera pas récoltée.

X I.

Le droit dont jouit tout propriétaire de clorre ses héritages, a lieu même par rapport aux prairies dans les paroisses où sans titre de propriété, & seulement par l'usage, elles deviennent communes à tous les habitans, soit immédiatement après la récolte de la première herbe, soit dans tout autre temps déterminé.

X I I.

Dans les pays de parcours & de vaine pâture soumis à l'usage du troupeau en commun, tout propriétaire ou fermier pourra renoncer à cette communauté, & faire garder par troupeau séparé, un nombre de têtes de bétail proportionné à l'étendue des terres qu'il exploitera dans la paroisse.

X I I I.

La quantité de bétail, proportionnellement à l'étendue du terrein, sera fixée dans chaque paroisse, à tant de bêtes par arpent, d'après les règlemens & usages locaux; & à défaut de documens positifs à cet égard, il y sera pourvu par le conseil-général de la commune.

X I V.

Néanmoins tout chef de famille domicilié, qui ne sera ni propriétaire ni fermier d'aucun des terreins sujets au parcours ou à la vaine pâture, & le propriétaire ou fermier à qui la modicité de son exploitation n'assureroit pas l'avantage qui va être déterminé., pourront mettre sur lesdits terreins, soit par troupeau séparé, soit en troupeau en commun, jusqu'au nombre de six bêtes à laine & d'une vache avec son veau, sans préjudicier aux droits desdites personnes sur les terres communales s'il y en a dans la paroisse, & sans entendre rien innover aux lois, coutumes ou usages locaux & de temps immémorial qui leur accorderoient un plus grand avantage.

X V.

Les propriétaires ou fermiers exploitant des terres sur les paroisses sujètes au parcours ou à la vaine pâture, & dans lesquelles ils ne seroient pas domiciliés, auront le même droit de mettre dans le troupeau commun, ou de faire garder par troupeau séparé une quantité de têtes de bétail proportionné à l'étendue de leur exploitation & suivant les dispositions de l'article XIII de la présente section; mais dans aucun cas, ces propriétaires ou fermiers ne pourront céder leurs droits à d'autres.

X V I.

Quand un propriétaire d'un pays de parcours ou de vaine pâture aura clos une partie de sa propriété, le nombre de têtes de bétail qu'il pourra continuer d'envoyer dans le troupeau commun, ou par troupeau séparé, sur les terres particulières des habitans de la communauté, sera restreint proportionnellement & suivant les dispositions de l'article XIII de la présente section.

X V I I.

La communauté dont le droit de parcours sur une paroisse voisine sera restreint par des clôtures faites de

la manière déterminée à l'article VI de cette section ;
ne pourra prétendre à cet égard à aucune espèce d'indemnité, même dans le cas où son droit seroit fondé
sur un titre ; mais cette communauté aura le droit de
renoncer à la faculté réciproque qui résultoit de celui de
parcours entr'elle & la paroisse voisine : ce qui aura également lieu, si le droit de parcours s'exerçoit sur la
propriété d'un particulier.

X V I I I.

Par la nouvelle division du royaume, si quelques
sections de paroisse se trouvent réunies à des paroisses
soumises à des usages différens des leurs, soit relativement au parcours ou à la vaine pâture, soit relativement
au troupeau en commun, la plus petite partie dans la
réunion suivra la loi de la plus grande, & les corps
administratifs décideront des contestations qui naîtroient
à ce sujet. Cependant, si une propriété n'étoit point
enclavée dans les autres, & qu'elle ne gênât point le droit
provisoire de parcours ou de vaine pâture auquel elle
n'étoit point soumise, elle seroit exceptée de cette
règle.

X I X.

Aussitôt qu'un propriétaire aura un troupeau malade,
il sera tenu d'en faire la déclaration à la municipalité ;
elle assignera sur le terrein du parcours ou de la vaine
pâture, si l'un ou l'autre existe dans la paroisse, un espace
où le troupeau malade pourra pâturer exclusivement,
& le chemin qu'il devra suivre pour se rendre au pâturage. Si ce n'est point un pays de parcours ou de vaine
pâture, le propriétaire sera tenu de ne point faire sortir
de ses héritages son troupeau malade.

XX.

X X.

Les corps adminiſtratifs emploîront conſtamment les moyens de protection & d'encouragement qui ſont en leur pouvoir pour la multiplication des chevaux, des troupeaux, & de tous beſtiaux de race étrangère qui ſeront utiles à l'amélioration de nos eſpèces, & pour le ſoutien de tous les établiſſemens de ce genre.

Ils encourageront les habitans des campagnes par des récompenſes, & ſuivant les localités, à la deſtruction des animaux malfaiſans qui peuvent ravager les troupeaux, ainſi qu'à la deſtruction des animaux & des inſectes qui peuvent nuire aux récoltes.

Ils emploîront particulièrement tous les moyens de prévenir & d'arrêter les épizooties & la contagion de la morve des chevaux.

S E C T I O N V.

Des récoltes.

A R T I C L E P R E M I E R.

La municipalité pourvoira à faire ſerrer la récolte d'un cultivateur abſent, infirme, ou accidentellement hors d'état de la faire lui-même, & qui réclamera ce ſecours; elle aura ſoin que cet acte de fraternité & de protection de la loi ſoit exécuté aux moindres frais. Les ouvriers ſeront payés ſur la récolte de ce cultivateur.

I I.

Chaque propriétaire ſera libre de faire ſa récolte de quelque nature qu'elle ſoit, avec tout inſtrument & au moment qui lui conviendra, pourvu qu'il ne cause aucun dommage aux propriétaires voisins.

Cependant, dans les pays où le ban de vendange est en usage, il pourra être fait à cet égard un règlement chaque année par le conseil-général de la commune, mais seulement pour les vignes non closes. Les réclamations qui pourroient être faites contre le règlement, seront portées au directoire du département, qui y statuera sur l'avis du directoire du district.

I I I.

Nulle autorité ne pourra suspendre ou intervertir les travaux de la campagne, dans les opérations de la semence & des récoltes.

S E C T I O N V I.

Des chemins.

A R T I C L E P R E M I E R.

Les agens de l'administration ne pourront fouiller dans un champ pour y chercher des pierres, de la terre ou du sable, nécessaires à l'entretien des grandes routes ou autres ouvrages publics, qu'au préalable ils n'aient averti le propriétaire, & qu'il ne soit justement indemnisé à l'amiable, ou à dire d'experts, conformément à l'article premier du présent décret.

I I.

Les chemins reconnus par le directoire de district pour être nécessaires à la communication des paroisses, seront rendus praticables, & entretenus aux dépens des communautés fur le territoire defquelles ils font établis ; il pourra y avoir à cet effet une impofition au marc la livre de la contribution foncière.

I I I.

Sur la réclamation d'une des communautés, ou fur celle des particuliers, le directoire de département, après avoir pris l'avis de celui du diftrict, ordonnera l'amélioration d'un mauvais chemin, afin que la communication ne foit interrompue dans aucune faifon, & il en déterminera la largeur.

S E C T I O N V I L.

Des gardes - champêtres.

A R T I C L E P R E M I E R.

Pour affurer les propriétés & conferver les récoltes, il pourra être établi des gardes - champêtres dans les municipalités, fous la juridiction des juges-de-paix & fous la furveillance des officiers municipaux. Ils feront nommés par le confeil-général de la commune, & ne pourront être changés ou deftitués que dans la même forme.

I I.

Plufieurs municipalités pourront choifir & payer le même garde - champêtre, & une municipalité pourra en avoir plufieurs. Dans les municipalités où il y a des gardes établis pour la confervation des bois, ils pourront remplir les deux fonctions.

I I I.

Les gardes-champêtres feront payés par la communauté

ou les communautés, fuivant le prix déterminé par le
confeil-général : leurs gages feront prélevés fur les amendes
qui appartiendront en entier à la communauté. Dans les
cas où elles ne fuffiroient pas au falaire des gardes, la
fomme qui manqueroit feroit répartie au marc la livre
de la contribution foncière, mais feroit à la charge de
l'exploitant : toutefois les gages des gardes des bois communaux feront prélevés fur le produit de ces bois, &
féparés des gages de ceux qui confervent les autres propriétés rurales.

I V.

Dans l'exercice de leurs fonctions, les gardes champêtres pourront porter toutes fortes d'armes qui feront
jugées leur être néceffaires par le directoire du département. Ils auront fur le bras une plaque de métal ou
d'étoffe, où feront infcrits ces mots : *La loi*, le nom
de la municipalité, celui du garde.

V.

Les gardes-champêtres feront âgés au moins de vingt-
cinq ans; ils feront reconnus pour gens de bonnes mœurs,
& ils feront reçus par le juge-de-paix ; il leur fera prêter
le ferment de veiller à la confervation de toutes les
propriétés qui font fous la foi publique, & de toutes
celles dont la garde leur aura été confiée par l'acte de
leur nomination.

V I.

Ils feront, affirmeront & dépoferont leurs rapports
devant le juge-de-paix de leur canton ou l'un de fes
affeffeurs, ou feront devant l'un ou l'autre leurs déclarations. Leurs rapports, ainfi que leurs déclarations,

lorfqu'ils ne donneront lieu qu'à des réclamations pécuniaires, feront foi en juftice pour tous les délits mentionnés dans la police rurale, fauf la preuve contraire.

V I I.

Ils feront refponfables des dommages, dans le cas où
ils négligeront de faire dans les vingt-quatre heures le
rapport des délits.

V I I I.

La pourfuite des délits ruraux fera faite au plus tard
dans le délai d'un mois, foit par les parties léfées, foit
par le procureur de la commune ou fes fubftituts, s'il
y en a, foit par des hommes de loi commis à cet
effet par la municipalité : faute de quoi il n'y aura plus
lieu à pourfuite.

T I T R E II.

De la police rurale.

Article premier.

La police des campagnes eft fpécialement fous la juridiction des juges-de-paix & des officiers municipaux, &
fous la furveillance des gardes-champêtres & de la gendarmerie nationale.

I I.

Tous les délits ci-après mentionnés, font, fuivant leur
nature, de la compétence du juge-de-paix ou de la municipalité du lieu où ils auront été commis.

III.

Tout délit rural ci-après mentionné sera punissable d'une amende ou d'une détention, soit municipale, soit correctionnelle ou de détention & d'amende réunies, suivant les circonstances & la gravité du délit, sans préjudice de l'indemnité qui pourra être due à celui qui aura souffert le dommage. Dans tous les cas, cette indemnité sera payable par préférence à l'amende. L'indemnité & l'amende sont dues solidairement par les délinquans.

IV.

Les moindres amendes seront de la valeur d'une journée de travail au taux du pays, déterminée par le directoire de département. Toutes les amendes ordinaires qui n'excéderont pas la somme de trois journées de travail, seront doubles en cas de récidive dans l'espace d'une année, ou si le délit a été commis avant le lever ou après le coucher du soleil; elles seront triples quand les deux circonstances précédentes se trouveront réunies : elles seront versées dans la caisse de la municipalité du lieu.

V.

Le défaut de paiement des amendes & des dédommagemens ou indemnités n'entraînera la contrainte par corps que vingt-quatre heures après le commandement. La détention remplacera l'amende à l'égard des insolvables, mais sa durée en commutation de peine ne pourra excéder un mois. Dans les délits pour lesquels cette peine n'est point prononcée, & dans les cas graves où la détention est jointe à l'amende, elle pourra être prolongée du quart du temps prescrit par la loi.

V I.

Les délits mentionnés au préfent décret , qui entraî-
neroient une détention de plus de trois jours dans les
campagnes , & de plus de huit jours dans les villes ,
feront jugés par voie de police correctionnelle ; les autres
le feront par voie de police municipale.

V I I.

Les maris , pères, mères, tuteurs, maîtres, entrepreneurs de toute efpèce , feront civilement refponfables
des délits commis par leurs femmes & enfans, pupilles,
mineurs n'ayant pas plus de vingt ans & non mariés ,
demeftiques, ouvriers, voituriers & autres fubordonnés.
L'eftimation du dommage fera toujours faite par le
juge-de-paix ou fes affeffeurs , ou par des experts par eux
nommés.

V I I I.

Les domeftiques, ouvriers, voituriers , ou autres fubordonnés , feront , à leur tour , refponfables de leurs délits
envers ceux qui les emploient.

I X.

Les officiers municipaux veilleront généralement à la
tranquillité , à la falubrité & à la fûreté des campagnes ;
ils feront tenus particulièrement de faire , au moins une
fois par an , la vifite des fours & cheminées de toutes
maifons & de tous bâtimens éloignés de moins de cent
toifes d'autres habitations : ces vifites feront préalablement
annoncées huit jours d'avance.

Après la vifite , ils ordonneront la réparation ou la
démolition des fours & des cheminées qui fe trouveront

dans un état de délabrement qui pourroit occasionner un incendie ou d'autres accidens ; il pourra y avoir lieu à une amende au moins de six livres, & au plus de vingt-quatre livres.

X.

Toute personne qui aura allumé du feu dans les champs plus près que cinquante toises des maisons, bois, bruyères, vergers, haies, meules de grains, de paille, ou de foin, sera condamnée à une amende égale à la valeur de douze journées de travail, & paiera en outre le dommage que le feu auroit occasionné. Le délinquant pourra de plus, suivant les circonstances, être condamné à la détention de police municipale.

X I.

Celui qui achetera des bestiaux hors des foires & marchés, sera tenu de les restituer gratuitement au propriétaire, en l'état où ils se trouveront, dans le cas où ils auroient été volés.

X I I.

Les dégâts que les bestiaux de toute espèce, laissés à l'abandon, feront sur les propriétés d'autrui, soit dans l'enceinte des habitations, soit dans un enclos rural, soit dans les champs ouverts, feront payés par les personnes qui ont la jouissance des bestiaux : si elles sont insolvables, ces dégâts seront payés par celles qui en ont la propriété. Le propriétaire qui éprouvera les dommages, aura le droit de saisir les bestiaux, sous l'obligation de les faire conduire dans les vingt-quatre heures au lieu du dépôt qui sera désigné à cet effet par la municipalité. Il sera satisfait aux dégâts par la vente des bestiaux, s'ils ne font pas réclamés , ou fi le dommage n'a point été payé dans la huitaine du jour du délit.

Si ce font des volailles , de quelque efpèce que ce foit , qui caufent le dommage , le propriétaire, le déten-teur ou le fermier qui l'éprouvera , pourra les tuer, mais feulement fur le lieu , au moment du dégât.

X I I I.

Les beftiaux morts feront enfouis dans la journée à quatre pieds de profondeur par le propriétaire , & dans fon terrain, ou voiturés à l'endroit défigné par la muni-cipalité , pour y être également enfouis, fous peine par le délinquant de payer une amende de la valeur d'une journée de travail , & les frais de tranfport & d'en-fouiffement.

X I V.

Ceux qui détruiront les greffes des arbres fruitiers ou autres , & ceux qui écorceront ou couperont en tout ou en partie des arbres fur pied , qui ne leur appartiendront pas , feront condamnés à une amende double du dédom-magement dû au propriétaire , & à une détention de police correctionnelle qui ne pourra excéder fix mois.

X V.

Perfonne ne pourra inonder l'héritage de fon voifin, ni lui tranfmettre volontairement les eaux d'une manière nuifible , fous peine de payer le dommage , & une amende qui ne pourra excéder la fomme du dédom-magement.

X V I.

Les propriétaires ou fermiers des moulins & ufines

conſtruits ou à conſtruire, feront garans de tous dommages que les eaux pourroient caufer aux chemins ou
aux propriétés voifines, par la trop grande élévation du
déverſoir, ou autrement. Ils feront forcés de tenir les
eaux à une hauteur qui ne nuife à perfonne, & qui fera
fixée par le directoire du département, d'après l'avis du
directoire du diſtrict. En cas de contravention, la peine
fera une amende qui ne pourra excéder la fomme du
dédommagement.

X V I I.

Il eſt défendu à toute perfonne de recombler les foſſés,
de dégrader les clôtures, de couper des branches de haies
vives, d'enlever des bois fecs des haies, fous peine d'une
amende de la valeur de trois journées de travail. Le
dédommagement fera payé au propriétaire; & fuivant la
gravité des circonſtances, la détention pourra avoir lieu,
mais au plus pour un mois.

X V I I I.

Dans les lieux qui ne font fujets ni au parcours, ni
à la vaine pâture, pour toute chèvre qui fera trouvée
fur l'héritage d'autrui contre le gré du propriétaire de
l'héritage, il fera payé une amende de la valeur d'une
journée de travail par le propriétaire de la chèvre.

Dans les pays de parcours ou de vaine pâture, où les
chèvres ne font pas raffemblées & conduites en troupeau
commun, celui qui aura des animaux de cette efpèce,
ne pourra les mener aux champs qu'attachés, fous peine
d'une amende de la valeur d'une journée de travail par
tête d'animal.

En quelque circonſtance que ce foit, lorfqu'elles auront
fait du dommage aux arbres fruitiers ou autres, haies,
vignes, jardins, l'amende fera double, fans préjudice du
dédommagement dû au propriétaire.

X I X.

Les propriétaires ou les fermiers d'un même canton ne pourront fe coalifer pour faire baiffer ou fixer à vil prix la journée des ouvriers ou les gages des domeftiques, fous peine d'une amende du quart de la contribution mobiliaire des délinquans, & même de la détention de police municipale, s'il y a lieu.

X X.

Les moiffonneurs, les domeftiques & ouvriers de la campagne ne pourront fe liguer entr'eux pour faire hauffer & déterminer le prix des gages ou les falaires, fous peine d'une amende qui ne pourra excéder la valeur de douze journées de travail, & en outre de la détention de police municipale.

X X I.

Les glaneurs, les rateleurs & les grapilleurs, dans les lieux où les ufages de glaner, de rateler ou de grapiller font reçus, n'entreront dans les champs, prés & vignes récoltés & ouverts, qu'après l'enlèvement entier des fruits. En cas de contravention, les produits du glanage, du ratelage & grapillage feront confifqués; &, fuivant les circonftances, il pourra y avoir lieu à la détention de police municipale. Le glanage, le ratelage & le grapillage font interdits dans tout enclos rural, tel qu'il eft défini à l'article VI de la quatrième feétion du premier titre du préfent déçret.

X X I I.

Dans les lieux de parcours ou de vaine pâture, comme

dans ceux où ces ufages ne font point établis , les pâtres
& les bergers ne pourront mener les troupeaux d'aucune
efpèce dans les champs moiffonnés & ouverts , que deux
jours après la récolte entière , fous peine d'une amende
de la valeur d'une journée de travail : l'amende fera
double fi les beftiaux d'autrui ont pénétré dans un enclos
rural.

X X I I I.

Un troupeau atteint de maladie contagieufe , qui fera
rencontré au pâturage fur les terres du parcours ou de
la vaine pâture , autres que celles qui auront été défignées
pour lui feul , pourra être faifi par les gardes - champêtres , & même par toute perfonne ; il fera enfuite
mené au lieu de dépôt qui fera indiqué à cet effet par
la municipalité.

Le maître de troupeau fera condamné à une amende
de la valeur d'une journée de travail pár tête de bêtes
à laine , & à une amende triple par tête d'autre bétail.

Il pourra en outre , fuivant la gravité des circonftances,
être refponfable du dommage que fon troupeau auroit
occafionné , fans que cette refponfabilité puiffe s'étendre
au-delà des limites de la municipalité.

A plus forte raifon cette amende & cette refponfabilité auront lieu , fi ce troupeau a été faifi fur les terres
qui ne font point fujettes au parcours ou à la vaine
pâture.

X X I V.

Il eft défendu de mener fur le terrain d'autrui des
beftiaux d'aucune efpèce , & en aucun temps, dans les
prairies artificielles , dans les vignes , oferaies , dans les
plants de capriers , dans ceux d'oliviers , de mûriers , de
grenadiers , d'orangers & arbres du même genre , dans
tous les plants ou pépinières d'arbres fruitiers ou autres,
faits de main d'hommes.

L'amende encourue pour le délit fera une fomme de la valeur du dédommagement dû au propriétaire: l'amende fera double fi le dommage a été fait dans un enclos rural; & fuivant les circonftances, il pourra y avoir lieu à la détention de police municipale.

X X V.

Les conducteurs des beftiaux revenant des foires, ou les menant d'un lieu à un autre, même dans les pays de parcours ou de vaine pâture, ne pourront les laifler pacager fur les terres des particuliers, ni fur les communaux, fous peine d'une amende de la valeur de deux journées de travail, en outre du dédommagement. L'amende fera égale à la fomme du dédommagement, fi le dommage eft fait fur un terrain enfemencé, ou qui n'a pas été dépouillé de fa récolte, ou dans un enclos rural.

A défaut de paiement, les beftiaux pourront être faifis & vendus jufqu'à concurrence de ce qui fera dû pour l'indemnité, l'amende & autres frais relatifs; il pourra même y avoir lieu envers les conducteurs, à la détention de police municipale, fuivant les circonftances.

X X V I.

Quiconque fera trouvé gardant à vue fes beftiaux dans les récoltes d'autrui, fera condamné, en outre du paiement du dommage, à une amende égale à la fomme du dédommagement, & pourra l'être, fuivant les circonftances, à une détention qui n'excédera pas une année.

X X V I I.

Celui qui entrera à cheval dans les champs enfemencés,

fi ce n'eft le propriétaire ou fes agens, paiera le dommage & une amende de la valeur d'une journée de travail : l'amende fera double fi le délinquant y eft entré en voiture. Si les blés font en tuyau, & que quelqu'un y entre même à pied, ainfi que dans toute autre récolte pendante, l'amende fera au moins de la valeur de trois journées de travail, & pourra être d'une fomme égale à celle due pour dédommagement au propriétaire.

X X V I I I.

Si quelqu'un, avant leur maturité, coupe ou détruit de petites parties de blé en verd, ou d'autres productions de la terre, fans intention manifefte de les voler, il paiera en dédommagement au propriétaire, une fomme égale à la valeur que l'objet auroit eu dans fa maturité; il fera condamné à une amende égale à la fomme du dédommagement, & il pourra l'être à la détention de police municipale.

X X I X.

Quiconque fera convaincu d'avoir dévafté des récoltes fur pied, ou abattu des plants venus naturellement, ou faits de main d'hommes, fera puni d'une amende double du dédommagement dû au propriétaire, & d'une détention qui ne pourra excéder deux années.

X X X.

Toute perfonne convaincue d'avoir, de deffein prémédité, méchamment, fur le territoire d'autrui, bleffé ou tué des beftiaux ou chiens de garde, fera condamnée à une amende double de la fomme du dédommagement. Le délinquant pourra être détenu un mois, fi l'animal n'a été que bleffé; & fix mois, fi l'animal eft mort de sa bleffure, ou en eft refté eftropié : la détention pourra être du double, si le délit a été commis la nuit, ou dans une étable, ou dans un enclos rural.

X X X I.

Toute rupture ou destruction d'inftrument de l'exploitation des terres, qui aura été commife dans les champs ouverts, fera punie d'une amende égale à la fomme du dédommagement dû au cultivateur, & d'une détention qui ne fera jamais de moins d'un mois, & qui pourra être prolongée jufqu'à fix, fuivant la gravité des circonftances.

X X X I I.

Quiconque aura déplacé ou fupprimé des bornes, ou pieds-cormiers, ou autres arbres plantés ou reconnus pour établir les limites entre différens héritages, pourra, en outre du paiement du dommage & des frais de replacement des bornes, être condamné à une amende de la valeur de douze journées de travail, & fera puni par une détention dont la durée, proportionnée à la gravité des circonftances, n'excédera pas une année. La détention cependant pourra être de deux années, s'il y a tranfpofition de bornes à fin d'ufurpation.

X X X I I I.

Celui qui, fans la permiffion du propriétaire ou fermier, enlevera des fumiers, de la marne, ou tous autres engrais portés fur les terres, fera condamné à une amende qui n'excédera pas la valeur de fix journées de travail, en outre du dédommagement, & pourra l'être à la détention de police municipale. L'amende fera de douze journées, & la détention pourra être de trois mois, fi le délinquant a fait tourner à fon profit lefdits engrais.

X X X I V.

Quiconque maraudera, dérobera des productions de la terre qui peuvent fervir à la nourriture des hommes, ou d'autres productions utiles, fera condamné à une amende égale au dédommagement dû au propriétaire ou fermier ; il pourra auffi, fuivant les circonftances du délit, être condamné à la détention de police municipale.

X X X V.

Pour tout vol de récolte fait avec des paniers ou des facs, ou à l'aide des animaux de charge, l'amende fera du double du dédommagement ; & la détention, qui aura toujours lieu, pourra être de trois mois, fuivant la gravité des circonftances.

X X X V I.

Le maraudage ou enlèvement de bois, fait à dos d'homme dans les bois taillis ou futaies, ou autres plantations d'arbres des particuliers ou communautés, fera puni d'une amende double du dédommagement dû au propriétaire. La peine de la détention pourra être la même que celle portée en l'article précédent.

X X X V I I.

Le vol dans les bois taillis, futaies & autres plantations d'arbres des particuliers ou communautés, exécuté à charge de bête de fomme ou de charrette, fera puni par une détention qui ne pourra être de moins de trois jours, ni excéder fix mois. Le coupable paiera en outre

une

une amende triple de la valeur du dédommagement dû au propriétaire.

X X X V I I I.

Les dégâts faits dans les bois taillis des particuliers ou des communautés par des bestiaux ou troupeaux, seront punis de la manière suivante :

Il sera payé d'amende, pour une bête à laine, une livre ; pour un cochon, une livre ; pour une chèvre, deux livres ; pour un cheval ou autre bête de somme, deux livres ; pour un bœuf, une vache ou un veau, trois livres.

Si les bois taillis sont dans les six premières années de leur croissance, l'amende sera double.

Si les dégâts sont commis en présence du pâtre, & dans les bois taillis de moins de six années, l'amende sera triple.

S'il y a récidive dans l'année, l'amende sera double ; & s'il y a réunion des deux circonstances précédentes, ou récidive avec une des deux circonstances, l'amende sera quadruple.

Le dédommagement dû au propriétaire sera estimé de gré-à-gré, ou à dire d'experts.

X X X I X.

Conformément au décret sur les fonctions de la gendarmerie nationale, tout dévastateur des bois, des récoltes, ou chasseur masqué, pris sur le fait, pourra être saisi par tout gendarme national, sans aucune réquisition d'officier civil.

X L.

Les cultivateurs ou tous autres qui auront dégradé
Collec. des Lois. Tome XIII. C c

ou détérioré, de quelque manière que ce soit, des chemins publics, ou usurpé sur leur largeur, seront condamnés à la réparation ou à la restitution, & à une amende qui ne pourra être moindre de trois livres, ni excéder vingt-quatre livres.

X L I.

Tout voyageur qui déclorra un champ pour se faire un passage dans sa route, paiera le dommage fait au propriétaire, &, de plus, une amende de la valeur de trois journées de travail, à moins que le juge-de-paix du canton ne décide que le chemin public étoit impraticable ; & alors les dommages & les frais de clôture seront à la charge de la communauté.

X L I I.

Le voyageur qui, par la rapidité de sa voiture ou de sa monture, tuera ou blessera des bestiaux sur les chemins, sera condamné à une amende égale à la somme du dédommagement dû au propriétaire des bestiaux.

X L I I I.

Quiconque aura coupé ou détérioré des arbres plantés sur les routes, sera condamné à une amende du triple de la valeur des arbres, & à une détention qui ne pourra excéder six mois.

X L I V.

Les gazons, les terres ou les pierres des chemins publics, ne pourront être enlevés en aucun cas sans l'autorisation du directoire du département. Les terres ou matériaux appartenant aux communautés, ne pourront également être enlevés, si ce n'eft par fuite d'un usage général établi dans la commune pour les befoins de l'agriculture, & non aboli par une délibération du conseil-général.

Celui qui commettra l'un de ces délits fera, en outre de la réparation du dommage, condamné, fuivant la gravité des circonftances, à une amende qui ne pourra excéder vingt - quatre livres, ni être moindre de trois livres; il pourra de plus être condamné à la détention de police municipale.

X L V.

Les peines & les amendes déterminées par le préfent décret, ne feront encourues que du jour de fa publication.

Mandons & ordonnons à tous les corps adminiftratifs & tribunaux, &c.

2048.

L O I

Sur la nouvelle organisation du notariat , & fur le
remboursement des offices de notaires.

Donnée à Paris le 6 octobre 1791.

Louis, par la grace de Dieu , &c.

Décret du 29 septembre 1791.

T I T R E   P R E M I E R.

Suppreſſion des notaires royaux & autres ; & création des
notaires publics.

S E C T I O N   P R E M I È R E.

Suppreſſions des notaires royaux & autres.

A R T I C L E   P R E M I E R.

La vénalité & l'hérédité des offices royaux de notaires , tabellions, notaires-clercs aux inventaires , notaires
connus en quelques lieux fous le nom de greffiers ,
ou fous toute autre dénomination que ce foit , font abolies.

I I.

Les offices de notaires ou tabellions authentiques ,
feigneuriaux , apoftoliques , & tous autres offices du
même genre , fous quelque dénomination qu'ils exiftent ,
font fupprimés.

III.

Ces divers officiers feront remplacés par des notaires publics, dont l'établissement fera formé, pour le préfent & pour l'avenir, ainsi qu'il fera dit ci-après.

IV.

Jufqu'à la formation dudit établissement, les officiers fupprimés par les articles premier & II feront libres de continuer provifoirement leurs fonctions dans l'étendue de leur ancien arrondissement.

V.

Les actes qui, jufqu'à la publication du préfent décret, auroient été reçus par lefdits officiers hors des limites de leur ancien arrondissement, ne pourront être attaqués pour caufe d'incompétence.

SECTION II.

Création des notaires publics.

ARTICLE PREMIER.

Il fera établi dans tout le royaume des fonctionnaires publics chargés de recevoir tous les actes qui font actuellement du reffort des notaires royaux & autres, & de leur donner le caractère d'authenticité attaché aux actes publics.

II.

Ces fonctionnaires porteront le nom de *notaires pu-*

blics ; ils feront inftitués à vie , & ils ne pourront être deftitués que pour caufe de prévarication préalablement jugée.

I I I.

L'exercice des fonctions de notaire public fera incompatible avec celui des fonctions d'avoué & de greffier , & avec la recette des contributions publiques.

I V.

Provifoirement & jufqu'à la confection du code civil , les actes des notaires publics feront reçus dans chaque lieu fuivant les anciennes formes ; & néanmoins dans les lieux où la préfence de deux notaires étoit textuellement requife & déclarée fuffifante pour certains actes, ils pourront être reçus par un feul notaire public & deux témoins âgés de vingt-un ans, fachant figner , & ayant d'ailleurs les autres qualités requifes par les coutumes & ordonnances.

V.

Les notaires ne pourront inftrumenter fans connoître le nom, l'état & la demeure des parties, ou fans qu'ils leur foient atteftés dans l'acte par deux citoyens ayant les mêmes qualités que celles requifes pour être témoin inftrumentaire.

V I.

A moins d'empêchement légitime, les notaires publics feront tenus de prêter leur miniftère lorfqu'ils en feront requis : ils feront au furplus obferver dans les conventions les lois qui intéreffent l'ordre public ; & , tant à cet égard qu'en ce qui concerne la confervation des minutes & généralement l'exercice de leurs fonctions, ils se conformeront aux anciennes ordonnances & règlemens concernant les notaires royaux, jusqu'à ce qu'il ait été autrement statué par le pouvoir législatif.

V I I.

Les notaires pourront, sur la seule réquisition d'une partie intéressée, représenter dans les inventaires, ventes, comptes, partages, & autres opérations amiables, les absens qui n'auront pas de fondés de procurations spéciales & authentiques ; mais ils ne pourront en même temps instrumenter dans lesdites opérations.

V I I I.

Le nombre & le placement de ces fonctionnaires feront déterminés pour chaque département, par le Corps législatif, d'après les instructions qui lui feront adressées par les directoires desdits départemens.

I X.

Pour les villes, la population, & pour les campagnes, l'éloignement des villes & l'étendue du territoire combinés avec la population, feront les principales bases de l'établissement des notaires publics.

X.

Les notaires publics feront tenus de résider dans les lieux pour lesquels ils auront été établis.

X I.

Ils ne pourront exercer leurs fonctions hors des limites

des départemens dans lesquels ils se trouveront placés ; mais tous ceux du même département exerceront concurremment entre eux dans toute son étendue.

X I I.

Ils prendront en conséquence la qualité *de notaires purlics , établis pour le département de*
à la résidence de la ville ou du bourg de

X I I I.

Les actes des notaires publics seront exécutoires dans tout le Royaume, nonobstant l'inscription de faux, jusqu'à jugement définitif.

X I V.

A cet effet, leurs grosses ou expéditions exécutoires seront intitulées de la formule suivante ; (le nom du Roi) *par la grace de Dieu & la loi constitutionnelle de l'État , Roi des Français ; Salut. Savoir faisons que pardevant , &c.* Et elles seront terminées, immédiatement avant la date, par cette autre formule : *Mandons que les présentes soient mises à exécution par qui il appartiendra.*

X V.

Et néanmoins, lorsque ces actes devront être mis à exécution hors du département dans lequel ils auront été passés , les grosses ou expéditions seront en outre légalisées par l'un des juges du tribunal d'immatriculation du notaire public qui les aura délivrés , sans qu'il soit besoin d'aucun autre scel ni de *visa.*

X V I.

Il sera déposé par chaque notaire public , à titre de

garantie des faits de ses fonctions, un fonds de responsabilité en deniers, dont le versement se fera entre les mains des receveurs de districts, qui en feront aussitôt la remise au trésor national.

Les notaires n'en recevront aucun intérêt, mais ils seront exempts de tous droits de patentes.

X V I I.

Ce fonds de responsabilité demeure dès-à-présent fixé,

S a v o i r:

Pour les notaires publics de la ville de Paris, à . . 40,000
Pour ceux des villes de soixante mille ames &
    au-dessus, à 15,000
Pour ceux des villes de quarante à soixante mille
    ames, à 8,000
Pour ceux des villes de vingt à quarante mille
    ames, à 4,000
Pour ceux des villes de dix à vingt mille
    ames, à 3,000
Pour toutes les autres villes, bourgs ou villages, à 2,000

X V I I I.

Il sera délivré à chaque notaire public une reconnoissance du montant de son dépôt; & lors des démissions ou des décès, le capital de ces reconnoissances sera remboursé au notaire public démis, ou à l'héritier du décédé, par le sujet qui aura été nommé pour le remplacer, en justifiant qu'il n'existe pas d'empêchement entre les mains du conservateur des oppositions.

X I X.

Et dans le cas où après la démission ou le décès d'un notaire public, il n'y auroit pas lieu de pourvoir à son remplacement, le remboursement dudit fonds de responsabilité lui sera fait ou à ses héritiers par le trésor public, dans l'année de la démission ou du décès.

T I T R E I I.

Etablissement des notaires publics.

A R T I C L E P R E M I E R.

Les notaires publics seront à l'avenir nommés & institués dans les formes prescrites par le titre IV de ce décret, mais leur premier établissement sera fait d'après les dispositions suivantes.

I I.

Les notaires ou tabellions royaux, qui à l'époque de cet établissement se trouveront en exercice, soit en vertu de provisions, soit en vertu de commissions émanées du sceau, & tous les autres officiers supprimés par les articles premier & II de la première section du titre premier, seront dans chaque département considérés sous trois classes :

1º. Les notaires royaux résidant actuellement dans les lieux où il sera établi des notaires publics, & les notaires seigneuriaux des mêmes lieux, lorsqu'ils tenoient à une jurisdiction seigneuriale ayant son principal siége dans cette résidence, & ressortissant nuement à une cour souveraine;

2º. Les notaires royaux qui résident actuellement dans

les lieux où il ne fera pas établi des notaires publics;

3º. Les notaires feigneuriaux autres que ceux défignés dans la première claffe.

I I I.

Les notaires de la première claffe feront admis de préférence à fe faire recevoir notaires publics dans les lieux où ils réfident, mais ils ne pourront dans aucun cas opter u e autre réfidence.

Quel que foit leur nombre, ils feront tous admis à exercer, & ne feront point tenus de fe réduire. Leur reduction ne s'opérera que par mort ou démiffion.

I V.

En conféquence, après la fixation des chefs-lieux de réfidence, & du nombre des notaires publics, le procureur-général-fyndic de chaque département fera notifier dans tout le département, aux notaires de la première claffe, en la perfonne du plus ancien d'entr'eux dans chaque réfidence, qu'ils aient à lui déclarer dans le mois de cette notification, & chacun individuellement, s'ils veulent être confirmés dans l'exercice de leurs fonctions, en qualité de notaires publics.

V.

Ceux defdits notaires qui dans ce délai n'auront pas envoyé d'acceptation, feront préfumés avoir renoncé à leur droit; leurs places, de même que celles des notaires qui auront donné un refus formel, feront comprifes dans le tableau des places vacantes, fi le nombre n'eft pas complet, & dès, l'expiration du mois, ils feront irrévocablement déchus de toute préférence.

V I.

Immédiatement après ledit délai, le directoire du département vérifiera les acceptations remises ; & pour les lieux où le nombre de ces acceptations complétera, ou lors même qu'il excéderoit celui requis, le tableau nominatif des acceptans sera dressé, suivant l'ordre de leur ancienne réception en qualité de notaires.

V I I.

Si au contraire en certains lieux le nombre des acceptations se trouve insuffisant, il sera complété ainsi qu'il suit.

V I I I.

Les notaires de la seconde classe & ceux de la troisième pourront se présenter pour remplir les places de notaires publics vacantes dans les diverses résidences du département, en désignant la résidence à laquelle ils demanderont à être attachés.

I X.

En conséquence, après le premier placement qui aura été fait en conformité des articles III & IV, le directoire du département fera publier & afficher dans son arrondissement le tableau des places vacantes, soit dans les résidences nouvellement créées, soit dans les résidences conservées & où le nombre des notaires ne sera pas complet.

X.

Dans le mois après cette publication, les notaires

de la feconde & de la troifième claffe qui voudront occuper des places de notaires publics, feront tenus d'adreffer au procureur-général-fyndic du département leurs déclarations, portant défignation de la réfidence dans laquelle ils demandent à être placés.

Seront d'abord préférés les notaires de la feconde claffe ; enfuite, parmi les notaires de la troifième, feront préférés ceux qui demeuroient dans le lieu où une réfidence de notaires publics aura été établie.

Les notaires ainfi appelés par degré à occuper des places de notaires publics, feront admis fuivant l'ancienneté de leur exercice, jufqu'à ce que le nombre fixé foit rempli.

X I.

Ceux qui dans le délai d'un mois n'auront pas fait leur déclaration, feront cenfés avoir renoncé à leur droit, & ne pourront plus fe faire infcrire pour les places vacantes.

X I I.

Les notaires qui n'auront pu être placés dans la réfidence par eux défignée, pourront en indiquer une autre dans laquelle il y auroit encore des places vacantes, & ainfi de fuite, jufqu'à ce que toutes les réfidences du département foient complètes ; & les mêmes règles de préférence & d'ancienneté feront obfervées dans ce cas comme dans ceux ci-deffus fpécifiés.

X I I I.

Immédiatement après le premier placement & les placemens fucceffifs, le tableau nominatif des notaires publics attachés à chaque réfidence fera envoyé par le procureur-général-fyndic au commiffaire du Roi près le tribunal dans l'arrondiſſement duquel ſera le chef-lieu de réſidence de ces notaires publics.

Et à l'égard des villes où il exiſte pluſieurs tribunaux judiciaires, cet envoi ſera fait au commiſſaire près celui deſdits tribunaux dans le reſſort duquel la maiſon municipale ſe trouve ſituée.

X I V.

Dans le délai de deux mois à compter du jour de la réquiſition qui en ſera faite à chacun d'eux par le commiſſaire du Roi, les officiers inſcrits ſur le tableau ſeront tenus d'effectuer le dépôt de leur fonds de reſpon-ſabilité, de ſe retirer pardevers le Roi à l'effet d'obtenir une commiſſion, & de ſe préſenter au tribunal pour y être reçus en qualité de notaires publics.

La commiſſion du Roi ne pourra leur être refuſée, en juſtifiant par eux du dépôt de leur fonds de reſpon-ſabilité, & elle rappellera au ſurplus la date de leur ancienne réception.

X V.

Sur la repréſentation de cette commiſſion, ils ſeront admis devant le tribunal, pour conſigner au bas du procès-verbal qui ſera dreſſé à cet effet, les ſignature & paraphe dont ils entendent ſe ſervir dans l'exercice de leurs fonctions, & prêter le ſerment preſcrit par l'article dernier du titre IV.

X V I.

Il ſera remis à chacun d'eux un extrait de ce procès-verbal, lequel extrait leur ſervira d'inſtitution & réception; & de ce jour ſeulement ils prendront la qualité de notaires publics, & auront le droit d'exercer dans tout le département.

Loi *du* 6 *Octobre* 1791.

XVII.

Faute par lefdits notaires d'avoir rempli dans le délai de deux mois les formalités prefcrites par les articles XIV & XV, leurs places feront réputées vacantes ; & fur l'avis qui en fera donné au directoire du département par le commiffaire du Roi, il fera pourvu à leur remplacement.

XVIII.

Lorfque tous les notaires de la feconde & de la troifième claffe, infcrits pour devenir notaires publics, feront placés, ou lorfque, n'ayant pu l'être dans les réfidences qu'ils auront défignées, ils n'auront pas fait de défignation nouvelle, s'il y a encore des places vacantes, il y fera pourvu fuivant les formes qui vont être établies par le titre IV de ce décret.

XIX.

Dans chaque département, après la clôture du placement des notaires publics, le directoire enverra aux commiffaires du Roi auprès des divers tribunaux de fon reffort, un état nominatif des anciens notaires royaux ou autres, qui par refus formel, par défaut d'acceptation ou par toute autre caufe, ne fe trouveront pas compris dans le nouvel établiffement.

Cet état fera publié & affiché fans délai, à la diligence defdits commiffaires du Roi, tant dans les nouvelles que dans les anciennes réfidences de notaires de leurs arrondiffemens refpectifs, & huitaine après cette publication, tous les anciens notaires non placés feront tenus de ceffer l'exercice de leurs fonctions, à peine de faux & de nullité.

X X.

Et à l'égard des notaires admis dans le placement, mais qui s'en trouveroient déchus aux termes de l'article XVII, ils feront tenus pareillement, & fous les mêmes peines, de cesser leurs fonctions huitaine après l'injonction qui leur en fera faite par le commiffaire du Roi.

T I T R E   I I I.

De la confervation & du dépôt des minutes d'actes des notaires.

A R T I C L E   P R E M I E R.

Les minutes dépendant des offices de notaires royaux & autres fupprimés par le titre premier de ce décret, feront mifes en la garde des notaires publics établis dans la réfidence la plus prochaine du lieu de leur dépôt actuel.

I I.

En conféquence, les minutes actuellement confervées dans les lieux où il fera établi des notaires publics, ne pourront en être déplacées, & celles qui fe trouveront par-tout ailleurs, feront portées dans le plus prochain chef-lieu de réfidence de notaire public, en fuivant à cet égard la démarcation par cantons.

I I I.

A cet effet, après que le directoire de l'adminiftration du département aura fait publier le tableau des notaires

publics

publics de chaque réfidence, le directoire de l'adminiftration du diftrict dreffera l'état des anciens offices, foit
du lieu même, foit des lieux circonvoifins, dont les
minutes doivent être remifes auxdits notaires publics,
& adreffera cet état au commiffaire du Roi du tribunal.

I V.

Les notaires royaux & autres, devenus notaires publics
dans le lieu où leurs minutes devront refter ou être apportées, en conferveront exclufivement le dépôt.

V.

Les notaires qui auront ceffé d'exercer, ou qui auront été placés dans une autre réfidence que celle où
leurs minutes doivent être dépofées, ainfi que les héritiers des anciens titulaires décédés, pourront dans un mois
à compter du jour de la notification qui leur fera faite
par le commiffaire du Roi, remettre lefdites minutes à
celui des notaires publics qu'ils jugeront à propos de
choifir parmi ceux établis dans le chef-lieu de réfidence
où les minutes devront être apportées, & faire fur les
recouvremens telles conventions que bon leur femblera.

V I.

Mais à défaut de remife dans le cours de ce délai,
les poffeffeurs de ces minutes feront tenus de les dépofer incontinent, avec les répertoires, entre les mains
du plus ancien notaire public de cette réfidence, lequel
s'en chargera provifoirement fur fon récépiffé, après récolement & vérification.

Ils remettront en même temps un état des recouvremens à faire fur lefdites minutes, & feront tenus de
déclarer par écrit s'ils veulent que lefdits recouvremens

foient faits pour leur compte, ou s'ils préfèrent en céder
la perception.

V I I.

Au premier cas, les minutes & répertoires, ainfi
que l'état des recouvremens, feront remis, après nouvelle vérification, à celui des notaires publics de la réfidence qui offrira de fe charger du tout, & d'effectuer
les recouvremens; & à défaut ou en cas de concurrence,
la remife en fera faite par la voie du fort.

V I I I.

Lorfqu'au contraire les anciens poffeffeurs auront déclaré vouloir céder les recouvremens, la poffeffion des
minutes fera adjugée, eu égard auxdits recouvremens,
fur enchères entre les notaires publics de la réfidence,
pardevant le maire ou premier officier municipal.

Et néanmoins fi le prix de la dernière enchère eft
au-deffous des trois quarts du total des recouvremens,
les poffeffeurs auront la faculté d'empêcher l'adjudication, en demandant que la perception des recouvremens
foit faite pour leur compte; & dans ce cas on fuivra
les règles prefcrites par l'article VII du préfent titre.

I X.

Les minutes d'actes de notaires qui fe trouveront
contenues dans les bureaux de tabellionage ou autres dépôts publics établis en certains lieux, y feront provifoirement confervées.

Celles qui peuvent exifter encore dans les greffes des
ci-devant juftices feigneuriales feront, à la diligence des
commiffaires du Roi, remifes inceffamment aux greffes
des tribunaux de diftrict dans le reffort defquels elles
font actuellement en dépôt.

Les gardiens defdites minutes pourront en délivrer des expéditions, en fe conformant aux ordonnances.

X.

A l'égard des minutes exiftant dans les archives des ci-devant feigneurs, ou entre les mains de toute autre perfonne privée, elles feront remifes avec les répertoires, s'il s'en trouve, au plus ancien notaire public de la réfidence voifine, huitaine après la fommation qui en fera par lui faite aux poffeffeurs actuels, lefquels, à raifon de cette remife, ne pourront exiger aucun rembourfement ni indemnité.

X I.

Ces minutes feront d'abord claffées en corps diftincts, formés par la réunion des actes dépendant d'un même office ; & les corps complets feront enfuite diftribués un par un, avec les répertoires, entre les notaires publics de la réfidence, en commençant par le plus ancien, & continuant jufqu'à l'entière diftribution.

A l'égard des minutes qui fe trouveront faire partie d'un corps dépofé dans une autre réfidence, elles feront immédiatement envoyées dans le lieu de ce dépôt, pour y être réunies.

X I I.

Deux mois au plus tard après la diftribution de ces corps de minutes anciennes, les notaires publics qui en auront reçu le dépôt, feront tenus d'en faire la déclaration au greffe du tribunal dans le reffort duquel leur réfidence fe trouvera fituée, & d'indiquer en même temps le nom des divers notaires de qui lefdites minutes proviennent.

Ils dresseront en outre dans les six mois du dépôt un répertoire exact des minutes, s'il n'en existoit pas lors de la distribution.

X I I I.

Lors de la démission ou du décès des notaires publics au remplacement desquels il n'y aura pas lieu de pourvoir, les démettans ou les héritiers des décédés auront la faculté de remettre leurs minutes à l'un des notaires publics de la résidence, & de s'arranger pour les recouvremens, dans le délai d'un mois à compter de la démission ou du décès; & après ce délai, le commissaire du Roi auprès du tribunal poursuivra la remise des minutes entre les mains du plus ancien des notaires publics, pour être procédé à leur dépôt, ainsi qu'il a été dit par les articles VI, VII & suivans.

X I V.

A l'avenir, dans tous les cas où il y aura lieu au remplacement d'un notaire public, par démission ou décès, les minutes passeront à son successeur, & la remise lui en sera faite, sauf à lui tenir compte des recouvremens.

X V.

L'évaluation des recouvremens sera faite de gré-à-gré, s'il est possible, sinon par deux notaires choisis de part & d'autre, parmi ceux de la résidence du notaire démettant ou décédé, & à leur défaut, parmi ceux de la résidence la plus voisine; lesquels appréciateurs, en cas de diversité d'avis, prendront un autre notaire de la résidence pour les départager.

X V I.

A compter du premier janvier 1793, les notaires publics feront tenus de dépofer , dans les deux premiers mois de chaque année , au greffe du tribunal de leur immatriculation , un double par eux certifié du répertoire des actes qu'ils auront reçus dans le cours de l'année précédente , à peine de cent livres d'amende par chaque mois de retard.

TITRE IV.

Nouvelle forme de nomination & d'inftitution des notaires publics.

ARTICLE PREMIER.

Les places de notaires publics ne pourront être occupées à l'avenir que par des fujets antérieurement défignés dans un concours public , qui aura lieu à cet effet le premier feptembre de chaque année , dans les villes chefs-lieux de département.

Le premier concours fe fera extraordinairement le premier mars prochain.

I I.

Les juges du concours feront au nombre de neuf ; favoir , deux membres du tribunal établi dans le lieu où fe fera le concours , le commiffaire du Roi près le même tribunal , deux membres du directoire du département , le procureur-général-fyndic, & trois notaires publics de la ville , pris par ordre d'ancienneté , à tour de rôle.

I I I.

Dans les villes où il fe trouvera plufieurs tribunaux, les juges & les commiffaires du Roi feront pris alternativement dans chacun d'eux, en commençant par le numéro premier pour le premier concours.

I V.

Pour être admis à concourir, il faudra,

1º. Avoir satisfait à l'inscription civique, en quelque lieu du Royaume que ce soit ;

2º. Être âgé de vingt-cinq ans accomplis ;

3º. Avoir travaillé pendant huit années sans interruption ; savoir, pendant les quatre premières, soit dans les études des ci-devant procureurs ou des avoués, soit dans les études de notaire, en quelque lieu que ce soit du Royaume ; mais nécessairement pendant les quatre dernières en qualité de clerc de notaire dans l'étendue du département où le concours aura lieu, & y être actuellement employé en cette qualité.

Les juges & les hommes de loi remplissant les deux premières conditions & exerçant depuis cinq ans, dont trois au moins dans l'étendue du département, seront pareillement admis au concours.

V.

Dans le mois qui précédera le concours, lequel, après celui du premier mars prochain, se fera toujours le premier septembre sans avoir besoin d'être annoncé ni proclamé, & sans que, sous aucun prétexte, il puisse être retardé ou n'avoir pas lieu, tous ceux qui desireront être admis audit concours, remettront au commissaire du Roi désigné pour l'un des juges, les titres & certificats servant à constater les qualités & conditions ci-dessus requises ; & les clercs rapporteront en outre, avec les certificats d'études qui leur auront été délivrés par les divers officiers chez lesquels ils les auront faites, des atteftations de leur vie & mœurs, fignées par lefdits officiers & duement légalifées.

V I.

Les ci-devant notaires royaux qui, après avoir fait les déclarations prefcrites par le titre II, n'auront pu être employés lors du prochain établiffement, feront difpenfés du concours, & ils pourront, fur leur demande, être infcrits en premier ordre, & en fuivant entre eux le rang de leur réception, fur le premier tableau des candidats qui fera dreffé.

V I I.

Mais ceux defdits notaires royaux qui n'auront fait aucune déclaration, ainfi que les notaires ci-devant feigneuriaux qui n'auroient pas été placés, foit qu'ils aient ou non demandé à l'être, feront fimplement admis à concourir fur la feule énonciation & juftification de leur ancienne qualité.

V I I I.

Les juges qui procéderont à l'examen, commenceront par vérifier les titres des fujets qui fe préfenteront, pour favoir s'ils rempliffent les conditions requifes.

Les fujets qui rempliront ces conditions, feront feuls admis à l'examen; il confiftera dans un interrogatoire fait à chacun féparément, fur les principes de la Conftitution, les fonctions & les devoirs de notaire public, & dans la rédaction d'un acte, dont le programme fera donné par les juges, & rempli, fans déplacer, par les afpirans.

I X.

La capacité des sujets sera jugée à la majorité absolue des voix.

X.

Ceux qui seront ainsi reconnus capables, seront déclarés par les juges de l'examen, habiles à remplir les fonctions de notaires publics, & inscrits aussitôt sur un tableau, suivant le nombre de voix qu'ils auront eues pour leur admission. En cas d'égalité de suffrages pour deux ou plusieurs aspirans, ils seront inscrits sur le tableau à raison de leur temps d'étude ou d'exercice, & en cas d'égalité de temps, à raison de leur âge.

X I.

Ce tableau sera continué chaque année de la même manière. Il restera affiché dans la principale salle de l'administration du département, & sera envoyé par le procureur-général-syndic à tous les tribunaux du ressort, pour y être pareillement affiché.

X I I.

Jusqu'à leur placement effectif, les sujets ainsi élus continueront sans interruption dans le département, savoir : les clercs, leurs études chez les notaires, & les autres, leurs fonctions de juges ou d'hommes de loi.

X I I I.

En cas de décès ou de démission, les sujets inscrits sur le tableau des admis auront droit à la place vacante, fuivant la priorité de leur rang & la date d'infcription.

Néanmoins les juges & les hommes de loi ne pourront prétendre aux places vacantes dans les réfidences qui entraîneront un fonds de refponfabilité de quinze mille livres & au-deffus, qu'autant qu'il ne fe trouvera aucun clerc defdites réfidences infcrit fur le tableau.

X I V.

En conféquence, lorfqu'une place de notaire public deviendra vacante, la municipalité de la réfidence en donnera avis au directoire du département, lequel fera tenu de faire auffitôt annoncer cette vacance par proclamation & affiches dans tout fon reffort, avec réquifition aux fujets infcrits d'envoyer leur acceptation dans le délai de quinze jours au procureur-général-fyndic.

X V.

Après ledit délai, le directoire conférera la place vacante au premier par rang & date d'infcription de ceux qui ayant droit de la requérir, auront donné leur acceptation; & ceux qui les précédoient dans l'ordre, mais qui fe feront trouvés en retard de fournir ladite acceptation, ne pourront être admis à réclamation pour cette fois, fans néanmoins préjudicier à leurs droits pour l'avenir.

X V I.

Il fera remis au fujet ainfi nommé, un extrait du procès-verbal de fa nomination, & avec cet extrait il fe pourvoira auprès du Roi, à l'effet d'obtenir une commiffion qui ne pourra lui être refufée, pourvu qu'il juftifie préalablement du rembourfement par lui fait à fon prédéceffeur ou héritiers, du montant de fon fonds de responsabilité & de ses recouvremens, ou d'arrangemens pris à ce sujet.

X V I I.

Après avoir obtenu la commission du Roi, le sujet se présentera au tribunal dans le ressort duquel sa résidence se trouvera placée.

X V I I I.

Sur la représentation de l'extrait de son inscription au tableau, de sa nomination & de la commission du Roi, il sera admis à prêter le serment à l'audience publique, en rapportant aussi préalab'ement un certificat de sa continuation d'exercice ou d'étude depuis son inscription au tableau, & de ses vie & mœurs; lequel certificat sera donné, pour les juges & hommes de loi, par le président du tribunal dans lequel ils auront exercé leurs fonctions, & pour les clercs, par les notaires chez lesquels ils auront travaillé.

X I X.

Dans le procès-verbal de ladite prestation de serment, le notaire public reçu consignera les signature & paraphe dont il entend se servir dans l'exercice de ses fonctions, & il ne pourra en employer d'autres, à peine de faux.

X X.

La formule du serment sera ainsi conçue : « Je jure » sur mon honneur d'être fidèle à la Constitution & » aux lois du Royaume, & de remplir mes fonctions » avec exactitude & probité ».

T I T R E V.

Remboursement des notaires royaux.

A R T I C L E P R E M I E R.

Attendu que l'évaluation des offices de notaires au ci-devant Châtelet de Paris, faite en exécution de l'édit de 1771, est dans une disproportion immense avec la valeur effective desdits offices & accessoires, & que beaucoup de titulaires sont dans l'impossibilité de constater par pièces authentiques le montant de leurs acquisitions, il sera établi, pour le remboursement desdits notaires, un prix commun sur le prix des acquisitions faites par les soixante-dix derniers pourvus, tel qu'il se trouvera établi par traités, quittances & autres actes authentiques.

I I.

La masse de ces prix réunis divisés par leur nombre, donnera le prix de chacun des cent treize offices de notaires.

I I I.

Les titulaires des cent treize offices feront divisés en trois classes.

La première comprendra tous ceux qui ont été reçus antérieurement au premier juillet 1771.

La seconde, tous ceux qui ont été reçus depuis le premier juillet 1771 jusqu'au premier juillet 1781 exclusivement.

La troisième classe sera formée de tous ceux qui ont été reçus depuis le premier juillet 1781 jusqu'à présent.

I V.

Sur le prix moyen, il fera retranché aux divers titulaires, tant pour les recouvremens & meubles d'études confondus dans leurs acquifitions, qu'à caufe de leur temps d'exercice, favoir : un tiers aux titulaires de la première claffe, un fixième aux titulaires de la deuxième claffe, & un douzième aux titulaires de la troifième claffe, excepté toutefois ceux reçus depuis le premier janvier 1785, lefquels ne fupporteront aucune déduction.

V.

Ce qui reftera du prix moyen pour les divers titulaires affujétis à une déduction, & la totalité pour ceux qui en font affranchis, fera payé aux titulaires de chaque claffe individuellement, tant à titre de rembourfement qu'à titre d'indemnité, fans qu'ils puiffent exercer aucune autre répétition, foit pour leurs offices, foit pour les taxes ou finances qu'ils ont pu fournir de leurs deniers, foit enfin pour les rembourfemens qu'ils ont pu faire auffi de leurs deniers fur leurs emprunts collectifs.

V I.

Quant aux offices de notaires royaux des autres villes & départemens, ils feront diftingués en deux claffes :
1°. Ceux qui ont été évalués en exécution de l'édit de 1771 ;
2°. Ceux qui n'ont pas été évalués.

V I I.

Il fera donné aux titulaires des offices de la première claffe, tant pour rembourfement que pour indemnité,

d'abord le montant de l'évaluation, fans aucune déduction, & enfuite le furplus du prix de leur acquifition
conftaté par actes authentiques, à la déduction du prix
des recouvremens, s'il eft fpécifié dans le contrat ; &
s'il n'eft pas déterminé, la déduction fera de moitié
de ce qui reftera du prix total de l'acquifition, l'évaluation prélevée.

Si le contrat ne porte aucune vente de recouvremens,
le prix de l'acquifition fera rembourfé en totalité, à moins
que l'évaluation ne foit inférieure au tiers de ce prix,
auquel cas il ne fera payé que le montant de l'évaluation, & deux tiers du prix porté au contrat.

V I I I.

A l'égard des titulaires des offices de la deuxième
claffe, ils recevront la totalité du prix de leur acquifition établi par pièces authentiques, fi le contrat ne porte
aucune vente de recouvremens.

Mais lorfqu'il y aura des recouvremens compris dans
l'acquifition, le prix en fera auffi déduit s'il eft fpécifié
dans le contrat, & s'il n'eft pas déterminé, la déduction
fera d'un fixième du prix total.

Et à défaut de preuves authentiques du prix des acquifitions, il ne fera payé à ces derniers titulaires que
le montant des finances verfées dans le tréfor public.

I X.

Les difpofitions de la loi décrétée dans le mois de
feptembre 1790, & de l'article XXIV de la loi décrétée dans le mois de décembre fuivant, relativement
aux frais de provifion des officiers & aux dettes des compagnies, feront exécutées, tant pour les notaires au ci-
devant Châtelet de Paris, que pour les notaires des autres
départemens.

X.

Les intérêts courront en faveur de chaque titulaire, à compter du jour de la remise des titres nécessaires pour sa liquidation.

X I.

Les fonds de responsabilité à fournir par les notaires royaux qui deviendront notaires publics, demeureront compensés jusqu'à due concurrence avec les remboursemens qui leur seront dus pour leurs offices & accessoires; & à ce moyen, les privilèges & hypothèques dont les offices pourroient être chargés, seront transférés aussi jusqu'à due concurrence, sur les fonds de responsabilité, pour n'avoir lieu néanmoins que subordonnément à la garantie des fonctions desdits notaires.

X I I.

Les notaires dont le remboursement s'élevera au-delà du fonds de responsabilité déterminé, ne recevront ce remboursement qu'en déclarant s'ils se font inscrire sur le tableau des notaires publics, ou s'ils renoncent à exercer cet état : dans le premier cas, ce fonds de responsabilité leur sera retenu sur la somme qui leur reviendra; dans le second, toute la somme leur sera remboursée.

X I I I.

Il pourra au surplus leur être délivré des reconnoissances applicables au paiement de domaines nationaux, dans la proportion & suivant les formes réglées pour d'autres officiers par les précédens décrets, lesquels décrets leur deviendront communs.

X I V.

Ceux des notaires dont le remboursement sera inférieur au fonds de responsabilité, recevront un certificat du montant de leur liquidation, & seront tenus de compléter ledit fonds de responsabilité un mois après, entre les mains du receveur du district de leur résidence, faute de quoi ils cesseront toutes fonctions, à peine de faux & de nullité.

X V.

Les anciens notaires appelés en troisième ordre à occuper, dans le prochain établissement, des places de notaires publics, & qui n'ont aucun remboursement à recevoir, seront, sous la même peine, tenus de fournir leurs fonds de responsabilité dans un mois après leur inscription sur le tableau des notaires publics.

X V I.

Tous les notaires publics seront tenus de constater au commissaire du Roi du tribunal de leur résidence, qu'ils ont exécuté les dispositions contenues dans les articles XIV & XV du présent titre.

Mandons & ordonnons à tous les corps administratifs & tribunaux, &c.

2049.

L O I

Relative à la garde nationale soldée de Paris.

Donnée à Paris le 9 octobre 1791.

Louis, par la grace de Dieu, &c.

Décret du 3 *août* 1791.

L'assemblée nationale décrète, comme une base de son travail, que la garde nationale soldée de Paris sera distribuée en différens corps de nouvelle formation, dans les troupes de ligne & dans la gendarmerie nationale.

Décrète en outre, comme autant de bases de son travail, que le traitement & la solde, de la garde tels qu'ils sont aujourd'hui, seront conservés à tous ceux qui la composoient, & que les sujets qui entreront à l'avenir dans les corps qui en seront formés, y seront traités comme ceux des autres troupes de la même arme.

Mandons & ordonnons à tous les corps administratifs & tribunaux, &c.

2050.

2050.

LOI

Relative à la fabrication des assignats.

Donnée à Paris le 9 octobre 1791.

Louis, par la grace de Dieu, &c.

Décret du 23 *août* 1791.

PREMIER DÉCRET.

L'Assemblée nationale, ouï les comités des finances & des assignats, décrète qu'elle autorise son archiviste à remettre aux commissaires chargés de diriger & surveiller la fabrication des assignats, les anciennes formes du papier des assignats de cent livres & au-dessous jusqu'à cinquante livres, pour que leur fabrication soit continuée sur ces mêmes formes.

Décrète en outre que le papier qui a été fabriqué sur de nouvelles formes disposées à quatre à la feuille, & qui existe, soit aux manufactures de Courtalin & du Marais, soit à Paris, sera refondu dans les cuves desdites manufactures, en présence des commissaires de l'Assemblée nationale & de celui du Roi, lesquels en dresseront conjointement procès-verbal, qu'ils feront passer ainsi que lesdites nouvelles formes disposées à quatre à la feuille, aux archives nationales.

SECOND DÉCRET.

L'Assemblée nationale, ouï son comité des assignats,

L O I *du* 9 *Octobre* 1791.

décrète qu'il fera procédé à la fabrication du papier pour nouveaux affignats de cinq livres, jufqu'à la concurrence d'une fomme de cent millions, lequel reftera dépofé aux archives, & n'en fera retiré que fur un décret fpécial de l'Affemblée nationale.

Mandons & ordonnons à tous les corps adminiftratifs & tribunaux, &c.

2051.

L O I

Relative à la circonfcription des paroiffes de la ville de Toulouse.

Donnée à Paris le 9 octobre 1791.

Louis, par la grâce de Dieu, &c.

Décret du 29 août 1791.

L'Affemblée nationale, fur le compte qui lui a été rendu par fon comité eccléfiaftique, d'un arrêté du directoire du département de la Haute-Garonne, en date du 7 de ce mois, relativement à un projet de circonfcription des paroiffes dans la ville & banlieue de Touloufe, concerté entre l'évêque du département & le directoire du diftrict, enfemble des motifs & des circonftances locales qui ont paru néceffiter ce plan d'organifation, décrète ce qui fuit :

ARTICLE PREMIER.

Il y aura dans la ville de Touloufe dix paroiffes; favoir, la paroiffe cathédrale, fous le titre & l'invoca-

tion de Saint-Etienne ; la paroisse de Saint-Augustin ,
dans l'églife ci-devant conventuelle des Grands-Augustins ;
la paroisse de Saint-Exupère, dans l'églife ci-devant
conventuelle des Grands-Carmes ; la paroisse de la Dau-
rade ; celles de Dalbade, de Saint-Sernin, du Taur,
de Saint-Thomas-d'Acquin, dans l'églife ci-devant conventuelle des Dominicains, (dans laquelle fera trans-
férée la paroisse de Saint-Pierre,) & celles de Saint-
Nicolas & de Saint-Michel.

I I.

Ces paroisses feront circonfcrites dans les limites indiquées dans le procès-verbal du directoire du district,
du 6 juillet dernier.

I I I.

Seront confervées comme Oratoires ; favoir, de la pa-
roisse cathédrale, l'églife Saint-Sauveur dans le fauxbourg
Saint-Etienne ; de la paroisse de Saint-Sernin, l'églife
ci-devant conventuelle des Minimes, fous le titre de
Saint-François-de-Paule ; de la paroisse du Taur, l'églife
ci-devant conventuelle des Cordeliers ; de la paroisse de
Saint-Michel, les églifes ci-devant conventuelles des
Carmes déchauffés & des Récolets ; & de la paroisse de
Saint-Thomas-d'Acquin, l'églife ci-devant conventuelle
des Chartreux.

I V.

L'Assemblée nationale fe réferve de statuer fur les paroisses de la banlieue, après que le plan général d'organifation des paroisses de campagne du district de Touloufe lui aura été préfenté.

Mandons & ordonnons à tous-les corps administratifs
& tribunaux, &c.

2052.

L O I

Relative au rachat des ci-devant droits féodaux.

Donnée à Paris le 9 octobre 1791.

Louis, par la grâce de Dieu, &c.

Décret des 14 & 15 *septembre* 1791.

L'Affemblée nationale, voulant faire ceffer plufieurs difficultés qui fe font élevées fur l'exécution ou l'interprétation des articles VII, XLVIII, XLIX, L, LI & LII du décret du 3 mai 1790, & IV du titre II du décret du 18 décembre dernier, ainfi que fur les articles XIX, XX, XL & LIII du décret du 3 mai, à décrété & décrète ce qui fuit :

A R T I C L E   P R E M I E R.

Lorfqu'il s'agira de racheter des droits ci-devant feigneuriaux, foit fixes, foit cafuels, ou des rentes foncières ci-devant non rachetables, qui feront affectés à un douaire, foit coutumier, foit préfixe, non ouvert, ledit rachat ne pourra être fait qu'à la charge du remploi ; fauf au redevable qui ne voudra point demeurer garant du remploi, à configner le prix du rachat, lequel ne pourra être délivré au mari grevé dudit douaire, qu'en vertu d'une ordonnance du tribunal de diftrict, fous le reffort duquel fe trouveront fitués les fonds chargés defdits droits ou defdites rentes, rendue fur les conclufions du commiffaire du Roi, auquel il fera juftifié de l'emploi.

I I.

Dans les pays où la femme peut confentir à l'aliénation du fonds affecté au douaire, le défaut de remploi ne pourra être oppofé par la femme qui aura donné fon confentement au rachat, ni par les enfans qui feront héritiers purs & fimples de la femme qui aura donné ce confentement, encore que le fonds dudit douaire leur ait été déclaré propre par la loi ou par la convention.

I I I.

Les deux difpofitions précédentes ne pourront autorifer aucun recours de la part de la femme ou des enfans, à l'égard des rachats qui auront été confommés avant la publication du préfent décret.

I V.

Dans les coutumes de Berry & Bourbonnois, ou autres femblables, dans lefquelles le douaire coutumier n'a lieu que fur les immeubles que le mari laiffe au jour de fon décès, l'emploi prefcrit par l'article premier n'aura lieu qu'à l'égard du douaire conventionnel, & lorfque l'affectation de ce douaire n'aura point été reftreinte aux biens que le mari poffédoit au jour de fon décès.

V.

Dans tous les cas où le remploi du prix du rachat des droits ci-devant feigneuriaux ou des rentes foncières eft prefcrit, foit par le préfent décret, foit par les décrets des 3 mai & 18 décembre 1790 & 13 avril 1791, le redevable qui ne voudra point demeurer grevé du remploi, pourra configner les deniers par lui offerts, fans

E e 3

autorifation de juftice ; mais il ne pourra faire cette con-
fignation qu'un mois après la date des offres, & dans
le cas où il ne lui auroit point été juftifié d'un jugement contenant reconnoiffance d'un emploi accepté par
le commiffaire du Roi.

V I.

Lorfque le propriétaire d'un fonds fitué dans les pays
ou les lieux dans lefquels la maxime *nulle terre fans
feigneur* n'étoit point admife, ignorera quel eft le ci-devant fief dont il peut relever, & les droits auxquels
fon fonds peut être affujéti, & voudra néanmoins libé-
rer ce fonds des charges dont il peut être tenu, il
pourra fe faire autorifer par le tribunal du diftrict dans
le reffort duquel fera fitué fon fonds, à faire publier
& afficher à la porte de l'églife paroiffiale du lieu où
fera fitué fon fonds, des offres à tout prétendant droits
de ci-devant féodalité fur lefdits fonds, de racheter ceux
qui pourront lui être dûs. Lefdites offres contiendront
la déclaration de la fituation du fonds, de fa contenance
& de fes tenans & aboutiffans, ainfi que fon évaluation, avec élection de domicile dans l'étendue de ladite
paroiffe, & fommation à tout prétendant droits ci-devant
feigneuriaux fur ledit fonds, de les faire connoître au
domicile élu dans la quinzaine ; & à défaut par tout
prétendant droits de faire fa déclaration dans la quinzaine,
le redevable jouira, en vertu defdites offres, du béné-
fice attribué par l'article XLII du décret du 3 mai
1790, & par celui du 12 novembre fuivant, aux propriétaires qui auront exécuté le rachat, & à ceux qui
ont fait des offres valables non acceptées.

V I I.

Dans les pays où la maxime *nulle terre fans feigneur*

étoit admife, le rachat qui aura été fait entre les mains
de celui qui avoit ci-devant le titre de feigneur univerfel
de la paroiffe dans laquelle fe trouvera fitué le fonds
racheté, fera valable s'il n'a point été formé d'oppofition
de la part d'aucun prétendant droit de mouvance particulière fur ledit fonds, fauf au propriétaire qui récla-
meroit, après le rachat, ladite mouvance, à fe pourvoir contre celui qui auroit reçu ledit rachat en vertu
de fon titre univerfel.

V I I I.

Les difpofitions des deux articles précédens n'auront
point lieu pour ceux qui auront reconnu perfonnellement
un ci-devant feigneur particulier, par aveu, acte de foi
ou reconnoiffance, ni pour ceux qui feroient héritiers
ou fucceffeurs à titre univerfel de celui qui auroit ainfi
reconnu, depuis trente ans, un ci-devant feigneur particulier, lefquels ne pourront être valablement libérés
que par des offres faites audit ci-devant feigneur, ou
par un rachat fait entre fes mains.

I X.

La difpofition de l'article LIII du décret du 3 mai
1790, qui permet de faire des offres au chef-lieu du
ci-devant fief, n'ayant pas pu ôter aux redevables la
faculté de faire les offres à la perfonne ou au domicile
du propriétaire du ci-devant fief, les redevables continueront d'avoir l'option de faire lefdites offres, foit au
chef-lieu du ci-devant fief, foit au domicile du propriétaire. Dans le cas où il n'y aura point de chef-lieu
certain & connu dudit ci-devant fief, les offres pourront être faites à la perfonne ou au domicile de celui
qui fera prépofé à la recette des droits dudit ci-devant
fief; à fon défaut, à la perfonne ou domicile de l'un

des fermiers du domaine ou des domaines dudit ci-devant fief; & dans le cas où il n'y auroit ni préposé à la recette, ni fermiers, les offres ne pourront être faites qu'à la personne ou au domicile du propriétaire dudit ci-devant fief, lequel audit cas, supportera l'excédant des frais que cette circonstance aura occasionnés.

X.

Le défaut de consignation de la somme offerte n'emporte pas la nullité des offres; mais le propriétaire du droit pourra se pourvoir devant les juges, pour faire ordonner à son profit, provisoirement & sous la réserve de ses droits, la délivrance de la somme offerte, dans le délai d'un mois du jour du jugement; & faute de réalisation & d'exécution de la part du débiteur, il sera déchu de ses offres.

En cas d'insuffisance de la somme offerte, l'intérêt du surplus courra du jour de la demande.

X I.

Dans les pays & les lieux où l'usage étoit de ne point payer en argent l'indemnité due par les gens de mainmorte aux ci-devant seigneurs de fief, à raison des acquisitions faites sous leur mouvance, mais où il étoit d'usage de fournir pour cette indemnité une rente annuelle, soit en argent, soit en grains, la Nation demeure chargée de la prestation de ladite rente jusqu'à la vente des fonds; & en cas de vente, elle demeure chargée du remboursement de ladite rente, suivant le taux & les modes fixés par le décret du 3 mai 1790.

Il en sera de même dans les pays où l'usage étoit de payer l'indemnité par une somme d'argent, si ladite indemnité a été convertie en une rente par convention.

X I I.

Dans les pays & les lieux où il étoit d'usage pour l'indemnité dûe par les gens de main-morte aux ci-devant seigneurs de fief, d'accorder à ceux-ci une prestation d'un droit de quint, lods, mi-lods, ou autre prestation quelconque, payable à certaines révolutions, telles que vingt, trente, quarante ans, ou autre révolution, la Nation demeure chargée d'acquitter lesdites prestations à leur échéance, jusqu'à la vente des fonds; & en cas de vente, elle sera tenue de racheter les droits ci-devant seigneuriaux ou casuels dont lesdits fonds étoient tenus avant l'acquisition faite par la main-morte, aux taux & aux modes prescrits par le décret du 3 mai 1790, & de la même manière que si le fonds n'étoit point passé en main-morte.

Mandons & ordonnons à tous les corps administratifs & tribunaux, &c.

2053.

L O I

Relative aux patentes.

Donnée à Paris le 9 octobre 1791.

Louis, par la grâce de Dieu, &c.

Décrets des 17 & 20 septembre 1791.

L'Assemblée nationale décrète ce qui suit :

ARTICLE PREMIER.

Les régisseurs nationaux de l'enregistrement, des domaines & des droits réunis, seront tenus d'approvisionner tous leurs bureaux de vente de papier timbré, de feuilles imprimées, pour la formation des registres à souche destinés à recevoir les déclarations & soumissions pour obtention de patentes.

I I.

. Ces feuilles de registre à souche seront imprimées conformément au modèle annexé au présent décret, & seront fournies par la régie aux municipalités, qui en acquitteront le prix, soit comptant, soit par une reconnoissance payable dans le délai de six mois au plus tard, & se feront rembourser le droit de timbre par les soumissionnaires, en délivrant les certificats, lesquels, ainsi que la quittance, ne seront point assujétis au droit d'enregistrement.

I I I.

Les municipalités qui sont déja approvisionnées de registres, continueront à se servir des mêmes registres, pour l'année 1791 seulement.

I V.

Toutes les patentes, à l'exception de celles des propriétaires vendant des vins en détail pendant six mois au plus, & de celles des colporteurs, seront désignées par *demi-patentes, patentes simples, & patentes supérieures.* En conséquence, les déclarations, certificats & patentes ne contiendront la désignation d'aucunes professions, mais seulement la désignation de *demi-patente, patente simple, patente supérieure.*

V.

Les particuliers qui ne seront pourvus que de la demi-patente, ne pourront exercer que la profession de boulanger, conformément à l'article XIII du décret du 2 mars dernier.

Ceux qui feront pourvus d'une patente fimple, pourront exercer telle profeffion, ou en cumuler autant qu'ils le jugeront convenable, conformément à l'article VII du même décret, à l'exception de celles défignées par l'article XIV du même décret.

Ceux qui feront pourvus de la patente fupérieure, pourront exercer toutes les profeffions, & fe livrer à tous les commerces ou induftries fans aucune exception.

V I.

Les directoires de diftrict feront faire, dans les premiers jours de chaque trimeftre, le relevé des déclarations portées fur le regiftre à fouche de chaque municipalité.

V I I.

Sur ces relevés, il fera formé pour chaque municipalité un rôle qui défignera le nom des foumiffionnaires du trimeftre précédent, la nature de la patente, le montant du loyer, le prix de la patente & la diftribution des termes de paiement, conformément au modèle annexé au préfent décret.

V I I I.

La réunion des rôles formés par trimeftre pour chaque municipalité, donnera le montant total du produit du droit de patentes, dont le percepteur de la communauté devra compter, à la déduction des deux fous pour livre alloués à la caiffe de la commune, & de trois deniers pour livre de taxations, entre les mains du receveur du diftrict; & celui-ci à la tréforerie nationale, à la déduction de fes taxations fur le pied d'un denier pour livre.

I X.

Il fera formé dans les premiers mois de chaque trimeftre, pour toutes les communautés du diftrict, un
bordereau général du montant des rôles de patentes ex-
pédiées pour le trimeftre précédent ; & le directoire de
diftrict adreffera une expédition de ce bordereau, fignée
& certifiée de lui, au receveur du diftrict, & une feconde fera remife au directoire du département.

X.

Le directoire du département, auffitôt la réunion de
ces bordereaux, en formera un état général par diftricts,
dont une expédition fera adreffée au miniftre des contributions publiques, qui en fera paffer une copie aux commiffaires de la tréforerie nationale.

X I.

Il fera établi dans chaque département des prépofés
fous le nom de *vifiteurs des rôles*, au nombre de fix
au plus, & dont l'un aura celui de vifiteur principal.
Ils feront chargés de compulfer dans chaque municipalité le nombre des déclarations des patentes, & d'aider
lefdites municipalités à la formation des matrices de rôles
des contributions foncière & mobiliaire, conformément
à l'article VIII du décret des 11 & 13 juin 1791.

X I I.

Ces vifiteurs feront fubordonnés à un infpecteur général des rôles, dont la réfidence fera fixée dans le chef-
lieu & auprès du directoire du département. Les relevés
faits par les vifiteurs des rôles & vifiteur principal, feront adreffés à cet infpecteur général qui fera chargé de
faire former les rôles.

X I I I.

Les visiteurs, visiteur principal & inspecteur général des rôles, feront tous nommés, pour cette première fois, par le Roi, qui ne pourra les choisir, conformément à l'article III du décret du 7 mars dernier, que parmi les personnes qui justifieront avoir été précédemment employées au service de la Nation, dans les administrations réduites ou supprimées.

X I V.

A compter du premier janvier 1792, jusqu'au premier avril 1794, les directoires de département pourvoiront pareillement à ceux de ces emplois qui deviendroient vacans, en faveur d'employés des anciennes administrations réduites ou supprimées.

X V.

A compter dudit jour premier avril 1794, les visiteurs des rôles seront choisis & nommés par les directoires de département, parmi les employés de leurs bureaux, ou de ceux des directoires de district.

X V I.

Le visiteur principal des rôles sera toujours choisi parmi les visiteurs ordinaires du département : mais l'inspecteur général pourra être choisi hors du département parmi tous les visiteurs généraux.

X V I I.

Le traitement des visiteurs des rôles sera de quinze cents livres, dont douze cents livres acquittées sur le produit des patentes, & trois cents livres sur les sous pour livre additionnels du département.

Celui de vifiteur principal fera de deux mille livres ; dont quinze cents livres fur le produit des patentes, & cinq cents livres fur les fous pour livre additionnels.

Enfin, celui de l'infpecteur général fera de trois mille fix cents livres, dont deux mille quatre cents livres fur le produit des patentes, & douze cents livres fur les fous pour livre additionnels.

X V I I I.

Pourront au furplus les directoires de département délibérer en faveur defdits employés telles gratifications qu'ils jugeront convenables, de manière cependant que le traitement des vifiteurs des rôles ne puiffe excéder dix-huit cents livres, celui du vifiteur principal, deux mille quatre cents livres, & celui de l'infpecteur général, quatre mille livres.

X I X.

Lorfque les infpecteurs & vifiteurs reconnoîtront la fauffeté ou l'infuffifance des déclarations, ou lorfqu'ils feront avertis de cette fauffeté par les municipalités, ils feront tenus d'en dreffer procès-verbal qu'ils remettront dans huitaine au procureur-fyndic du diftrict, pour être par lui demandé la rectification devant le directoire du diftrict.

Mandons & ordonnons à tous les corps adminiftratifs & tribunaux, &c.

PATENTE DE COLPORTEUR, | PATENTE DE COLPORTEUR,

MARCHAND FORAIN. | MARCHAND FORAIN.

N°.

Je souffigné habitant domicilié dans la communauté d . paroiffe d y demeurant rue d déclare vouloir obtenir une patente de colporteur ou marchand forain, conformément à l'article XVI de la loi du 17 mars 1791, pour l'année 179

Je déclare vouloir employer au tranfport de mes marchandifes

Pourquoi je requiers qu'il me foit délivré certificat de ma déclaration & de ma foumiffion, d'acquitter comptant le droit qui fera fixé par la municipalité

A le 179

N°.

CEJOURD'HUI habitant domicilié dans la communauté d s'eft préfenté au greffe de notre municipalité, & a déclaré vouloir obtenir une patente de colporteur ou marchand forain pour 179 , & en acquitter le droit, conformément à l'article XVI de la loi du 17 mars 1791.

Nous certifions que nous a déclaré vouloir employer au tranfport de fes marchandifes

En conféquence nous avons réglé le droit à payer par lui à la fomme de

En foi de quoi nous avons délivré le préfent certificat.

Fait au greffe de notre municipalité, le 179

DE PAR LA LOI ET LE ROI.

Je foussigné   percep-
teur de la communauté d
diftrict d   reconnois
avoir reçu d   habitant
domicilié dans la communauté
d   la fomme de
*   pour l   de fon*
droit de patente , fuivant la
fixation contenue dans le certi-
ficat de l'autre part.
*   A   le   179*

PATENTE.

PATENTE.

Nº.

JE fouffigné   habitant
de la communauté d
y demeurant rue d
paroiffe d   déclare
vouloir obtenir une
conformément à l'article
de la loi du 17 mars 1791,
pour l'année 179

Je certifie que le prix du
loyer ou de la valeur locative,
tant de mon habitation que
des ateliers , boutiques &
magafins que j'occupe , eft
de

Pourquoi je requiers qu'il
me foit délivré certificat de
ma déclaration & de ma foumiffion , d'acquitter le droit
qui fera réglé par la municipalité ; favoir un
comptant , & le furplus d'a-
près les rôles arrêtés par le
directoire du diftrict.

A   le   179

PATENTE.

Nº.

CEJOURD'HUI
habitant de la communauté
d   y demeurant ,
s'eft préfenté au greffe de
notre municipalité , & a déclaré vouloir obtenir une
          pour 179   & en
acquitter le droit , conformément à l'article   de la loi
du 17 mars 1791.

Nous certifions que la valeur locative tant de l'habitation que des ateliers , boutiques & magafins dudit
          nous a été déclaré être
de

En conféquence , nous
avons réglé le droit à payer
par lui , pour une
à la fomme de

En foi de quoi nous avons
délivré le préfent certificat.

Fait au greffe de notre municipalité , le
          179

DE PAR LA LOI ET LE ROI.

Je soussigné　　　percep-
teur de la communauté d
　　district d　　　reconnois
avoir reçu de
habitant domicilié de cette com-
munauté, la somme de
pour l　　　　de son
droit de patente, suivant la
fixation contenue dans le certi-
ficat de l'autre part.
　　A　　le　　179

PATENTE

De propriétaire ou cultivateur vendant en détail des boissons de son crû.

N°.

Je soussigné   habitant de la communauté d
y demeurant rue d
paroisse d   déclare être dans l'intention de vendre en détail des boissons de mon crû, & vouloir obtenir à cet effet pour   de l'année 179   une patente, conformément à l'article XVII de la loi du 17 mars 1791.

Pourquoi je requiers qu'il me soit délivré certificat de ma déclaration & de ma soumission, d'acquitter comptant le droit qui sera réglé par la municipalité

A   le   179

PATENTE

De propriétaire ou cultivateur vendant en détail des boissons de son crû.

N°.

Cejourd'hui
habitant de la communauté
d   y demeurant, s'est présenté au greffe de notre municipalité, & a déclaré être dans l'intention de vendre en détail des boissons de son crû, & vouloir obtenir à cet effet, pour   de l'année 179   , une patente, conformément à l'art. XVII de la loi du 17 mars 1791.

En conséquence, nous avons déterminé la somme à payer par lui comptant, à
En foi de quoi nous avons délivré le présent certificat.
Fait au greffe de notre municipalité, le   179

DÉPARTALOIETLEROI

F f 2

Je *fouffigné*   percepteur *de la communauté d*
    diftrict d   recon-
nois avoir reçu d
habitant domicilié dans la com-
munauté d   *la fomme*
de   *pour l*
de fon droit de patente , fuivant
la fixation contenue dans le
certificat de l'autre part.
          A   *le*   179

MODELE DE REGISTRE.

Enregiftrement du paiement du droit de patente.

Nº.

Du   1791   reçu de M.
habitant domicilié de la communauté d   diftrict
d   la fomme de   à
laquelle monte pour   179 le   de fon droit
de patente, conformément à l'article   de la loi du 17
mars 1791, à raifon d'une valeur locative de

Nº.

Du   1791   reçu de M.
habitant domicilié d' la communauté d   diftrict
a   la fomme de   à
laquelle monte pour   179 le   de fon droit
de patente, conformément à l'article   de la loi du 17
mars 1791, à raifon d'une valeur locative de

Nº.

Du   1791   reçu de M.
habitant domicilié de la communauté d   diftrict
d   la fomme de   à
laquelle monte pour   179 le   de fon droit
de patente, conformément à l'article   de la loi du 17
mars 1791, à raifon d'une valeur locative de

NUMÉRO
du
REGISTRE
de la
MUNICIPALITÉ.
(   )

NUMÉRO
du
REGISTRE
du
DIRECTOIRE
de
DISTRICT.
(   )

PATENTE SIMPLE.

ANNÉE

CEJOURD'HUI   s'eſt
préſenté devant nous adminiſtrateurs du
directoire du diſtrict d   habitant
domicilié de la communauté d
y demeurant rue d   paroiſſe d
     ayant un loyer de la valeur de

Lequel nous a juſtifié de la déclaration
par lui faite, conformément à l'article XII
de la loi du 17 mars 1791, au greffe de la
municipalité, ſuivant le certificat ſous le
N°.   par lui dépoſé au ſecrétariat de
notre diſtrict, au dos duquel eſt la quittance du percepteur de cette communauté
de la ſomme de
     formant l   du
droit de patente, dont le prix total a été
réglé à   par ladite municipalité
d

Et nous a requis de lui délivrer une patente ſimple pour avoir le droit d'exercer,
pendant le cours de l'année 179 , telle
profeſſion qu'il lui plaira, à la ſeule exception de celles mentionnées dans l'art. XIV
de la loi du 17 mars 1791.

En vertu deſquels certificat & quittance,
nous lui avons délivré la préſente, au
moyen de laquelle il eſt loiſible à
     d'exercer, pendant le cours de
l'année 179 , telle profeſſion qu'il lui
plaira, à la ſeule exception de celles mentionnées dans l'article XIV de la loi du 17
mars 1791.

Délivré par nous adminiſtrateurs du directoire du diſtrict d   Fait à
     ce

PATENTE

De propriétaire ou cultivateur vendant en détail des boissons de son crû.

NUMÉRO
du
REGISTRE
de la
MUNICIPALITÉ.
(   )

NUMÉRO
du
REGISTRE
du
DIRECTOIRE
de
DISTRICT.
(   )

ANNÉE

CEJOURD'HUI   s'est présenté devant nous administrateurs du directoire du district d   habitant domicilié de la communauté d y demeurant rue d   paroisse d

Lequel nous a justifié de la déclaration par lui faite, conformément à l'art. XV de la loi du 17 mars 1791 au greffe de la municipalité, suivant le certificat sous le N°. par lui déposé au secrétariat de notre district au dos duquel est la quittance du percepteur de cette communauté, de la somme de   que   a payée comptant, à l'effet d'être autorisé à vendre en détail pour mois de l'année 179   des boissons de son crû seulement.

Et nous a requis de lui délivrer une patente de propriétaire ou cultivateur vendant en détail des boissons de son crû.

En vertu desquels certificat & quittance, nous lui avons délivré la présente, au moyen de laquelle il est loisible à de vendre en détail pendant mois de l'année 179   des boissons de son crû seulement.

Délivré par nous administrateurs du directoire du district d   Fait à ce   179

F f 4

　　L o i *du* 9 *Octobre* 1791.

NUMÉRO
du
REGISTRE
de la
MUNICIPALITÉ.
(　　　　)

NUMÉRO
du
REGISTRE
du
DIRECTOIRE
de
DISTRICT.
(　　　　)

PATENTE DE COLPORTEUR
OU
MARCHAND FORAIN.

ANNÉE

CEJOURD'HUI　　　　　　　　s'eſt préſenté devant nous adminiſtrateurs du directoire du diſtrict de　　　　habitant domicilié dans la communauté de　　　　y demeurant rue de　　　　paroiſſe de

Lequel nous a juſtifié de la déclaration par lui faite, conformément à l'art. XVI de la loi du 17 mars 1791, au greffe de la municipalité　　　　ſuivant le certificat ſous le N°.　　　　par lui dépoſé au ſecrétariat de notre diſtrict, au dos duquel eſt la quittance du percepteur de cette communauté, de la ſomme de　　　　que l　　　　a payée comptant pour l'exercice de la profeſſion de colporteur ou marchand forain, pendant le cours de l'année　　　　& nous a requis de lui délivrer une patente de colporteur ou marchand forain, pour avoir droit d'exercer ladite profeſſion dans toute l'étendue du Royaume pendant le cours de ladite année.

En vertu deſquels certificat & quittance, nous lui avons délivré la préſente, au moyen de laquelle il eſt loiſible à　　　　d'exercer pendant le cours de l'année　　　　ladite profeſſion de colporteur ou marchand forain, en ſe conformant aux règlemens de police, & en faiſant viſer ſa patente par les officiers municipaux des lieux où il exercera lad. profeſſion, conformément aux diſpoſitions de l'art. XVI de la loi du 17 mars 1791.

Délivré par nous adminiſtrateurs du directoire d　　　　Fait a　　　　ce

DEMI-PATENTE.

ANNÉE

CEJOURD'HUI s'est présenté devant nous administrateurs du directoire du district d habitant domicilié de la communauté d y demeurant rue d paroisse d ayant un loyer de la valeur de

Lequel nous a justifié de la déclaration par lui faite, conformément à l'art. XIII de la loi du 17 mars 1791, au greffe de la municipalité, suivant le certificat sous le N°. par lui déposé au secrétariat de notre district, au dos duquel est la quittance du percepteur de cette communauté, de la somme de formant l du droit de patente, dont le prix total a été réglé à par ladite municipalité d

Nous a requis de lui délivrer une demi-patente pour avoir le droit d'exercer la profession de boulanger, seulement pendant le cours de l'année 179

En vertu desquels certificat & quittance, nous lui avons délivré la présente, au moyen de laquelle il est loisible à d'exercer seulement la profession de boulanger dans la communauté d pendant le cours de l'année 179

Délivré par nous administrateurs du directoire du district d Fait à ce

NUMÉRO
du
REGISTRE
de la
MUNICIPALITÉ.
( )

NUMÉRO
du
REGISTRE
du
DIRECTOIRE
de
DISTRICT.
( )

NUMÉRO PATENTE SUPÉRIEURE.

du

REGISTRE

de la

MUNICIPALITÉ.

(   )

NUMÉRO

du

REGISTRE

du

DIRECTOIRE

de

DISTRICT.

(   )

ANNÉE

CEJOURD'HUI   s'est présenté devant nous administrateurs du directoire du district d   habitant domicilié de la communauté d y demeurant rue d   paroisse d ayant un loyer de la valeur de

Lequel nous a justifié de la déclaration par lui faite, conformément à l'art. XIV de la loi du 17 mars 1791, au greffe de la municipalité, suivant le certificat sous le Nº. par lui déposé au secrétariat de notre district, au dos duquel est la quittance du percepteur de cette communauté de la somme de   formant l du droit de patente, dont le prix total a été réglé à   par ladite municipalité d

Et nous a requis de lui délivrer une patente supérieure, pour avoir le droit d'exercer toute profession quelconque, sans aucune exception, pendant le cours de l'année 179

En vertu desquels certificat & quittance, nous lui avons délivré la présente, au moyen de laquelle il est loisible à d'exercer toute profession quelconque, sans aucune exception, pendant le cours de l'année 179

Délivré par nous administrateurs du directoire du district d

Fait à   ce

2054.

L O I

Relative à la garde nationale soldée de Paris.

Donnée à Paris le 9 octobre 1791.

Louis, par la grace de Dieu, &c.

Décret du 18 *septembre* 1791.

L'Affemblée Nationale décrète ce qui fuit :

Article premier.

Les officiers qui fervent avec appointemens dans la garde nationale de Paris, & qui ne feront pas remplacés fuivant leur grade, foit dans les nouveaux corps créés par le décret des 3, 4 & 5 août dernier, foit dans les autres régimens de ligne, ou dans la gendarmerie nationale, jouiront annuellement, pour retraite, d'autant de trentièmes parties de leurs appointemens, qu'ils ont actuellement d'années de fervice.

I I.

Il leur fera fait état de leurs fervices antérieurs, foit dans les troupes de ligne, foit dans un corps faifant partie de la force publique, encore qu'ils aient été interrompus ; néanmoins le temps de l'interruption ne fera point compté.

I I I.

Ceux defdits officiers qui ont au moins quinze ans

de fervice & qui fe retireront volontairement, obtien-
dront la décoration militaire à l'époque fixée par les
règlemens.

I V.

Les fous-officiers & foldats de la garde nationale
Parifienne foldée qui y fervent depuis le commencement
de la révolution, fous la condition de pouvoir fe retirer
en avertiffant fix mois d'avance, pourront prendre
leur congé abfolu, foit à l'époque de la nouvelle formation, foit après la nouvelle formation, lors de la
révolution complète de l'année courante de leur fervice.

Les fous-officiers & foldats de la garde nationale
Parifienne foldée qui y fervent en vertu d'engagemens con-
tractés pour quatre ans, pourront prendre leur congé
abfolu; foit à l'époque de la nouvelle formation, foit
après la nouvelle formation, à l'expiration de leur engagement.

Après les époques ci-deffus marquées, les fous-officiers
& foldats de la garde nationale Parifienne foldée qui
voudront continuer à fervir dans les nouveaux corps
auxquels ils fe trouveront attachés, feront tenus de fe
conformer aux règlemens généraux fur les engagemens
& leur durée.

V.

Il fera fait état à tous les fous-officiers & foldats de
la garde nationale Parifienne foldée de leurs fervices
antérieurs, ainfi qu'il eft dit à l'article II. Ceux qui fe
retireront n'ayant pas huit ans de fervice effectif, n'auront droit à aucune retraite; ils emporteront feulement
leur habit, vefte, culotte & chapeau.

V I.

Les fous-officiers & foldats de la garde nationale

Parifienne foldée qui compteront au moins huit ans de
fervice , & qui fe retireront avant de contracter un nouvel
engagement , ou à l'expiration d'un nouvel engagement
par eux contracté, jouiront annuellement pour leur retraite
d'un foixantième de leur folde actuelle , fuivant leur
grade , pour chacune des huit premières années de leur
fervice ; d'un quarantième pour chacune des huit années
fuivantes ; d'un trentième pour chacune des années depuis
la dix-feptième jufques & compris la vingt-quatrième ;
d'un vingt-quatrième pour chacune de celles depuis la
vingt-cinquième jufques & compris la trente-deuxième ;
enforte qu'après trente-deux ans de fervice effectif, ils
aient pour retraite la totalité de leurs appointemens.

V I I.

Les fous - officiers & foldats de la garde nationale
Parifienne foldée , dont la retraite annuelle n'excédera
pas la fomme de cent livres , auront la liberté de choifir
entre ce traitement annuel , & une gratification une fois
payée , qui fera de douze fois le montant du traitement ,
s'il n'excède pas cinquante livres, de onze fois , s'il eft
au - deffus de cinquante livres, mais s'il n'excède pas
foixante-quinze livres ; enfin de dix fois, lorfqu'il fera
de foixante-quinze & au-deffus jufqu'à cent livres.

V I I I.

Les gratifications ne feront payées aux foldats retirés,
que fix mois après l'époque de leur retraite , fur la
demande qu'ils en feront au directoire du diftrict dans
lequel ils auront pris leur réfidence; elles feront acquittées
fans aucune déduction & fans frais , par les tréforiers
des diftricts , fur les fimples quittances des parties prenantes , paffées en préfence des membres du directoire ,
& par eux certifiées véritables.

I X.

Attendu que la folde de la cavalerie nationale Parifienne a été fixée en raifon de l'obligation impofée aux fous-officiers & cavaliers de fe fournir de chevaux, d'habits, d'armes, d'équipages, & de pourvoir à la nourriture & au logement de leurs chevaux, il fera diftrait de la folde de fous-officiers & cavaliers cinquante-huit fous par jour, & le refte feulement entrera dans le calcul de la fixation de leur retraite.

X.

Il fera pareillement diftrait de la folde des fous-officiers & foldats de la compagnie chargée de la garde des ports, quais & îles, quatre fous par jour, attendu l'obligation où ils étoient de pourvoir à leur habillement & petit équipement; le refte feulement entrera dans le calcul de la fixation de leur retraite.

Mandons & ordonnons à tous les corps adminiftratifs & tribunaux, &c.

Certifié conforme aux originaux.

Fin du Tome treizième.

TABLE

CHRONOLOGIQUE

DES LOIS

Contenues dans le treizième volume.

A 2

DATES des Lois.	Titres des Lois.	DATES des Décrets.
	nationale , & portant que les officiers actuels resteront en place jusqu'à la fin de la session , 104.	
	2013.	
28 Sept. 1791.	Loi qui accorde quatre - vingt mille livres au ministre de la guerre , pour faciliter les retraites des commis qu'il supprimera , 105.	19 Sept. 1791.
	2014.	
29.	Loi sur l'administration forestière , 106.	20 Août , 2, 3 , 4 & 15 Septembre.
	2015.	
29.	Loi relative à la liquidation d'offices de judicature & de perruquiers , 156.	12.
	2016.	
29.	Loi relative à la liquidation de la dette arriérée , 157.	17.
	2017.	
29.	Loi relative à la liquidation de la dette arriérée , 161.	22.
	2018.	
29.	Loi qui renvoie aux tribunaux provisoires , établis au palais à Paris , les procès criminels existant dans les tribunaux d'arrondissement de la même ville , 167.	17.
	2019.	
29.	Loi concernant le remboursement de	17.

DATES des Lois.	Titres des Lois.	DATES des Décrets.
	la finance des charges des officiers, exempts, fourriers & gardes de la ci-devant compagnie des Cent - Suisses, 168.	
	2020.	
29 Sept. 1791.	Loi relative à la créance de MM. Haller & Lecouteulx de la Norraye, 169.	17 Sept. 1791.
	2021.	
	Loi relative à un verfement de fonds à la tréforerie nationale par la caiffe de l'extraordinaire, 170.	10.
	2022.	
29	Loi concernant la police de sûreté, la juftice criminelle & l'établiffement des jurés, 171.	16.
	2023.	
29.	Loi relative à la fuppreffion des chambres des comptes, & à la nou-velle forme de comptabilité, 239.	17.
	2024.	
29.	Loi qui fixe l'époque à laquelle l'inf-titution du juré commencera à avoir fon exécution, 251.	17.
	2025.	
29.	Loi qui accorde un fecours annuel pour le foutien des arts de peinture, fculpture & gravure, 252.	17.

DATES des Lois.	Titres des Lois.	DATES des Décrets.
	2053.	
9 Octobre 1791.	Loi relative aux patentes, 441.	17 & 20 Sept. 1791.
	2054.	
12.	Loi relative à la garde nationale sol-dée de Paris, 459.	12.

Fin de la table chronologique du tome treizième.

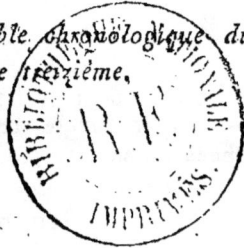

www.ingramcontent.com/pod-product-compliance
Lightning Source LLC
Chambersburg PA
CBHW031621210326
41599CB00021B/3256